土地矿产
法律实务操作指南

（第八辑）

国土资源部不动产登记中心
（国土资源部法律事务中心） 编著

中国法制出版社
CHINA LEGAL PUBLISHING HOUSE

编委会

目　　录

实务操作篇

一、不动产登记

二、土地利用

三、矿产资源管理

四、执法监察

新政解读篇

——《国土资源违法行为查处工作规程》解读

附　录

三、部门规章

四、规范性文件

五、司法解释

实务操作篇

一、不动产登记

问题1
办理不动产登记是否需要提供婚姻登记记录证明

【问题】

以前办理房屋过户登记，登记机关都要求提供（无）婚姻登记记录证明，请问现在统一登记了，是否还需要提供（无）婚姻登记记录证明？

【解答】

以前房屋登记机关在办理房屋登记时，特别是2011年8月13日《最高人民法院关于适用〈中华人民共和国婚姻法〉若干问题的解释（三）》（法释〔2011〕18号，以下简称《婚姻法司法解释三》）施行后，确实需要婚姻登记证明。《去年杭州各婚姻登记处开出近9.5万张“证明”》（http：//zjnews. zjol. com. cn/05zjnews/system/2013/01/31/019125523. shtml）等报道常见诸报端和网络，增加当事人和婚姻登记机关的负担。因为该司法解释第十一条规定“一方未经另一方同意出售夫妻共同共有的房屋，第三人善意购买、支付合理对价并办理产权登记手续，另一方主张追回该房屋的，人民法院不予支持。夫妻一方擅自处分共同共有的房屋造成另一方损失，离婚时另一方请求赔偿损失的，人民法院应予支持”。登记机关为了防止登记权利人一方擅自处分房屋造成登记错误而要求当事人提供（无）婚姻登记记录证明。

笔者认为办理不动产登记不需要提供（无）婚姻登记记录证明，理由如下：

一、要求当事人提供（无）婚姻登记记录证明，没有任何法律依据。《结婚证》、《离婚证》是证明婚姻关系存续或者终止的法定证明，即使要求当事人提供相关证明时，也只能是要求当事人提供《结婚证》、《离婚证》。

二、不动产登记实行的是依申请登记原则，《婚姻法司法解释三》不能成为登记机关要求当事人提供（无）婚姻登记记录证明的理由。当事人购买不动产时，可以根据当事人的申请登记在夫妻双方名下，也可以登记在夫妻一方名下。在当事人一方处分不动产时，如果不动产登记在双方名下，则需要另外一方同意的证明；如果当事人一方处分不动产时，不动产仅登记在其一个人名下，则不需要提供另外一方同意的证明，因此出现一方擅自处分夫妻共同财产的，登记机关也无法查明，责任应当由当事人自行承担。为了防止夫妻一方擅自处分不动产的现象，当事人购买不动产时就应当将不动产登记到双方名下，如果购买时登记在一方名下的，应当尽快变更登记到双方名下。2011 年 8 月 31 日财政部、国家税务总局《关于房屋、土地权属由夫妻一方所有变更为夫妻双方共有契税政策的通知》（财税［2011］82 号）明确规定“婚姻关系存续期间，房屋、土地权属原归夫妻一方所有，变更为夫妻双方共有的，免征契税”，也为变更提供了便利。

三、（无）婚姻登记记录证明已经被取消，当事人不可能提供。2015 年 8 月 27 日《民政部关于进一步规范（无）婚姻登记记录证明相关工作的通知》（以下简称《民政部通知》）明确规定“一、自文件发布之日起，除对涉台和本通知附件所列清单中已列出国家的公证事项仍可继续出具证明外，各地民政部门不再向任何部门和个人出具（无）婚姻登记记录证明。……”2015 年 10 月 9 日《国家税务总局关于简化契税办理流程取消（无）婚姻登记记录证明的公告》（国家税务总局公告 2015 年第 71 号，以下简称《国家税务总局公告》）规定：“一、纳税人在申请办理家庭唯一普通住房契税优惠时，无须提供原民政部门开具的（无）婚姻登记记录证明。”2015 年 11 月 27 日《国务院办公厅关于简化优化公共服务流程方便基层群众办事创业的通知》（国办发〔2015〕86 号，以下简称《国务院办公厅通知》）再次要求：“（二）坚决砍掉各类无谓的证明和繁琐的手续。凡没有法律法规依据的证明和盖章环节，原则上一律取消。”

实践中如果出现确需当事人提供婚姻情况证明情形的，不动产登记机关可以采取如下措施进行审查：

一是由当事人提供结婚证或者离婚证，并结合户口簿上的婚姻状况栏综合审查。上述《国家税务总局公告》就规定："如果纳税人为成年人，可以结合户口簿、结婚（离婚）证等信息判断其婚姻状况……如果纳税人为未成年人，可结合户口簿等材料认定家庭成员状况。"

二是个人声明承诺。民政部新闻发言人陈日发在例行发布会上就建议采取个人声明承诺的办法来解决问题。《国家税务总局公告》就规定："无法做出判断的，可以要求其提供承诺书，就其申报的婚姻状况的真实性做出承诺。"《国务院办公厅通知》也要求"各地区、各部门可结合实际，探索由申请人书面承诺符合相关条件并进行公示，办事部门先予以办理，再相应加强事后核查与监管，进一步减少由申请人提供的证明材料，提高办事效率"。

三是有关部门之间加强信息共享。《不动产登记暂行条例》第二十五条明确规定："国土资源、公安、民政、财政、税务、工商、金融、审计、统计等部门应当加强不动产登记有关信息互通共享。"《国务院办公厅通知》明确要求："（四）加快推进部门间信息共享和业务协同。加强协调配合，推进公共服务信息平台建设，加快推动跨部门、跨区域、跨行业涉及公共服务事项的信息互通共享、校验核对。依托'互联网+'，促进办事部门公共服务相互衔接，变'群众奔波'为'信息跑腿'，变'群众来回跑'为'部门协同办'，从源头上避免各类'奇葩证明'、'循环证明'等现象，为群众提供更加人性化的服务。"2015年8月3日《国土资源部关于做好不动产登记信息管理基础平台建设工作的通知》（国土资发〔2015〕103号）规定："各地要紧紧围绕《不动产登记暂行条例》关于信息平台建设的要求，依据《总体方案》，对各级各类不动产登记数据、信息平台、软件系统及网络资源进行整合集成，确保国家、省、市、县四级登记信息的实时共享，实现与相关部门审批、交易信息的实时互通共享，加强与公安、民政、财政、税务等部门间不动产登记有关信息的互通共享，提供不动产登记资料的依法查询。"《民政部通知》也要求"各地要高度重视婚姻登记信息化建设工作……各级婚姻登记机关要加快纸质历史数据补录工作进度，为有法律法规依据的部门核对当事人的婚姻登记记录情况提供有力支撑"。

（国土资源部不动产登记中心　蔡卫华）

问题2
不动产权利人主动申请是不是不动产登记启动的前提条件

【问题】

胡某为福州市某区村民，在其村集体范围内拥有一处宅基地及合法建造的房屋，按福建省农村集体土地确权登记有关政策，属于应当确权登记的范围。由于当地政府一直未予以确权登记，2013 年 6 月，胡某以市人民政府未实施农村集体土地确权登记发证工作，直接损害了其切身利益为由，向市中级人民法院提起诉讼，请求依法判决市政府未实施农村集体土地确权登记发证工作的行政不作为违法并判令其依法实施该项工作。请问：1. 政府组织开展的农村集体土地确权发证行为是否属于村民可提起行政诉讼的范围？2. 农村集体土地登记发证是否属于行政机关主动履行职责范围？

【解答】

各级政府部署开展农村集体土地确权登记工作属于行政机关内部行政行为。为维护农民权益，加快推进农村集体土地确权登记发证工作，中共中央、国务院在 2010 年 1 号文《关于加大统筹城乡发展力度进一步夯实农业农村发展基础的若干意见》中提出了加快农村集体土地所有权、宅基地使用权、集体建设用地使用权等确权登记颁证工作，工作经费纳入财政预算等要求。为落实这一规定，国土资源部与农业部等部门先后下发了《关于加快推进农村集体土地确权登记发证工作的通知》（国土资发〔2011〕60 号）、《关于农村集体土地确权登记发证的若干意见》（国土资发〔2011〕178 号）和《关于进一步加快推进宅基地和集体建设用地使用权确权登记发证工作的通知》（国土资发〔2014〕101 号）等文件；福建省委省政府也在其 2010 年 1 号文件《关于加大统筹城乡发展力度夯实农业农村发展基础的实施意见》中提出了加快农村集体土地所有权、宅基地使用权、集体建设用地使用权等确权登记颁证工作，福建省国土资源厅、财政厅和农业厅等部门也于2011年联合印发了《福建省加快推进农村集体土地确权登记发证工作方案》。从这些政策文件规定看，大力推动农村集体土地确权登记发证工作，是各级政府及有关部门的一项重要工作。但这是否意味着，某地区政府未实施农村集体土地登记发证就构成不作为，而成为村民行政诉讼的对象呢？从上述文件的发文对象和内容要求看，都是上级政府对下级政府、上级国土、农业等有关行政主管部门对下级主管部门的工作部署和要求，都属于行政机关内部行政行为的范畴，均不直接对公民、法人或其他组织的权益产生处分的法律效果。2000年《最高人民法院关于执行〈中华人民共和国行政诉讼法〉若干问题的解释》第一条第二款第（六）项规定，对公民、法人或者其他组织权利义务不产生实际影响的行为，不属于行政诉讼受案范围；第十二条规定，可以提起行政诉讼的原告，系与被诉具体行政行为有法律上利害关系的公民、法人或其他组织。2014年11月全国人大常委会修订的《行政诉讼法》第二十五条规定，行政行为的相对人以及其他与行政行为有利害关系的公民、法人或者其他组织，有权提起诉讼。因此，上述政府组织实施的农村集体土地确权登记发证行为，与村民无直接利害关系，无论当地政府是否作为，均不属于可诉的具体行政行为。

依申请登记是我国不动产登记制度的重要原则之一。2007年12月，国土资源部颁布的《土地登记办法》第六条规定，土地登记应当依照申请进行，但法律、法规和本办法另有规定的除外。2015年3月1日起施行的《不动产登记暂行条例》第十四条也重申了依申请登记的原则。从我国登记制度有关规定看，《土地登记办法》中规定了政府依职权启动登记的总登记制度，但是，在《不动产登记暂行条例》中未规定这一制度，而且按照有关规定，总登记工作的开展也要通过发布通告等特定程序进行。在本案中，各级政府组织开展的农村集体土地确权登记工作，是为维护农民权益，落实最严格的耕地保护制度和节约用地制度，促进城乡统筹发展而主动开展的一项工作，完全不同于农村集体土地的总登记制度。起诉人胡某要求办理土地确权登记，应向法定的登记机关提出申请，进而可视情对有关行政机关履行法定职责的行为依法申请行政复议或提起行政诉讼。但是，胡某未提交登记申请，而是直接对市政府未组织实施确权登记工作提起诉讼，显然缺乏法律依据。对此，一审法院认为，起诉人胡某与被诉行政行为无法律上的直接利害关系，属于原告主体资格不适格，裁定不予受理。胡某不服一审裁定，向省高级人民法院提起上诉，请求撤销原审裁定。二审法院经审查，认为原审裁定不予受理并无不当，应予维持。随后驳回上诉，维持原裁定。

（国土资源部不动产登记中心　钟京涛）

问题3
直辖市、设区的市不动产登记机构如何设立

【问题】

甲市为地级市，其下辖A、B、C三个区。甲市成立了甲市国土资源局，A、B、C三个区分别成立了相应的区国土资源分局。根据《不动产登记暂行条例》的规定，A、B、C三个区的不动产登记机构应当如何设立？

【解答】

一、直辖市、设区的市确定本级不动产登记机构统一具体办理所属各区的不动产登记的，所属各区无需再单独设立不动产登记机构

《不动产登记暂行条例》（以下简称《条例》）第七条规定："不动产登记由不动产所在地的县级人民政府不动产登记机构办理；直辖市、设区的市人民政府可以确定本级不动产登记机构统一办理所属各区的不动产登记。"据此，直辖市和设区的市人民政府可以决定由本级不动产登记机构办理所属区域不动产登记，具体可以有两种方式：

一是由市本级不动产登记机构办理，区不再具体办理不动产登记业务。例如，甲市政府可以根据当地实际情况，指定该市的某个政府部门，例如甲市国土资源局作为该市的不动产登记机构，由甲市国土资源局直接统一办理本市所辖各区的不动产登记工作，市所辖区的A、B、C三区国土资源分局则不再承担登记职责。

二是区国土资源分局以市国土资源局的名义具体办理辖区内的不动产登记。在相关法律法规未明确授权区国土资源局独立行使登记职责的情况下，若甲市政府指定甲市国土资源局作为本级不动产登记机构的，A、B、C 三区的国土资源分局可以作为不动产登记机构的派出机构，根据规定的权限也可以以甲市国土资源局的名义具体承担本行政区内的不动产登记工作，不动产登记的相关后果由甲市国土资源局承担。

二、直辖市、设区的市本级不动产登记机构不统一具体办理所属各区的不动产登记的，区政府可以确定政府组成部门承担不动产登记职责

《条例》第六条规定："国务院国土资源主管部门负责指导、监督全国不动产登记工作。县级以上地方人民政府应当确定一个部门为本行政区域的不动产登记机构，负责不动产登记工作，并接受上级人民政府不动产登记主管部门的指导、监督。"据此，直辖市、设区的市人民政府没有确定本级不动产登记机构统一办理所属各区的不动产登记的，区政府可以确定本区不动产登记机构，但是应当注意以下两点：

一是不动产登记机构应当是独立的行政主体。《条例》第六条的规定明确了国土资源部负责指导、监督全国不动产登记工作，但是关于地方不动产登记由哪个部门负责，对此并没有明确。区政府作为一级政府可以根据当地的实际情况，指定一个政府组成部门，为本行政区域的不动产登记主管部门，办理所在辖区的不动产登记业务。但是，无论指定哪个部门从事不动产登记工作，都必须接受上级人民政府不动产登记主管部门的指导和监督，国家层面则应当接受国土资源部统一的监督和指导。

二是区国土资源分局属于市国土资源局的派出机构，无法成为独立的登记机构。不动产登记机构应当是县级以上人民政府依法确定的、统一负责不动产登记工作的部门，应当具备独立的法人资格，对外能独立承担相应的法律责任。各级国土资源主管部门内设的、不具有独立法人资格的不动产登记局（处、科、股），不能作为不动产登记机构。根据《国务院关于做好省级以下国土资源管理体制改革有关问题的通知》（国发〔2004〕12 号）的规定，"市（州、盟）、县（市、旗）国土资源主管部门是同级人民政府的工作部门，其机构编制仍由同级人民政府管理；地区国土资源主管部门的机构编制仍由行署管理。市辖区国土资源主管部门的机构编制上收到市人民政府管理，改为国土资源管理分局，为市国土资源主管部门的派出机构。"可见，市辖区国土资源管理部门是市国土资源局的派出机构，并不是独立的行政主体，也不是隶属于区政府的政府部门，无法对外独立承担相应的法律责任。当区国土资源分局负责本行政区域内不动产登记工作时，登记机构其实是市国土资源局。

（国土资源部不动产登记中心　刘志强）

问题4
不动产登记能否以共同申请为原则，单方申请为例外

【问题】

李某和王某是邻居，王某因常年在国外工作，家中父母多年一直由李某代为照顾。王某父母去世后，为对李某多年照顾自己父母表示感谢，王某将自己名下一套房产赠与李某，同时，王某父母生前在遗嘱中也决定将名下一套房产赠与李某。现李某准备向登记机构申请办理该两套房产的过户登记，李某能否单独提起不动产登记申请？

【解答】

提起申请是不动产登记一般程序的第一个环节，申请主体是否适格，直接影响到登记程序能否由此启动。就不动产登记申请主体而言，《不动产登记暂行条例》规定以共同申请为原则，以单方申请为例外。依据《不动产登记暂行条例》第十四条规定，“因买卖、设定抵押权等申请不动产登记的，应当由当事人双方共同申请”，买卖、抵押等属于双方法律行为，需要双方当事人达成意思表示一致才能成立，因此，为确保登记申请的真实性，维护双方当事人权益，基于双方法律行为产生的物权变动申请，应由当事人双方共同申请。

尽管《不动产登记暂行条例》第十四条没有明确点明“赠与”这一行为，实践中也有人将“赠与”误认为是单方法律行为，但依据有关法律规定，赠与应属

双方法律行为而非单方法律行为。《合同法》第一百八十五条规定："赠与合同是赠与人将自己的财产无偿给予受赠人，受赠人表示接受赠与的合同。"因此，赠与是一种合意双方的法律行为，它需要当事人双方一致的意思表示才能成立。李某因接受王某赠与房产申请不动产登记的，应当由当事人双方共同申请。

遗赠与赠与表面相似，性质不同。依据《继承法》第十六条规定，"公民可以立遗嘱将个人财产赠给国家、集体或者法定继承人以外的人"，第二条规定，"继承从被继承人死亡时开始"。《物权法》第二十九条规定，"因继承或者受遗赠取得物权的，自继承或者受遗赠开始时发生效力"。因此，遗赠是由立遗嘱人单方设立，属于单方法律行为，李某自王某父母死亡后受遗赠开始时即取得了房产物权，依据《不动产登记暂行条例》第十四条规定，继承、接受遗赠取得不动产权利的，可以由当事人单方申请登记。

（国土资源部不动产登记中心　翟国徽）

问题5
申请人在申请登记事项记载于不动产登记簿前是否可以撤回登记申请

【问题】

张某开有一家装修公司，赵某是建材批发商，两人常年存在生意往来。张某以较低的价格从赵某处购得一批建材，为感谢赵某对其生意上的支持，张某将其名下的一套房产以较低的价格转让给赵某。签订房屋转让合同后，双方共同向登记机构申请了不动产转移登记。后张某发现从赵某处低价购得的建材属伪劣产品，根本无法使用，张某认为赵某存有欺诈，向赵某提出解除房产买卖合同，赵某拒绝。张某于是向登记机构申请撤回不动产转移登记申请。该情况下，张某能否单独向登记机构申请撤回不动产转移登记申请？

【解答】

《物权法》规定，不动产物权的设立、变更、转让和消灭，依照法律规定应当登记的，自记载于不动产登记簿时发生效力。据此，《不动产登记暂行条例》第十五条第二款相应规定，“不动产登记机构将申请登记事项记载于不动产登记簿前，申请人可以撤回登记申请”。不动产登记事项在登记簿上记载完成后，物权变动已经发生效力，申请人因导致不动产物权变动的合同产生纠纷想要撤回不动产登记申请的，因登记程序已经完成，申请人此时的撤回申请已毫无意义。但需注意的是，不动产登记申请应由当事人双方共同提起的，为维护申请人权益，防止出现纠纷，撤回申请也应由当事人双方共同提出。因此，张某和赵某作为房屋买卖合同的双方当事人，应当共同向登记机构申请撤回登记申请。

登记事项记载于不动产登记簿后，申请人之间因转让不动产物权的合同产生纠纷想要取消不动产物权转让的，可以通过向人民法院或仲裁委员会提起诉讼或仲裁的方式，解决申请人间的合同纠纷，然后凭生效法律文书向登记机构申请不动产转移登记。

（国土资源部不动产登记中心　翟国徽）

问题6

房屋买卖但未办理过户，卖方私下申请补证的，登记机构能否办理

【问题】

甲与乙签订买卖合同，乙购买甲名下的商品房一套。乙依据合同约定支付了全部价款，但是甲以各种理由推脱，始终未办理房屋的转移登记。乙为了防止甲私下处分房屋，便将购房合同、房产证等拿来自己保管。后来，乙得知甲不但私下申请

补发了新的房产证，而且还将房屋抵押给了银行，因此乙以不动产登记机构未尽合理审查义务为由，向法院提起诉讼，要求撤销登记机构补发的新房产证。请问登记机构能否补证？乙的利益如何保障？

【解答】

本案的争议焦点是不动产登记机构向甲补发不动产权利证书的行为是否合法，以及乙能否通过诉讼方式保障自身利益。

一、不动产登记机构向甲补发不动产权利证书的行为合法

由于不动产权证书一般由不动产权利人实际保管，因此实践中难免会出现遗失、灭失等情况，法律对此规定了严格的补发程序。《房屋登记办法》第二十七条第二款规定："房屋权属证书、登记证明遗失、灭失的，权利人在当地公开发行的报刊上刊登遗失声明后，可以申请补发。房屋登记机构予以补发的，应当将有关事项在房屋登记簿上予以记载。补发的房屋权属证书、登记证明上应当注明'补发'字样。"

一是权利人可以申请补发不动产权证书。《物权法》第十六条规定："不动产登记簿是物权归属和内容的根据。"本案中虽然甲和乙签订了房屋买卖合同，而且乙实际占有了房屋，但是由于双方并未办理房屋的转移登记，不动产登记簿并未发生变更，因此在法律上甲依然是该房屋的合法所有权人。根据《房屋登记办法》，甲作为房屋的权利人有权申请补发不动产权属证书。

二是补发不动产权利证书应当进行公告。由于不动产登记机构对原权利证书是否遗失或者灭失等情况无法查证，因此法律规定了公告遗失声明的方式，方便利害关系人及时提出异议，保障不动产权利证书的严肃性。据此，甲申请补发新的房产证时，必须在当地报纸上刊登遗失声明，如果在法定期限内没有人对声明提出异议，则推定申请人的申请理由符合事实，不动产登记机构已尽法定审查义务，可以依法予以补发权利证书。

二、不动产登记机构补发房产证的行为不可诉

不动产权证书仅仅是由不动产登记机构颁发给不动产权利人用以证明其享有不动产权利的证明，补发证书的行为并不实际改变不动产权利的归属，只是对原来颁证行为的一种重复，属于重复处置的行为，不具备可诉性。因此，《最高人民法院关于审理房屋登记案件若干问题的规定》第二条第二款规定："房屋登记机构作出未改变登记内容的换发、补发权属证书、登记证明或者更新登记簿的行为，公民、法人或者其他组织不服提起行政诉讼的，人民法院不予受理。”因此，当事人对不动产权利归属有异议的，应当通过异议登记，或者针对原颁证行为提出诉讼，而不能对补发行为提起诉讼。

三、乙应当及时向不动产登记机构提出异议并提起民事诉讼

本案中，为了避免发生损失，作为房屋的买受人的乙应当及时要求甲办理房屋转移登记，或者通过预告登记的方式保障自身的合法债权，不能因为持有原房产证或者实际占有房屋而放松警惕。乙应当关注当地媒体报道，发现卖方甲刊登房产证遗失公告，或者私下处置房屋的，应当及时向不动产登记机构提出异议，并提起民事诉讼，依法追究甲的违约责任，维护自身的合法权益。

（国土资源部不动产登记中心　刘志强）

问题 7
一方当事人不配合办理不动产登记的如何处理

【问题】

甲公司与乙公司签订《国有土地使用权转让协议》，将甲公司名下的土地使用权以1亿元转让给乙公司，但未办理变更登记。后该宗土地价格上涨，乙公司要求甲公司配合申请不动产登记遭甲公司拒绝。双方诉至法院，法院判决甲公司在指定期间内配合乙公司办理变更登记。该判决生效后，乙公司持生效判决书等材料要求登记机构依据《不动产登记暂行条例》（以下简称《暂行条例》）第十四条第二款第三项办理变更登记。登记机构如何处理？

【解答】

一、不动产登记以共同申请为一般原则

《暂行条例》第十四条规定：“因买卖、设定抵押权等申请不动产登记的，应当由当事人双方共同申请。”可见，不动产登记以共同申请为基本原则，主要适用于因法律行为而产生物权变动的情形，如不动产的买卖、交换、赠与、抵押等，这些行为都属于民事法律行为中的双方法律行为，需要双方意思表示一致才能成立。要求当事人共同申请，有利于登记机构查清事实，降低因登记错误而产生的赔偿风险，提高登记结果的准确性和权威性。但是，如果符合单方申请条件的，也可以单方申请。

二、单方申请需依据法律的明确规定

《暂行条例》第十四条第二款规定，“属于下列情形之一的，可以由当事人单方申请：(一) 尚未登记的不动产首次申请登记的；(二) 继承、接受遗赠取得不动产权利的；(三) 人民法院、仲裁委员会生效的法律文书或者人民政府生效的决定等；(四) 权利人姓名、名称或者自然状况发生变化，申请变更登记的；(五) 不动产灭失或者权利人放弃不动产权利，申请注销登记的；(六) 申请更正登记或者异议登记的；(七) 法律、行政法规规定可以由当事人单方申请的其他情形。”在特殊情况下，不存在不动产交易，或者权利来源于法律规定，不需要征得原不动产权利人同意，因此该条款明确列举了可以单方申请的情形。

三、本案处理建议

《暂行条例》第十四条中的生效法律文书或者决定等是指能够导致不动产权利的设立、变更、转让或者消灭的法律文书或决定，登记机构可以根据不动产权利的变动状况清楚地办理相应类型的登记。但是，本案中，乙公司所持的生效判决书中仅仅判决甲公司为一定的行为，并未导致不动产权利的设立、变更、转让或者消灭，因此不符合《暂行条例》第十四条规定的单方申请的情形。

在本案中，由于乙公司单方申请，仅能提供法院判决书，但是无法提供由甲公司持有的原权利证书，登记机构也就无法收回原土地权利证书。在乙方公司单方申请的情形下，登记机构仅仅依据该判决书办理登记存在一定法律风险，因此不能直接办理。但是当乙公司申请人民法院强制执行时，登记机构完全可以根据法院的协助执行通知书办理相应登记。

（国土资源部不动产登记中心　张颖）

问题 8
城镇居民因受遗赠取得的农村老宅应如何进行登记

【问题】

某村村民张某在宅基地上建有房屋并长期居住，因无法定继承人，张某订立遗嘱决定在其去世后将该房屋赠与其好友李某（城镇居民）。张某去世后，李某拿到该房屋钥匙并时常下乡居住。现该村正在开展宅基地确权登记发证工作，请问这种情况应如何处理？

【解答】

一、受遗赠人对遗嘱人合法所有的房屋依法享有受遗赠权，其因受遗赠取得的房屋所有权应当依法予以登记

农村居民在合法取得的宅基地上建造的房屋属于其合法财产。在农村居民死亡时，该房屋属于《继承法》第三条所规定的遗产。《继承法》第十六条第三款规定："公民可以立遗嘱将个人财产赠给国家、集体或者法定继承人以外的人"，法律上将此称为"遗赠"。据此，李某有权取得张某遗赠的农村房屋的所有权。不过应当注意的是，《继承法》第二十五条第二款规定："受遗赠人应当在知道受遗赠后两个月内，作出接受或者放弃受遗赠的表示。到期没有表示的，视为放弃受遗赠。"如果李某在知悉受遗赠后两个月内未表示接受遗赠，那么就不享有受遗赠权，也就不能取得房屋所有权。

本案中，李某在张某去世时即完全取得该房屋的所有权，登记机构应当依法予以登记，切实保护李某的合法权益。应当指出的是，必须把遗赠与"借赠与之名行买卖之实"的行为区分开来，后者在本质上违反了国家禁止城镇居民到农村购房的规定，因此是无效的。

二、根据“房地一体”的原则与规定，宅基地使用权应当一并进行确权登记

我国原则上禁止宅基地使用权流转，即宅基地使用权的买卖、赠与、出资入股、抵押等原则上均不允许。但是，宅基地上所建房屋与宅基地事实上不可分割，承认和依法保护城镇居民因受遗赠而取得的农村宅基地上房屋的所有权，就必然要肯定其继续使用宅基地的事实。《物权法》第一百四十七条规定，建筑物、构筑物及其附属设施赠与的，该建筑物、构筑物及其附属设施占用范围内的建设用地使用权一并处分。这表明，在房屋所有权遗赠的同时，房屋占用范围内的宅基地使用权也一并移转。

（中国政法大学　郭佑宁）

问题9
农村住宅在集体经济组织内部转让应如何登记

【问题】

某村村民甲原有一处宅基地，后因继承取得该村另一处宅基地的使用权及宅基地上房屋的所有权，但一直闲置。后同村村民乙与甲协商，出资购买该闲置宅基地上的房屋。现该村正在开展宅基地确权登记发证工作，请问对于该处宅基地应如何登记？

【解答】

一、宅基地使用权原则上禁止流转，对于宅基地使用权非法流转的，不得予以登记

宅基地使用权是农民基于集体经济组织成员身份而享有的福利保障，是农民的安身之本。国家对新设宅基地使用权采取审批方式，申请人需满足身份、户数、面积等条件，同时需经过申请、乡（镇）人民政府审核和县级人民政府批准三项程

序。对于农民依法取得的宅基地使用权，国家原则上禁止流转，即宅基地使用权的买卖、赠与、出资入股、抵押等原则上均不允许，尤其是国家严令禁止城镇居民到农村购置房屋或宅基地。对于宅基地及其上建筑物、构筑物及其附属设施非法流转的，不得对宅基地使用权及房屋等所有权予以登记。

二、宅基地使用权按照法律规定移转的，应当依法直接予以登记

现行法规政策规定在因继承和宅基地上房屋所有权合法转让时，例外地允许宅基地使用权移转。对于因房屋转让而移转宅基地使用权的，必须满足我国宅基地管理制度的规定：第一，房屋买受人必须是本集体经济组织成员，如果要转让给本集体经济组织以外的人员，该受让人必须先在本集体经济组织中落户并符合申请宅基地的条件；第二，房屋买受人必须符合“一户一宅”的规定，即房屋买受人在本村没有宅基地，也不存在出卖、出租宅基地上住房后，又购买宅基地上房屋的情形。本案中，乙符合第一个条件，还需审查其是否符合第二个条件，如果不符合则不得向乙登记发证，对于其占用的宅基地应当依法收回。

如果乙满足上述两个条件，在这种情况下的宅基地使用权移转是否需要单独审批，现行法规政策尚无明确规定。可以从两个方面把握这个问题：第一，宅基地审批应该严格依法进行，法律未作明文规定的，不得作为审批事项；第二，应当看到宅基地审批制度是严格落实土地用途管制规定，切实保护土地资源的有效途径，因此它的对象主要是新设立的宅基地使用权。本案中，甲、乙之间移转的宅基地使用权业已存在，故不涉及农村建设用地增量和耕地保护等问题，没有审批的必要性。因此，登记人员在核实乙具有受让资格后，应当予以确权登记。

三、对依法受让的宅基地使用权及宅基地上房屋所有权进行确权登记的注意事项

对此类宅基地的确权登记应当按照《不动产登记暂行条例》和国土资源部等部门发布的《关于农村集体土地确权登记发证的若干意见》（国土资发〔2011〕178 号）、《关于规范土地登记的意见》（国土资发〔2012〕134 号）、《关于进一步加快推进宅基地和集体建设用地使用权确权登记发证工作的通知》（国土资发〔2014〕101 号）等文件规定与精神开展，需要注意的是：1. 应当对出让人（本案中为甲）的权属来源予以查证，如果出让人占用的宅基地无权属来源或来源违法，则受让人（本案中为乙）应当依法申请宅基地使用权，对符合土地利用总体规划与村镇规划以及有关用地政策的，在依法补办用地批准手续后进行登记发证；2. 应当以受让人为标准确定宅基地面积是否符合当地规定，对于超规定的面积部分应按照国土资发〔2011〕178 号文件的相关规定予以登记；3. 对于进行农村宅基地制度改革试点的地区，宅基地确权登记发证工作按照改革试点要求开展。

（中国政法大学　郭佑宁）

问题 10
存在尚未解决的权属争议的林地能否登记

【问题】

孟某与某村集体签订《林地承包合同书》，该村集体将村内某块林地交由孟某承包经营，期限为 30 年。签订合同后，孟某向登记机构申请办理承包经营权登记。登记办理期间，赵某向法院提起诉讼，同时向登记机构提出，孟某承包的林地地块中有部分面积与其取得的林地承包地块面积重叠，村集体与孟某签订的《林地承包合同书》侵害了其已经取得的林地承包经营权。孟某认为，其与村委会签订的《林地承包合同书》合法有效，没有侵害赵某的承包权益。该情况下，登记机构应如何办理登记？

【解答】

不动产登记具有极强的公示性和公信力，这就要求登记的不动产权利必须归属清晰、无争议。如果对有权属争议的不动产权利予以登记，将会对不动产登记的公信力造成根本性冲击，对交易安全和物权稳定带来很大隐患。因此，《不动产登记暂行条例》第二十二条规定："登记申请有下列情形之一的，不动产登记机构应当不予登记，并书面告知申请人……（二）存在尚未解决的权属争议的……"

需要注意的是，实践中要对存在"权属争议"有正确理解。如上述案例中，孟某已经完成承包经营权登记，后在承包经营权转移登记中，赵某提出异议，认为孟某的承包经营权侵害了自己的承包权益的，是否属于"存在权属争议"的情形？

不动产权属争议应是就尚未进行登记发证的不动产而言，不动产权利利害关系人因不动产所有权或使用权的归属而发生的争议。《物权法》第九条规定，“不动产物权的设立、变更、转让和消灭，经依法登记，发生效力”，完成登记发证的不动产权利，因不动产物权登记具有公信力，在不动产登记被依法撤销前，不动产的所有权和使用权依法处于清晰明确的法律状态。按照国土资源部办公厅作出的《关于土地登记发证后提出的争议能否按权属争议处理问题的复函》（国土资厅函〔2007〕60号），该复函指出：“土地权属争议是指土地登记前，土地权利利害关系人因土地所有权和使用权的归属而发生的争议。土地登记发证后已经明确了土地的所有权和使用权，土地登记发证后提出的争议不属于土地权属争议。”就该情况下利害关系人的救济途径，根据复函精神，不动产权利依法登记后第三人对其结果提出异议的，利害关系人可向原登记机关申请更正登记，也可向原登记机关的上级主管机关提出行政复议或直接向法院提起行政诉讼。

（国土资源部不动产登记中心　翟国徽）

问题11

民间借贷申请办理不动产抵押登记的，登记机构是否受理

【问题】

最高人民法院2015年8月6日公布了《最高人民法院关于审理民间借贷案件适用法律若干问题的规定》（法释〔2015〕18号），该解释再次对符合规定的民间借贷合同效力予以支持。不少自然人、法人、其他组织之间及其相互之间进行的借贷以不动产作为担保的，经常会申请办理抵押登记。有些地方在实践中，以房子作为担保的，可以办理抵押登记，但是以土地作为担保的，基本上不给办理抵押登记。目前统一登记了，民间借贷以不动产作担保申请抵押登记，登记机构是否应当办理？

【解答】

关于民间借贷，按照《最高人民法院关于审理民间借贷案件适用法律若干问题的规定》（以下简称《规定》）第一条的规定，是指自然人、法人、其他组织之间及其相互之间进行资金融通的行为。经金融监管部门批准设立的从事贷款业务的金融机构及其分支机构发放的贷款，不属于民间借贷。

笔者认为民间借贷以不动产作担保的，在国家没有出台明确的规定之前，不动产登记机构应当谨慎办理抵押登记。理由如下：

一是民间借贷不符合《贷款通则》的相关规定。因为《贷款通则》明确规定，贷款人系指"在中国境内依法设立的经营贷款业务的中资金融机构"，贷款的发放和使用应当符合国家的法律、行政法规和中国人民银行发布的行政规章。

二是《规定》不能作为民间借贷目前可以办理抵押登记的依据。因为司法实践一直对符合规定的民间借贷予以保护，早在1991年8月13日，最高人民法院下发的《关于人民法院审理借贷案件的若干意见》（法（民）发〔1991〕21号）就规定："六、民间借贷的利率可以适当高于银行的利率，各地人民法院可根据本地区的实际情况具体掌握，但最高不得超过银行同类贷款利率的四倍（包含利率本数）。超出此限度的，超出部分的利息不予保护"，该意见对符合规定民间借贷的效力也是认可的。

三是民间借贷合同是否有效，登记机构很难认定。因为《规定》虽然对符合规定的民间借贷合同效力予以支持，但是该《规定》第十四条明确规定"具有下列情形之一，人民法院应当认定民间借贷合同无效：（一）套取金融机构信贷资金又高利转贷给借款人，且借款人事先知道或者应当知道的；（二）以向其他企业借贷或者向本单位职工集资取得的资金又转贷给借款人牟利，且借款人事先知道或者应当知道的；（三）出借人事先知道或者应当知道借款人借款用于违法犯罪活动仍然提供借款的；（四）违背社会公序良俗的；（五）其他违反法律、行政法规效力性强制性规定的"。上述情形，司法审判机关都难以认定，登记机关更难以认定。

四是《国土资源部关于规范土地登记的意见》明确规定："依据相关法律、法规规定，经中国银行业监督管理委员会批准取得《金融许可证》的金融机构、经省级人民政府主管部门批准设立的小额贷款公司等可以作为放贷人申请土地抵押登记。"

五是《国土资源部关于企业间土地使用权抵押有关问题的复函》明确规定"企

业间以土地使用权进行抵押担保的前提是企业之间订立的债权债务主合同必须符合有关法律、法规的规定，涉及需要金融监管部门批准的，应首先办理批准手续”。因此，企业之间以土地作担保办理抵押登记的前提是债权债务主合同必须合法。

综上所述，由于民间借贷目前还没有法律法规予以明确认可。不动产登记机关为民间借贷办理抵押登记，有可能不利于维护国家正常的金融秩序。因此在国家出台明确的规定之前，应当谨慎办理。

（国土资源部不动产登记中心　蔡卫华）

问题12

公司以不动产对外担保的办理抵押登记是否需要提交股东会决议

【问题】

根据《公司法》的有关规定，公司为他人提供担保的，应当由董事会或者股东会、股东大会决议。请问公司以不动产为他人担保申请办理抵押登记时，登记机关是否应当要求其提交董事会或者股东会、股东大会的决议？

【解答】

笔者认为登记机关无须审查公司董事会或者股东会、股东大会关于对外担保的决议，因此不需要当事人提供。

一、《公司法》就公司对外担保进行规定为了防止公司权力滥用侵犯股东权益

《公司法》就公司对外担保进行了明确规定，其中第十六条进行了一般性规定，“公司向其他企业投资或者为他人提供担保，依照公司章程的规定，由董事会或者股东会、股东大会决议；公司章程对投资或者担保的总额及单项投资或者担保的数额有限额规定的，不得超过规定的限额。公司为公司股东或者实际控制人提供担保的，必须经股东会或者股东大会决议。前款规定的股东或者受前款规定的实际控制人支配的股东，不得参加前款规定事项的表决。该项表决由出席会议的其他股东所持表决权的过半数通过”。除此之外，《公司法》第一百二十一条对上市公司还进行了特别规定，要求“上市公司在一年内购买、出售重大资产或者担保金额超过公司资产总额百分之三十的，应当由股东大会作出决议，并经出席会议的股东所持表决权的三分之二以上通过”。《公司法》之所以如此规定，是对公司权力进行限制，是为了更好地保护股东的利益。

二、公司对外担保行为属于公司内部行为

按照《公司法》的规定，公司对外担保应当履行符合以下规定：一是依照公司章程的规定召开董事会或者股东会、股东大会；公司为公司股东或者实际控制人提供担保的，必须召开股东会或者股东大会；上市公司在一年内购买、出售重大资产或者担保金额超过公司资产总额百分之三十的，必须召开股东大会。二是对于担保的数额，公司章程对担保的总额及担保的数额有限额规定的，不得超过规定的限额。三是对于表决的要求。公司为公司股东或者实际控制人提供担保的，被担保的股东或者受实际控制人支配的股东，不得参加表决。该项表决由出席会议的其他股东所持表决权的过半数通过。上市公司在一年内担保金额超过公司资产总额百分之三十的，应当由经出席股东大会的股东所持表决权的三分之二以上通过。

公司的上述行为属于公司的内部行为，登记机关不应当审查。再加上上述规定程序复杂，涉及的材料繁多，登记机关也没有能力进行相应的审查。

三、公司对外担保不需提供董事会或者股东会、股东大会决议

公司对外担保时，只有履行《公司法》所规定的程序，符合《公司法》的所规定的要求，公司才能对外担保，才能签订担保合同。登记机关受理审查公司对外担保登记时，只需要审查其提供身份证明材料以及主债权债务合同、抵押合同等权属证明材料，无须审查董事会或者股东会、股东大会决议。只要公司在抵押合同上签章，就视为公司同意对外担保，就视为公司履行了相应的程序，符合了《公司法》相关的规定。至于公司是否真正履行相应的程序，是否符合相关的规定，登记机关无须审查，至于公司担保行为没有履行相应的程序，不符合相关的规定出现问题，由公司按照《公司法》第一百四十八条和第一百四十九条规定承担相应的责任。

（国土资源部不动产登记中心　蔡卫华）

问题 13
委托贷款能否办理不动产抵押登记

【问题】

实践中，企业间因融资的需要，经常会委托银行办理委托贷款。为了减少风险，委托人（资金融出企业）要求借款企业（资金融入企业）以其依法取得的出让国有土地使用权不动产作为担保并申请办理抵押登记。土地登记机关能否办理？如何办理登记？

【解答】

一、不动产登记机关应当办理抵押登记

《国土资源部关于企业间土地使用权抵押有关问题的复函》（国土资函〔2000〕582 号）曾明确规定，"企业间以土地使用权进行抵押担保的前提是企业之间订立的债权债务主合同必须符合有关法律、法规的规定"，委托贷款业务不同于企业之间的直接借贷，符合国家的法律政策，符合经济社会发展的需要。因此，当借款企业为保证债权得以实现，将依法取得的国有土地使用权或依法取得的房屋所有权连同该房屋占用范围内的国有土地使用权抵押并申请办理抵押登记的，登记机关应当办理。具体的理由如下：

一是委托贷款业务是金融监管机构允许开展的合法业务。委托贷款是一种合法有效的借贷形式，有明确的法律依据。根据《贷款通则》（中国人民银行 1996 年 6 月 28 日颁布）第七条的规定，经营贷款业务的金融机构的贷款分为自营贷款、委托贷款和特定贷款。其中委托贷款，系指"由政府部门、企事业单位及个人等委托人提供资金，由贷款人（即受托人）根据委托人确定的贷款对象、用途、金额期限、利率等代为发放、监督使用并协助收回的贷款"。贷款人（受托人）只收取手续费，不承担贷款风险。

二是委托贷款不同于企业之间的直接借贷。后者是国家法律政策所明确禁止的。如《贷款通则》第六十一条明确规定“各级行政部门和企事业单位、供销合作社等合作经济组织、农村合作基金会和其他基金会，不得经营存贷款等金融业务。企业之间不得违反国家规定办理借贷或者变相借贷融资业务”。

三是开展委托贷款业务有利于经济社会的发展。企业将其富余的自有资金通过金融机构借给需要资金的各类中小规模的企业，既把企业间借贷资金纳入了银行信贷体系，便于国家计量和监督，利于国家金融宏观调控，避免企业之间因非法拆借而扰乱金融秩序，又使得委托人的资产得以升值，同时也解决了借款人的资金困难，金融机构因受托进行贷款管理而从中收取代理费用。委托贷款业务是一件一举多得的好事，受到普遍欢迎。目前银行不仅开展企业委托贷款业务，而且开展个人委托贷款业务。

二、办理委托贷款抵押登记业务的注意事项

委托贷款业务的流程一般是：委托人向银行提出书面委托贷款申请；银行审核后，与委托人签署委托贷款的《代理协议》；银行受理借款人贷款申请并经委托人审批后，由借款人与银行签订《委托贷款借款合同》，并根据委托人的要求协助借款人落实担保、抵押等手续；银行根据委托人通知进行贷款发放并协助委托人收回贷款本息，对违约贷款进行催收清收等。土地登记机关在办理委托贷款抵押登记业务时，不仅要了解以上流程，而且需要注意以下事项：

一是抵押权人不是银行，而是委托贷款人。在委托贷款中，同时存在名义债权人和实质债权人。名义债权人是贷款银行（受托人），实质债权人是委托人。这就出现一个问题，即在抵押登记办理过程中，谁应该是抵押权人，抵押权应当登记给谁？笔者认为，应以委托人（资金融出企业）为抵押权人。首先，在委托贷款法律关系中，委托人是承担委托贷款法律风险的主体，是实质债权人，而贷款人（受托人）只收取手续费，不承担贷款风险。其次，根据《民法通则》的有关规定，代理人在委托人的授权范围内从事民事法律行为，该代理法律行为的后果归于被代理人。贷款银行（受托人）作为名义上的债权人，其实质是代理人，委托人仅授予银行与第三人（借款企业）订立委托贷款合同。基于该代理行为产生的利益应由被代理人（委托人）享有，即委托人享有对借款企业的合法债权。借款企业为该债权实现提供担保，则在委托人（实质债权人）与借款企业间形成债权担保法律关系，即抵押权人为委托人。再次，实践中有多种担保方式可供选择，如抵押、质押、保证、组合担保等，土地不动产抵押只是其中的一种。具体选用何种担保方式由委托人与借款人自行商定，银行只是代为办理抵押登记等担保手续，并不是抵押当事人。

二是需要当事人提交的资料。当事人除了提供各自的身份证明材料之外，委托人应当提交其与银行签署的委托贷款的《代理协议》，借款人应当提供其与银行签订《委托贷款借款合同》等相关的材料。

三是审查需要重点注意的事项。委托人除了可以是企业之外，还可以是政府机构、事业单位，甚至是个人；审查的重点不是贷款的期限、金额，而应当是委托人、银行、借款人之间形成的委托贷款法律关系的书面文件材料。

（中国石油天然气集团公司法律部　李志华）

问题 14
因政府原因造成闲置的土地抵押的能否办理抵押登记

【问题】

某开发商取得一块土地之后，由于政府原因一直闲置，没有按照出让合同约定开发建设。现在开发商拟利用该土地向银行抵押融资并向登记机关申请办理抵押登记，请问登记机关能否办理？

【解答】

按照《闲置土地处置办法》（国土资源部令第 53 号）的规定，闲置土地根据闲置的原因不同，被分为因国有建设用地使用权人原因造成闲置的土地和因政府原因造成闲置的土地，并规定了不同的处置方式和法律责任。因此，闲置土地抵押能否办理登记应当因闲置原因而异。

一、因国有建设用地使用权人原因造成闲置的土地抵押的不得办理抵押登记

《闲置土地处置办法》第二十四条明确规定“国有建设用地使用权人违反法律法规规定和合同约定、划拨决定书规定恶意囤地、炒地的，依照本办法规定处理完毕前，市、县国土资源主管部门不得受理该国有建设用地使用权人新的用地申请，不得办理被认定为闲置土地的转让、出租、抵押和变更登记”，因此，对于因国有建设用地使用权人原因造成闲置的土地抵押的，在依法处理之前，登记机关不能办理抵押登记。但需要注意的是，因国有建设用地使用权人原因造成闲置的土地在依法处理之后抵押的，应当办理抵押登记。如因国有建设用地使用权人原因未动工开发满一年的，依法已经按照土地出让或者划拨价款的百分之二十缴纳土地闲置费的，应当允许抵押并办理抵押登记。

二、因政府原因造成闲置的土地抵押的一般可以办理抵押登记

按照《闲置土地处置办法》第八条的规定，因政府原因造成土地闲置的情形主要有：政府未按照国有建设用地使用权有偿使用合同或者划拨决定书约定、规定的期限、条件交付土地；土地利用总体规划、城乡规划依法修改；因国家出台相关政策，需要对约定、规定的规划和建设条件进行修改；因处置土地上相关群众信访事项等无法动工开发；因军事管制、文物保护等无法动工开发的以及政府、政府有关部门的其他行为。因自然灾害等不可抗力导致土地闲置的，也依照因政府原因办理。

由于按照政府原因造成土地闲置的，过错不在于国有建设用地使用权人，其土地权利应当依法受到保护，因此《闲置土地处置办法》第十二条的规定，因政府原因造成土地闲置的，市、县国土资源主管部门应当与国有建设用地使用权人协商，选择下列六种方式进行处置：延长动工开发期限；调整土地用途、规划条件；由政府安排临时使用；协议有偿收回国有建设用地使用权；置换土地以及根据实际情况规定其他处置方式。对于采取协议有偿收回国有建设用地使用权和置换土地方式进行处置的，原国有建设用地使用权人不再享有原土地使用权，也不可能用原地进行抵押融资。对于采取延长动工开发期限，调整土地用途、规划条件，由政府安排临时使用这三种方式进行土地处置的，原国有建设用地使用权人继续享有土地使用权，有权利用该土地进行抵押融资，登记机关也应当办理相应的抵押登记。

（国土资源部不动产登记中心　蔡卫华）

问题15

已办理抵押登记的土地，还能否办理用途变更

【问题】

甲公司通过拍卖取得一宗国有出让建设用地使用权，出让的用途为住宅。随后，甲公司将该宗土地抵押给银行，并在登记机关办理了抵押登记。现在甲公司请求将该宗土地的用途转变为商住。对此，登记机构能否为其办理土地用途变更手续?

【解答】

对于已办理抵押登记的土地，能否办理用途变更，可从以下三方面来判定：

一、法律并未禁止抵押土地办理土地用途变更

《土地管理法》第五十六条规定："建设单位使用国有土地的，应当按照土地使用权出让等有偿使用合同的约定或者土地使用权划拨批准文件的规定使用土地；确需改变该幅土地建设用途的，应当经有关人民政府土地行政主管部门同意，报原批准用地的人民政府批准。其中，在城市规划区内改变土地用途的，在报批前，应当先经有关城市规划行政主管部门同意。"可见，对于土地用途的变更，法律只是要求依法办理相关批准手续，并没有明确禁止抵押状态下的土地办理用途变更。

二、先行解押，再办理用途变更对抵押权人不利，操作性不强

虽然先行办理土地的解押，再办理土地用途变更手续可以最大限度地减少管理部门的风险，但是一旦土地解除抵押，在办理土地用途变更手续，以及再次办理抵押登记之前的这段时间内，债权人的利益难以得到保障。一方面，土地处于没有抵押的状态，权利人可以随时处分土地；另一方面，由于土地权利抵押需要当事人共同申请，重新提供主债权债务合同、抵押合同等要件，这都需要双方共同配合完成，具有诸多不确定因素。因此，先行解押的方式，对于债权人来说风险较大，一般难以接受。这就可能导致土地用途变更无法办理，影响了土地资源的有效利用。

三、在办理抵押土地用途变更时，应当充分保护抵押权人的利益

《物权法》第一百九十三条规定："抵押人的行为足以使抵押财产价值减少的，抵押权人有权要求抵押人停止其行为。抵押财产价值减少的，抵押权人有权要求恢复抵押财产的价值，或者提供与减少的价值相应的担保。抵押人不恢复抵押财产的价值也不提供担保的，抵押权人有权要求债务人提前清偿债务。"土地用途的变更是影响土地价值的重要因素，因此对于抵押权人来说非常重要。对于抵押这种市场行为而言，国土资源管理部门对抵押财产的价值无法衡量和判断，因此应当由土地抵押的当事人协商解决。根据《物权法》的规定，应当交由抵押人与抵押权人协商解决，抵押人可以向抵押权人证明抵押财产价值没有减损，或者通过提供其他相应价值的担保或者清偿部分债务等方式，取得抵押权人的同意。土地权利人申请用途变更时，应当一并提交抵押权人同意变更的意见。土地权利人补缴土地出让金，办理相关土地用途变更手续后，可以申请办理土地的用途变更登记，然后再向抵押权人更换相应的权利证书。

本案中，甲公司申请办理土地变更登记的，国土资源管理部门应当及时通知抵押权人，由银行和甲公司进行协商，由银行出具同意用途变更的证明，然后再办理用途变更登记手续，最后由甲公司申请办理土地权利变更登记，并向银行更换相应的权利证书。这样既满足了土地权利人用途变更的需求，同时也更好地维护了抵押权人的合法权益。

（国土资源部不动产登记中心　刘志强）

问题 16

夫妻一方能否查询配偶名下的不动产登记信息

【问题】

甲先生与乙女士为夫妻，两人婚后感情不和欲离婚，乙女士怀疑甲先生婚后擅

自以共同财产购买过房产，但没有证据，便到不动产登记机构申请查询甲先生名下的全部不动产登记信息。登记机构的工作人员告知乙女士，不能仅以姓名为条件查询他人名下的不动产登记信息。乙女士则认为，如果甲先生真的以共同财产购买过不动产，登记信息的取得将直接影响到自己的财产权利，登记机构应当提供查询。

【解答】

本案的争议焦点在于夫妻一方能否以姓名为条件查询对方名下的不动产登记信息。笔者认为，一般情况下不能仅以姓名为条件查询他人名下不动产登记信息，但夫妻一方查询对方名下不动产登记信息的应不受该限制。

一、一般情况下不能仅以姓名为条件查询他人名下全部不动产登记信息

不动产登记资料的查询方式可以分为两类，一是以不动产查人，二是以人查不动产。允许以不动产查人方式进行的查询，基本无较大争议。而对于以人查不动产方式进行的查询，我国则进行了限制性规定。《房地产登记技术规程》6.1.4 规定，“登记资料不得仅以权利人姓名或名称为条件进行查询。”作此规定的目的，是为了防止不动产登记信息被不正当利用导致个人隐私被泄露，是对登记资料查询人需要的满足和对权利人隐私保护的一种平衡，避免了查询人滥用查询权利对他人个人隐私侵犯的风险。

二、权利人、利害关系人查询不动产登记信息可以不受“不能以人查不动产”规定的限制

《物权法》第十八条明确规定了登记机构在权利人、利害关系人申请查询、复制登记资料时应当提供的义务，且并未在查询方式上进行限制。为了查询上的方便快捷，享有多个不动产权利的权利人应当能够通过以人查不动产的方式查询自身名下的不动产权利，利害关系人也可以根据需要查询与继承、诉讼等有关的他人名下的不动产登记信息，此时以姓名为条件查询是可以的。因此，权利人、利害关系人查询、复制不动产登记资料不受“不能以人查不动产”规定的限制。

三、夫妻一方可以以姓名为条件查询对方名下的不动产登记信息

对于夫妻共有不动产，根据《婚姻法》的规定，在没有特别约定的情况下，婚后所得的不动产为夫妻共有，夫妻一方作为共有不动产的所有人当然可以查询相关登记信息。对于夫妻一方取得的个人不动产，通常配偶查询时都涉及财产分割等利害关系，虽然对方没有所有权，但基于婚姻的属性及夫妻间的特殊身份关系，另一方也应当享有知情权。实践中，有的地方已经作出类似规定。如《广州市妇女权益保障规定》第二十三条规定，夫妻一方持身份证、户口本和结婚证等证明夫妻关系的有效证件，可以向工商行政管理部门、房地产行政管理部门、车辆管理部门等机构申请查询另一方的财产状况，有关行政管理部门或者单位应当受理，并且为其出具相应的书面材料。

不动产登记信息查询的目的是维护不动产权利人合法权益，规范不动产市场交易秩序，不能以保护个人隐私之名限制申请人获取信息的正当权利。

（国土资源部不动产登记中心　张颖）

问题 17

以政府信息公开为由申请查询不动产登记信息的应如何处理

【问题】

2015 年 3 月，卢某以政府信息公开为由，向 × × 市不动产登记机构申请查询该市 × × 路 × × 号房屋权属状况。不动产登记机构认为，依据《物权法》的规定，只有权利人、利害关系人可以查询、复制不动产登记资料，卢某则以《政府信息公开条例》（以下简称“《公开条例》”）为依据，认为房屋权属状况信息属于政府信息，应纳入政府信息公开范畴，申请人申请公开房屋权属状况的信息是其基本权利，不动产登记机构不得剥夺。本案应如何处理？

【解答】

本案争议焦点有三个：一是房屋权属状况信息是否属于政府信息？二是房屋权属状况信息是否应向社会中的任何人公开？三是房屋权属状况信息应如何公开？

一、房屋权属状况信息属于政府信息的范畴

对于房屋权属状况信息是否属于政府信息存在争议。《公开条例》第二条规定：“本条例所称政府信息，是指行政机关在履行职责过程中制作或者获取的，以

一定形式记录、保存的信息。”不动产登记信息是不动产登记机构（性质上属于行政机关）在登记过程中形成和收集的一系列文字和图件资料，因此笔者认为，不动产登记信息属于政府信息的范畴。本案中申请人可以以《公开条例》为依据申请公开该市××路××号房屋权属状况。

二、房屋权属状况信息是依申请公开的政府信息

《公开条例》第十三条规定，除本条例第九条、第十条、第十一条、第十二条规定的行政机关主动公开的政府信息外，公民、法人或者其他组织还可以根据自身生产、生活、科研等特殊需要，向国务院部门、地方各级人民政府及县级以上地方人民政府部门申请获取相关政府信息。依此规定，政府信息可以分为主动公开的政府信息和依申请公开的政府信息，不动产登记信息不属于《公开条例》第九条、第十条、第十一条、第十二条明确规定的行政机关主动公开的政府信息，且房屋权属状况信息是关于特定单位或个人的信息，公开目的在于促进不动产交易，维护交易安全，没有必要向社会中的每个人公开，因此，笔者认为房屋权属状况信息是依申请公开的政府信息。

三、权利人以及能够证明自身生产、生活、科研等特殊需要的利害关系人可以申请查询、复制登记资料，登记机构应当提供

《物权法》法律层级高于《公开条例》。《物权法》第十八条规定：“权利人、利害关系人可以申请查询、复制登记资料，登记机构应当提供。”但我国现行法律法规对于利害关系人如何界定并无具体规定，笔者认为，可以将《公开条例》第十三条与《物权法》关于适格申请主体的规定结合，申请人能够证明所要查询的不动产登记信息是为了满足自身生产、生活、科研等方面特殊需要的，则认定存在利害关系。本案中，卢某如能够证明自身生产、生活、科研等方面确有特殊需要，可以向××市不动产登记机构申请查询该市××路××号房屋权属状况，不动产登记机构应当提供查询。

综上，笔者认为，申请人以政府信息公开为由申请查询不动产登记信息的，登记机构可以要求申请人提供其为满足自身生产、生活和科研等特殊需要的利害关系证明，申请人能够出具证明的，不动产登记机构应当提供查询；申请人无法提供的，不动产登记机构可以依据《物权法》第十八条的规定，不予提供相关不动产登记信息。

（国土资源部不动产登记中心　张颖）

问题18
权利人、利害关系人如何查询不动产登记资料

【问题】

某镇政府招商引资引进一化工企业，并在A村附近一片荒地上建成投产。A村村民认为，该化工企业排放的废水废气不达标，会给村民带来污染，影响到村民生命健康，要求企业搬走。该企业负责人向该村村民解释，企业排放的废水废气已做过无害处理，完全符合环保标准。为促使企业搬走，A村村民经向法律人士了解，企业投资建厂应该使用国有建设用地，未经批准并办理合法用地手续不得占用农村集体土地。村民以该企业属于违法占地为由，再次要求企业搬走。但该企业坚称建设厂房前已依法办理用地手续，拥有使用土地的权利。为查清该企业是否为合法占地并建设厂房的事实，村民代表决定向不动产登记机构申请查询该企业所占土地及厂房目前的权利归属等相关信息。该情况下，不动产登记机构是否应允许村民查询该地块的权利归属状况？

【解答】

《物权法》第十八条规定，“权利人、利害关系人可以申请查询、复制登记资料，登记机构应当提供”。《不动产登记暂行条例》第二十七条也规定，“权利人、利害关系人可以依法查询、复制不动产登记资料，不动产登记机构应当提供”。正如全国人大法工委编写的《物权法释义》中指出的，立法机关经研究，认为“物权公示本来的含义或者真正目的，不是要求全社会的人都知道特定不动产的信息……登记资料只要能够满足合同双方当事人以外或者物权权利人以外的人中可能和这个物权发生联系的这部分人的要求，就达到了登记的目的和物权公示的目的了。如果不加区别地认为所有人都可以去查询、复制登记资料，实际上是一种误导，做了没有必要做的事情，甚至会带来没有必要的麻烦”。

登记信息查询不同于政府信息公开，但从政府信息公开实践中暴露出的问题来看，权利人或利害关系人倾向于以申请信息公开作为维权或监督手段，登记机构如果对申请主体的资格问题把握不好，过“宽”或过“窄”都极易引发诉讼风险，将有关社会矛盾引向自身。因此，尽管对“利害关系人”作出实体判断很大程度上是司法机关的司法裁量权范畴，但从规避涉诉风险的角度出发，登记机构应当对“利害关系人”的判定有一个基本的把握。

笔者认为，对“利害关系”的把握应主要限定于“市场交易”及“物的流转”中产生的“利害关系”。比如因不动产交易、继承、赠与、租赁等不动产“交易”及“流转”中涉及的利害关系人，能够向不动产登记机构提交充分证据，证明不动产登记结果影响或可能影响其合法权益的，不动产登记机构应当允许其查询有关登记信息。

上述案例中，村民将登记资料查询制度视为一种“维权”手段，显然是对物权公示制度的误导。在目前已存在相关救济制度的情况下，不动产登记查询制度不应承担过多的群众“监督”或“维权”职能，否则会将有关社会矛盾不合理地引向登记机构，严重影响登记机构的正常运转。以上案例中，因该企业并未建在该村所有的集体土地上，村民不属于该化工企业所占地块的权利人。其次，村民认为企业排放不达标影响村民健康，只是主观上的臆断，企业生产与村民健康之间是否存在利害关系尚不确定。即使企业是否拥有合法的土地使用权与村民生命权和健康权存在一定利害关系，但这一利害关系不属于不动产“交易”及“流转”中产生，且该利害关系是通过企业违法排放污染物这一中间环节连接，属于间接利害关系而非直接利害关系，对村民生命健康权带来危害的直接因素是企业的违法生产行为而非登记机构的土地权利登记结果，村民由此申请查询该地块权利人，进而查明企业用地手续是否合法，不宜属于登记资料查询范畴，应通过政府信息公开这一渠道实现维权目的。村民可以以维护自身生命健康安全为由向有关规划部门、国土资源管理部门及建设部门申请公开该企业用地批准手续、厂房建设批准手续等政府信息，也可以向环保部门申请公开该企业环保批准手续，以此确定该化工企业是否存在违法占地、违法建设厂房以及违法排污等行为。

（国土资源部不动产登记中心　翟国徽）

问题19
地籍调查表中签字造假能否导致登记行为被撤销

【问题】

2010年8月，贵州省六盘水市村民黄某因建房向所在乡镇国土所提出办理宅基地手续申请，随后，村委会对该宅基地进行丈量并制作了《地籍调查表》，黄某填写的《个人建房用地申请表》，经村委会、乡土管所以及乡人民政府同意后，上报县国土资源局。2013年3月县人民政府向黄某颁发了宅基地使用证。在宅基地使用证、宅基地申请书、《个人建房用地申请表》以及《地籍调查表》中均载明黄某宅基地“北至刘某林地1米处”。2014年5月第三人刘某以县政府向黄某颁发宅基地使用证的行为违法为由，向六盘水市人民政府申请行政复议。复议过程中，刘某申请对黄某地籍调查表中“刘某”签名进行司法鉴定，鉴定意见为：签名不是刘某本人所写。同年8月，市人民政府以上述颁证行为认定事实不清、证据不足、程序不当为由，作出行政复议决定，撤销了县政府颁发的《农村宅基地使用证》。黄某不服复议决定，向市中级人民法院提起行政诉讼。请问：1. 地籍调查表是否属于土地登记的必备要件？2. 登记申请材料部分内容错误能否导致登记行为被撤销？

【解答】

地籍调查表是宅基地登记发证的重要依据。原国家土地管理局1993年6月22日颁布的《城镇地籍调查规程》规定，界址的认定必须由本宗地及相邻宗地使用者亲自到现场共同指界，经双方认定的界址，必须由双方指界人在地籍调查表上签字盖章。2007年12月，国土资源部颁布的《土地登记办法》第九条规定，申请人申请土地登记，应当根据不同的登记事项提交下列材料：（一）土地登记申请书；（二）申请人身份证明材料；（三）土地权属来源证明；（四）地籍调查表、宗地图及宗地界址坐标等。申请人申请土地登记，应当如实向国土资源行政主管部门提交有关材料和反映真实情况，并对申请材料实质内容的真实性负责；第十八条规定，土地权属有争议的，不予登记。2015 年 3 月 1 日起施行的《不动产登记暂行条例》第十六条规定，申请人应当提交不动产界址、空间界限、面积等材料，并对申请材料的真实性负责；第二十二条规定，存在尚未解决的权属争议的，不动产登记机构应当不予登记，并书面告知申请人。本案中，黄某申请宅基地登记，应当提交《地籍调查表》，并对其内容的真实性负责。但是，黄某提交《地籍调查表》中邻宗地一栏签章处署名“刘某”的签名经鉴定不是刘某本人所签，刘某也对此提出了异议。显然，黄某提交登记的申请材料存在错误，不符合登记要求。

《行政复议法》第二十八条规定，具体行政行为有下列情形之一的，决定撤销、变更或者确认该具体行政行为违法；决定撤销或者确认该具体行政行为违法的，可以责令被申请人在一定期限内重新作出具体行政行为：（1）主要事实不清、证据不足的；（2）适用依据错误的；（3）违反法定程序的等。市人民政府据此按照法定程序，撤销县人民政府颁发的宅基地使用证的复议决定，符合法律规定。因此，一审法院经审理后认为，复议机关认定事实清楚，适用法律正确，程序合法。黄某的起诉理由无事实和法律依据，不予支持。随后，判决驳回黄某的诉讼请求。黄某不服一审判决，向省高级人民法院提起上诉，二审认为，本案中县人民政府在为上诉人黄某颁发宅基地使用证的过程中，没有相邻方参与指界，地籍调查表上相邻方的签名系伪造，违反了相关法律法规的规定。市人民政府行政复议决定撤销该颁证是正确的。一审判决认定事实清楚，适用法律正确，判决得当。上诉人黄某的上诉理由无事实和法律依据，不予采纳。据此，于 2015 年 3 月判决驳回上诉，维持原判。

（国土资源部不动产登记中心　钟京涛）

问题20 商品房预售合同登记备案行为是否具有物权公示效力

【问题】

因房屋登记一事，原告李某将某市不动产登记部门诉至法院。原告李某诉称，原告在2005年10月18日从某房地产开发公司购买某小区某号房屋。法院在有关《民事判决书》中判决该房地产开发公司应当协助原告办理该房屋过户手续。但在原告申请执行该民事判决过程中得知该房地产开发公司已在2004年将该房屋卖给第三人刘某，并办理了有关商品房预售合同登记备案行为。现被告以此为由不为原告办理房产过户手续。原告认为有关商品房预售合同登记备案行为违反法定程序，且对原告产生了导致原告所购买的房产不能过户的后果。原告诉讼请求：1. 撤销被告对涉案房屋做好的预售登记备案行为。

被告某不动产登记部门辩称，根据被诉的商品房预售合同登记备案行为做出时有效的《城市房地产管理法》及《北京市城市房地产转让管理办法》规定，市或者区、县不动产登记部门均有权进行商品房预售登记备案行为。经查，被诉的预售登记备案行为并非由我单位做出。因此原告起诉我单位不符合法定起诉条件。综上所述，请求法院驳回原告的起诉。

第三人刘某述称，其当年并非真正从某房地产开发公司处购房，当时其只是一家与该房地产开发公司合作的广告公司职员。该房地产开发公司为对外显示所售楼盘旺销，而要求广告公司配合签订购房合同，所以其作为广告公司职员才签订了所谓的商品房预售合同，并办理了本案被诉的商品房预售合同备案登记行为。其现也不想对该房屋主张权利，但由于房地产开发公司现已下落不明，银行向其主张有关购房贷款还贷事宜，故其要求在有关银行还贷事宜了结后再解决本案行政争议问题。

法院认定的主要案件事实：某房地产开发公司开发建设某住宅小区。2004年6

月7日该公司取得该小区《商品房预售许可证》。后该公司于2004年6月24日与第三人刘某签订了《商品房买卖合同》，将该小区内某号房屋出售给刘某。2004年6月25日，某区不动产登记部门办理了该《商品房买卖合同》预售登记备案手续，在不动产登记部门商品房预售合同联机备案电子系统中予以登记备案，并在该《商品房买卖合同》上加盖了某区不动产登记部门“商品房预售登记备案章”。但该住宅小区建成竣工后，该公司并未向刘某办理该房屋入住手续。

2005年该公司将本案涉案房屋又出售给原告李某，并于2005年10月18日向李某发放《入住通知单》。2005年12月31日，李某根据该《入住通知单》实际入住该房屋。2007年9月26日，某房地产开发公司取得该住宅小区整体楼房初始登记的《房屋所有权证》。2010年1月22日，该公司向李某出具证明：“某小区某号房屋业主李某，现因我公司原产权证暂不能办理，我公司承诺于2010年6月30日前将其房屋产权办理完毕。”但后该公司并未如期与李某一同向不动产登记部门办理本案涉案房屋产权转移登记手续。李某遂于2010年向法院提出民事诉讼，要求某房地产开发公司办理涉案房屋产权过户手续。2010年11月23日，法院做出《民事判决书》，判决某房地产开发公司于判决生效后七日内协助李某至不动产登记部门办理涉案房屋的产权转移登记手续。后双方均未提出上诉，但某房地产开发公司亦未对民事判决内容自动履行，李某遂于2011年向法院提出执行该《民事判决书》的申请。在法院强制执行过程中，因不动产登记部门向法院提出涉案房屋存在房地产开发公司为刘某办理的《商品房买卖合同》预售登记备案行为，故法院执行程序受到影响。李某得知不动产登记部门曾对涉案房屋做出过商品房买卖合同预售登记备案行为后，遂向法院提出本案行政诉讼。

在一审法院审理过程中，因不动产登记部门已根据法院发出的有关《协助执行通知书》及生效《民事判决书》，将涉案房屋产权转移登记给原告李某，故李某向一审法院申请撤回起诉。一审法院依据修改前的《中华人民共和国行政诉讼法》第五十一条、最高人民法院《关于执行〈中华人民共和国行政诉讼法〉若干问题的解释》第六十三条第一款第（十）项之规定，裁定准予原告李某撤诉。

【解答】

本案在审理过程中，表面上原、被告之间争议焦点在于某市不动产登记部门作为本案被告是否适格，但本案发生的原因却在于不动产登记部门以涉案房屋存在预售登记备案行为为由，使法院对涉案房屋产权转移登记至原告李某的执行程序受到影响所致。此外根据行政诉讼审判程序，在确定被告主体资格之前应首先确认原告主体资格是否适格。而原告主体资格问题属于行政诉讼程序性审查事项，不受当事人是否提出异议所限，应由法院依职权进行审查。本案中，虽然各方当事人均未对李某的原告主体资格提出异议，但法院仍应首先依职权对此进行审查。要正确确认李某是否具有原告主体资格，关键在于被诉预售登记备案行为与李某是否具有法律上的利害关系。因此对于本案被诉的预售登记备案行为应如何理解与认识才是本案司法审查的真正焦点。

一、预售登记备案行为法律属性的认定

1995 年 1 月 1 日起实施的《中华人民共和国城市房地产管理法》（中华人民共和国主席令第 29 号）第四十四条第二款规定："商品房预售人应当按照国家有关规定将预售合同报县级以上人民政府房地产主管部门和土地主管部门登记备案。"此条规定是商品房预售合同登记备案制度的法律基础。自 1995 年 1 月 1 日起实施的《城市商品房预售管理办法》（建设部令第 40 号）第十条规定："商品房预售，开发经营企业应当与承购人签订商品房预售合同。预售人应当在签约之日起 30 日内持商品房预售合同向县级以上人民政府房地产管理部门和土地管理部门办理登记备案手续。"第十三条第（三）项规定："开发经营企业在预售商品房中有下列行为之一的，由房地产管理部门处以警告、责令停止预售、责令补办手续、吊销《商品房预售许可证》，并可以处罚：（三）未按规定办理备案和登记手续的。"1998 年 7 月 20 日国务院颁布《城市房地产开发经营管理条例》（中华人民共和国国务院令第 248 号）。该条例第二十七条第二款规定："房地产开发企业应当自商品房预售合同签订之日起 30 日内，到商品房所在地的县级以上人民政府房地产开发主管部门和负责土地管理工作的部门备案。"第三十九规定："违反本条例规定，擅自预售商品房的，由县级以上人民政府房地产开发主管部门责令停止违法行为，没收违法所得，可以并处已收取的预付款 1% 以下的罚款。"2001 年 8 月 15 日，建设部依据《城市房地产管理法》和《城市房地产开经营管理条例》对《城市商品房预售管理办法》进行了修正，修正后的《城市商品房预售管理办法》第十三条修改为："开发企业未按本办法办理预售登记，取得商品房预售许可证明预售商品房的，责令停止预售、补办手续，没收违法所得，并可处以已收取的预付款 1% 以下的罚款。"2003 年 12 月 1 日起北京市正式实施《北京市城市房地产管理办法》。该办法第四十条规定："房地产开发企业应当自商品房预售合同签订之日起 30 日内，向市或者区、县国土房管局申请商品房预售登记，并提交下列文件：（一）房地产开发企业的营业执照和授权委托书；（二）预购人身份证明复印件；（三）商品房预售合同。房地产开发企业在前款规定的期间内未申请预售登记的，预购人可以申请预售登记。预售的商品房已抵押的，预售登记应当由房地产开发企业和预购人双方共同申请。”第四十一条规定：“市或者区、县国土房管局应当审查预售登记申请，对符合下列条件的，在5个工作日内办理预售登记：（一）房地产开发企业名称与核准预售许可的预售人名称一致；（二）该商品房在预售许可核准的范围内；（三）该商品房未经预售登记；（四）该商品房未被司法机关和行政机关依法裁定、决定查封或者以其他方式限制房地产权利；（五）商品房预售合同上有当事人的签字或者盖章，当事人是自然人的应当签字，当事人是法人或者其他组织的应当盖章。”上述法规和规章均是本案被诉预售登记备案登记行为做出时有效的法律文件。这些法规和规章对商品房预售登记备案制度做出了进一步的细化规定，但根据这些规定，预售登记备案行为仅在商品房买卖合同双方之间发生有关法律效力，如未办理，则不动产登记部门仅会对房屋销售方的开发商进行行政处理。上述规定并未规定预售登记备案行为对商品房买卖合同双方之外第三方发生法律效力。

根据上述在本案被诉预售登记备案行为做出时有效的法律、法规、规章规定，预售登记备案制度并不是一种物权意义上的登记备案，它的法律价值只在于通过行政管理的手段，来保护商品房交易的安全，最大限度地保障商品房买卖合同目的的实现。换言之，该制度只是一种行政管理手段而已，登记机关在登记备案的时候通过审查开发商的预售资格以及防止开发商一房多卖，这在一定程度上能保证交易的顺利进行。商品房预售合同登记备案制度通过登记备案来公示这个合同，公示的是一个特定的债权债务关系。这个公示当然不具有物权的公示效力，只是使得购房者获得了一种期待权，期待在将来可以顺利地实现该房屋的所有权。商品房预售合同的登记备案对开发商而言是一项行政意义上的义务，如果开发商未履行该义务，其所承担的不利后果也只是行政处罚。登记备案与否不仅对商品房买卖合同的效力没有影响，而且更不会对合同之外第三方产生物权公示效力。

二、与预售登记备案容易混淆的预告登记行为法律属性认定

在司法实务中容易与预售登记备案行为混淆的是预告登记行为。其实二者是具有不同法律属性的法律制度。2007 年 10 月 1 日起实施的《中华人民共和国物权法》第二十条规定：“当事人签订买卖房屋或者其他不动产物权的协议，为保障将来实现物权，按照约定可以向登记机构申请预告登记。预告登记后，未经预告登记的权利人同意，处分该不动产的，不发生物权效力。预告登记后，债权消灭或者自

能够进行不动产登记之日起三个月内未申请登记的，预告登记失效。”此条规定是预告登记制度的法律基础。2008 年 7 月 1 日起正式实施的《房屋登记办法》（建设部令第 168 号）中第三章“国有土地范围内房屋登记”中专设第四节“预告登记”，从第六十七条至第七十三条共七个条文将预告登记制度的具体实施方法和法律后果进一步作了明确规定。其中第六十七条规定：“有下列情形之一的，当事人可以申请预告登记：（一）预购商品房；（二）以预购商品房设定抵押；（三）房屋所有权转让、抵押；（四）法律、法规规定的其他情形。”第六十八条规定：“预告登记后，未经预告登记的权利人书面同意，处分该房屋申请登记的，房屋登记机构应当不予办理。预告登记后，债权消灭或者自能够进行相应的房屋登记之日起三个月内，当事人申请房屋登记的，房屋登记机构应当按照预告登记事项办理相应的登记。”第六十九条规定：“预售人和预购人订立商品房买卖合同后，预售人未按照约定与预购人申请预告登记，预购人可以单方申请预告登记。”第七十条规定：“申请预购商品房预告登记，应当提交下列材料：……（三）已登记备案的商品房预售合同……预购人单方申请预购商品房预告登记，预售人与预购人在商品房预售合同中对预告登记附有条件和期限的，预购人应当提交相应的证明材料。”

通过上述法律与规章规定，预告登记属于不动产物权登记制度中的一种，其所登记的不是已经完成的不动产物权登记，也就是说不是现实的物权变动，而是在于保障将来实现物权，在法定期限内具有一定的物权公示效力。预告登记包括三种情况，即预购商品房的预告登记、以预购商品房设定抵押的预告登记及房屋所有权转让、抵押的预告登记。就预购商品房的预告登记而言，就是为了使得预购人在预购的房屋办理了所有权初始登记之后，能够办理所有权转移登记，从而确定取得房屋的所有权。所以预购人想要将来更好地实现物权，就应该在合同登记备案之后的法定期限内再进行预告登记。应当明确的是预告登记制度虽具有一定物权公示效力，但其毕竟不是一种真正完全意义上的物权登记，所以它是具有法定期限限制的，现行法律规定的期限为三个月。超过法定期限后，预告登记失去相应法律效力。

三、预售登记备案与预告登记的区别

通过上述对两种法律制度法律属性的认定，可以看出两种法律制度虽然有一定联系和相似之处，但也是具有明显区别的。

第一，二者法律属性不同。预售登记备案制度是一种行政管理制度，而预告登记制度是不动产登记制度，因此两者的法律效力也不一样。预告登记在法定期限内具有一定物权公示效力，而预售登记备案只具有债权合同公示效力，购房人如想进一步取得相应物权公示效力，必须在合同登记备案之后再进行预告登记。

第二，二者申请主体不同。预售登记备案是开发商一方申请登记备案的，这是具有强制性的，换言之它是开发商的一项义务，开发商如不履行该义务将会受到行政处罚。而预告登记是在双方合意之下申请的，不具有强制性。在双方达成合意后可以申请登记，也可以不用申请预告登记；双方达成合意后如果开发商不按照约定与购房人一起申请时，购房人也可以单方申请预告登记。

第三，二者适用范围不同。预售登记备案只是适用于商品房预售合同，适用范围较窄。而预告登记则适用于预购商品房预告登记、预购商品房抵押权预告登记、房屋所有权转移预告登记等多种情况，适用范围较宽。

第四，二者实施顺序不同。预售登记备案行为在前，而预告登记在后。预售登记备案起源于 1995 年起实施的《城市房地产管理法》。而预告登记起源于 2007 年 10 月 1 日起实施的《物权法》。《物权法》实施之后，特别是 2008 年 7 月 1 日后建设部颁布的《房屋登记办法》实施后，预售登记备案制度作用主要是和预购商品房预告登记制度相衔接，要办理预购商品房预告登记就必须要有已经登记备案的商品房预售合同原件才能办理。

四、对本案中被诉预售登记备案行为的理解与认识

有了上述对于预售登记备案制度与预告登记制度的认识，对本案中被诉预售登记备案行为就不难理解了。本案中被诉预售登记备案行为发生于 2004 年，当时《物权法》还没有颁布，因此当时只有预售登记备案制度而没有预告登记制度。所以被诉预售登记备案行为只是开发商根据《城市房地产管理法》的规定，单方对于《商品房买卖合同》进行的一项债权合同公示行为，根本不发生物权公示效力。该登记备案行为只是登记备案机关防止开发商进行“一房多卖”而采取的一项行政管理措施。此行为不仅不会对有关房屋产生物权公示效力，甚至不会对有关商品房买卖合同效力产生影响。只是在开发商不进行登记备案时，有关行政管理机关有权对开发商进行行政处罚。

即使在 2007 年 10 月 1 日《物权法》已经实施后，自动赋予本案被诉预售登记备案行为以所谓“预告登记”行为的法律效力，但到本案行政诉讼发生时，被诉预售登记备案行为也会因超过法定期限而丧失所谓“预告登记”的法律效力。开发商在 2007 年 9 月时已取得了有关住宅小区整体楼房的初始登记，自那时开发商就已能够对与刘某签订的《商品房买卖合同》办理涉案房屋产权转移登记了，因此所谓“预告登记”的三个月法定期限也就应自此时开始起计算了。但开发商并

未在有关期限内进行产权转移登记，故即使赋予其所谓“预告登记”法律效力，到本案行政诉讼发生时，也早已因超过法定期限丧失了。

所以无论如何，本案中被诉的预售登记备案行为对原告李某都不会具有法律上的利害关系，也不应对不动产登记部门为李某办理涉案房屋的产权转移登记手续发生法律意义上的影响，故李某作为本案原告实际上是不适格的。本案由于不动产登记部门在行政诉讼过程中根据法院有关执行手续，为李某办理了涉案房屋的产权转移登记手续，李某主动申请撤回起诉，因此法院做出裁定准予李某撤诉的裁判结果是正确的。

另外还应说明的是，如果不动产登记部门未在本案诉讼中办理有关房屋产权转移登记手续，李某的合法权益应通过何种方式给予保护呢？笔者认为，李某虽与本案被诉的预售登记备案行为不具有法律上的利害关系，但其根据法院生效《民事判决书》，具有要求不动产登记部门为其办理涉案房屋产权转移登记的权利，因此其虽不能通过本案保护其合法权益，但仍可以通过要求不动产登记部门履行房屋转移登记法定职责等其他途径保护其自身合法权益。

（北京市石景山区法院行政庭　滕恩荣）

问题21
夫妻一方擅自处理房产，权利人如何保障自身权益

【问题】

张某（男）和李某（女）系夫妻，后两人关系不和，两地分居。为防止离婚时李某分得房产，张某与生意伙伴赵某协商，将登记在其一人名下的两套房屋私下低价转让给赵某，双方签订了房屋买卖合同，并办理了不动产转移登记。张某和李某离婚后，李某得知了张某私下转移房产的行为，李某应当如何维护其房屋财产权益呢？

【解答】

一、首先提出异议登记，防止登记的权利人处分房产

《物权法》和《不动产登记暂行条例》中规定了异议登记制度。权利人发现不动产登记情况与真实情况不相符的，可以要求登记的权利人办理更正登记。权利人不同意更正的，真实权利人可以向登记机关申请办理异议登记。《房屋登记办法》第七十八条规定，异议登记期间，房屋登记簿记载的权利人处分房屋申请登记的，房屋登记机构应当暂缓办理。因此，本案中李某应当首先要求赵某和张某办理更正登记，如果两人不同意更正的，李某应当申请办理异议登记，第一时间防止登记的权利人赵某将房产转移给其他不知情的购房人，进而导致房产无法追回。

二、针对登记产权与事实情况不符的原因，提出相应的诉讼

异议登记只是对不动产权利人的临时保护，不能彻底解决不动产归属问题。《物权法》规定，登记机构办理异议登记后，申请人在登记之日起 15 日内不起诉的，异议登记失效。异议登记后是提起民事诉讼，还是行政诉讼，法律没有明确规定，我们认定应当结合具体案情区别处理：

一是对于交易基础行为无效等非登记机关自身原因造成登记错误的，应当依法提起民事诉讼。对于因买卖、继承等基础行为导致登记错误的，登记机关应当引导当事人及时提起民事诉讼。

二是对于因为登记机关审查不严等原因导致登记错误的，应当依法提起行政诉讼。如果登记机关在办理具体登记时存在审查不严、违反登记程序等情形的，应当通过行政诉讼的方式由法院依法做出判决，撤销登记机关的登记行为修正错误登记结果。

三是对于因为既有民事争议，又有登记机关审查不严等问题导致的登记错误，可以根据当事人的意愿自由选择诉讼方式。例如：当事人提供虚假申请材料，登记机构审查把关不严导致登记结果错误的，当事人可以根据自身的案件的争议点，本着快速解决实际问题的原则，提起相应的诉讼。

三、本案的处理和启示

一是李某应在异议登记后，及时提起民事诉讼。本案中，不动产登记错误的发生原因主要是张某和赵某签订的买卖合同效力问题，属买卖基础关系存在争议，登记机关对 3 人之间的复杂经济关系难以判断。为了及时解决房屋权属争议，李某应在办理异议登记后，及时向法院提起民事诉讼，由法院确定房屋的最终归属，然后再由登记机构依据法院判决书确定的内容办理更正登记。

二是为了维护当事人权益，夫妻共同房产应当尽量登记在双方名下。《最高人民法院关于适用〈中华人民共和国婚姻法〉若干问题的解释（三）》第三十一条规定："一方未经另一方同意出售夫妻共同共有的房屋，第三人善意购买、支付合理对价并办理产权登记手续，另一方主张追回该房屋的，人民法院不予支持。"因此，为了防止夫妻一方擅自处分登记在其名下的共有房产，夫妻应当尽量将共同所有的房屋登记在双方共同名下，通过真实准确的不动产登记信息，维护好自身的合法财产权益。

（国土资源部不动产登记中心　刘志强）

问题22

不动产登记机构是否应当查验登记申请违反法律、行政法规规定的情况

【问题】

某学校为筹集基础设施建设资金，向银行贷款500万元，并以学校部分房屋作为抵押。签订抵押合同后，学校持有关材料向登记机构申请了不动产抵押登记。登记机构受理登记申请后，经对申请人提交的有关材料审查发现，抵押房屋为学校学生培训用房。该情况下，登记机构应否办理不动产抵押登记？

【解答】

《不动产登记暂行条例》第十八条规定："不动产登记机构受理不动产登记申请的，应当按照下列要求进行查验……（三）登记申请是否违反法律、行政法规规定。"因此，登记申请是否与现行法律、行政法规相违背是登记机构受理登记申请后进行查验的重点方面之一。依据《物权法》第一百八十四条以及《担保法》第三十七条规定，学校、幼儿园、医院等以公益为目的的事业单位、社会团体的教

育设施、医疗卫生设施和其他社会公益设施不得抵押。因为学校、幼儿园的教育设施是用来传授知识、教书育人的，具有极强的公益性，如果允许以学校、幼儿园的教育设施抵押，一旦债权人实现抵押权，则必然要将这些教育设施予以拍卖或变卖，这样学校、幼儿园就可能很难维持，不仅办学目的难以达到，严重的可能造成学生失学，影响社会安定。因此，《物权法》、《担保法》规定不得将学校、幼儿园等教育事业单位的教育设施进行抵押。学校以学生培训用房作为抵押物申请抵押登记的，登记机构应当不予登记。

需要指出的是，依据《最高人民法院关于适用〈中华人民共和国担保法〉若干问题的解释》第五十三条规定，“学校、幼儿园、医院等以公益为目的的事业单位、社会团体，以其教育设施、医疗卫生设施和其他社会公益设施以外的财产为自身债务设定抵押的，人民法院可以认定抵押有效”。根据此司法解释精神，学校如果以其拥有的商店、写字楼等非教育设施设定抵押的，登记机构可以为其办理抵押登记手续，但该抵押应属为学校债务提供担保，如果为学校之外的其他人提供担保的，该抵押仍然无效，同样不能办理抵押登记手续。

（国土资源部不动产登记中心　翟国徽）

问题23

登记机构是否可以对申请登记的不动产进行实地查看

【问题】

某房地产开发有限公司以其所有的某建设项目在建工程1层1~8号房产为抵押物向银行申请贷款，双方签订了《在建工程抵押合同》，并向不动产登记机构申请办理抵押登记手续。登记机构经对申请人提交的申请材料进行审查，发现申请抵押登记的在建工程的坐落、面积等信息不明确，同时，该房地产开发公司与银行签订的《在建工程抵押合同》中有关抵押在建工程的建筑面积、已完成工作量和工程量等信息也不够明确，可能会影响到银行方面利益。该情况下，不动产登记机构应如何进一步办理？

【解答】

《物权法》第一百八十条第一款规定，债务人或者第三人有权处分的正在建造的建筑物可以抵押，同时第十二条规定，“申请登记的不动产的有关情况需要进一步证明的，登记机构可以要求申请人补充材料，必要时可以实地查看。”依据《不动产登记暂行条例》第十九条规定，“属于下列情形之一的，不动产登记机构可以对申请登记的不动产进行实地查看……（二）在建建筑物抵押权登记”。因此，上述例案中，不动产登记机构在办理在建工程抵押登记时，经对申请人提交的申请材料进行审查，若发现申请抵押登记的在建工程有关信息不明确，可能会影响到抵押物的确定性、真实性，或者可能会涉及利害关系人有关权益的，本着维护交易安全、保障群众权益的原则，登记机构可以到在建工程实地进行查看，也可以到银行进行调查，抵押登记申请人或银行应当予以积极配合。

不动产登记机构在实地查看的具体操作中，应主要查看两方面内容：一是申请抵押的建设工程部分是否真实存在并已完工；二是对在建工程的项目名称、坐落、面积等进行核实，与证明材料记载的信息是否一致。若有必要，不动产登记机构应当对已进行实地查看的情况通过文字或拍照的方式予以记录保存，从而确保登记内容的真实性和公信力。

（国土资源部不动产登记中心　翟国徽）

问题24

不动产登记错误应当由谁承担赔偿责任

【问题】

张某在和王某商谈租房事宜时，要求复印该房的所有权证及王某身份证等相关资料，王某将相关证件交由张某复印。复印时，张某将所有权证原件调包，将伪造的房屋所有权证归还王某。后张某伪造王某身份证等证件，将该房以市场价格卖给李某，并到登记部门申请办理过户手续。李某取得了该房屋的所有权证书。同年，王某以自己才是房屋的合法产权人为由向法院提起诉讼，要求确认李某房屋买卖合同无效，同时注销李某的房屋所有权证，返还房屋。法院经审理后认为，李某在不知张某无处分权处置该房屋的情况下，作为善意取得人取得房屋的所有权，故驳回王某要求确认买卖合同无效，收回房屋的诉讼请求。该情况下，登记机构是否应对王某损失承担赔偿责任？

【解答】

不动产登记中的登记错误赔偿责任分担问题，涉及当前阶段登记人员素质水平、登记机构经费来源及赔偿能力、社会诚信体系建设水平以及公证、保险等配套制度完善情况等复杂的社会环境。登记错误赔偿责任的承担既是一个理论问题，更是一项实践问题，需要综合考量实践中的不同个案情况进行灵活把握和全面分析。

从法律法规规定来看，《物权法》第二十一条分两款对发生不动产登记错误时的赔偿责任问题作出了原则性规定，对该两款规定结合起来理解可以看出，《物权法》第二十一条实质上解决的是责任主体问题，并不涉及归责原则问题。

从司法实践来看，登记行为是否“合法”是法院判定登记机构是否承担责任的基础和前提。《最高人民法院关于审理房屋登记案件若干问题的规定》（法释〔2010〕15号）第九条明确规定，“被告对被诉房屋登记行为的合法性负举证责任”，第十条规定“被诉房屋登记行为合法的，人民法院应当判决驳回原告的诉讼请求”，第十二条规定，“申请人提供虚假材料办理房屋登记，给原告造成损害，房屋登记机构未尽合理审慎职责的，应当根据其过错程度及其在损害发生中所起作用承担相应的赔偿责任”。由此可见，司法机关在把握不动产登记机构赔偿责任问题上，是以登记行为是否“合法”、登记机构是否尽到“合理审慎职责”为承担责任的前提。而对登记行为是否“合法”、登记机构是否尽到“合理审慎职责”的判定，实质上涉及登记机构的审查义务标准，即对申请材料的真实性进行审查的合理程度问题。对于材料的真实性，登记机构应只承担与其审查义务标准相一致的保证责任，不能苛求登记机构对申请材料的真实性负绝对保证责任。

登记机构在登记审查中是否尽到相应的审查义务或审查职责，在很大程度上是司法审理中的个案认定问题，无法在规范层面进行全面明确界定，应根据不同登记材料的可识别性以及登记机构的识别能力进行具体认定。具体来讲，对于登记机构制作发放的材料，如土地使用权证书、林权证书等，登记机构作为制作方理应具有很高的识别能力识别其真伪，登记机构应积极发挥自身识别能力优势，以高度负责的态度穷尽利用有关识别手段，否则即为没有尽到应有的注意义务或合理审慎职责，应该承担相应赔偿责任。对于非由登记机构制作的材料，尤其是登记机构不具有审查真伪的便利和优势的材料，如身份证明、司法文书等，登记机构应依其职责范围和能力所及，以认真负责的态度对材料真伪进行仔细核实。如以上案例中对于伪造身份证的识别，如果一名具有高度责任心的普通公民能够识别而登记机构没有成功识别，则不管登记人员主观状况如何，应推定登记机构及登记人员没有尽到相应审查义务或审查职责，应承担相应赔偿责任。

（国土资源部不动产登记中心　翟国徽）

问题 25

土地登记用途与房屋登记用途不一致，应以何者为准

【问题】

1. 某房地产开发公司（或企事业单位）取得国有土地使用权，用途为城镇住宅，在房地产部门办理房产登记时房屋所有权证用途为商业，那么在国土部门办理土地分割登记时，其用途是办理为城镇住宅还是补交出让金变用途为商业？

2. 某地甲单位临街一栋七层楼房，土地证上土地用途为城镇住宅。现甲将第一、二层各一间变更给乙单位，房产证已办理，用途为住宅。现申请办理土地登记。问题是现在一层房屋的实际用途是商业，与房产证注明房屋用途和这宗地的土地证的土地用途不一致。

【解答】

本案的争议焦点在于当房屋实际用途或房产证注明用途与土地登记用途不一致时，应当以哪一个用途为准，以及应采取何种方式来解决最为合理、最能够维护社会公共利益。

一、房屋登记用途或实际用途应当与土地登记用途保持一致

由于我国以前实行分散登记，房屋和土地由不同的管理部门发证，因此经常出现房屋登记用途与土地登记用途甚至房屋权利主体与土地权利主体不一致的情形，由此产生很多纠纷和问题。现在实行不动产统一登记了，《不动产登记暂行条例》及其《实施细则》都坚持土地与地上的房屋、林木等一体登记的原则，即权利主体应当一致。严格来说，不仅房地的权利主体应当保持一致，而且两者用途也应当一致，特别是房屋的用途应当与土地的用途保持一致。因为：一是《土地管理法》第二十二条规定："城市总体规划、村庄和集镇规划，应当与土地利用总体规划相衔接，城市总体规划、村庄和集镇规划中建设用地规模不得超过土地利用总体规划确定的城市和村庄、集镇建设用地规模。"由此可见，城乡规划需要与土地利用总体规划保持一致，因此，城乡规划所确定的房屋用途应当与土地利用总体规划所确定的土地用途保持一致。二是《城市房地产管理法》第六十条第一款和第二款规定："以出让或者划拨方式取得土地使用权，应当向县级以上地方人民政府土地管理部门申请登记，经县级以上地方人民政府土地管理部门核实，由同级人民政府颁发土地使用权证书。在依法取得的房地产开发用地上建成房屋的，应当凭土地使用权证书向县级以上地方人民政府房产管理部门申请登记，由县级以上地方人民政府房产管理部门核实并颁发房屋所有权证书。"土地登记在先，房屋登记在后，房屋登记的用途理应与土地用途保持一致。

二、未办理土地用途变更手续的不得办理土地用途变更登记

针对实践中房屋登记用途或者实际用途与土地登记用途不一致的情况，登记机关在办理土地转移登记或者换发统一的不动产权证书时，在当事人未办理土地用途变更登记手续补交出让金之前，不得改变土地的用途。由于本案中房屋已作商业使用，土地的实际用途已经由住宅转为商业，在不影响、损害社会公共利益的基础上，为了尽可能减少当事人的损失，使当事人的经营、生活能够正常维持下去，合理的做法是让当事人补交土地出让金、变更登记的土地用途为商业。

按照法律规定，改变土地用途应当经有关行政机关审批并办理土地用途变更登记。按照《城市房地产管理法》第十七条规定："土地使用者需要改变土地使用权出让合同约定的土地用途，必须取得出让方和市、县人民政府城市规划行政主管部门的同意，签订土地使用权出让合同变更协议或者重新签订土地使用权出让合同，相应调整土地使用权出让金。"

根据上述规定，乙单位应当申请办理土地用途变更手续并补缴相应的土地使用权出让金，之后，再申请将土地的用途变更为商业。

（中国政法大学　黄欣辉）

问题 26
查封的期限到底是多长

【问题】

关于查封登记，不动产登记机构一直执行的是《最高人民法院、国土资源部、建设部关于依法规范人民法院执行和国土资源房地产管理部门协助执行若干问题的通知》（法发〔2004〕5 号）的规定，按照该文件："人民法院对土地使用权、房屋的查封期限不得超过二年。期限届满可以续封一次，续封时应当重新制作查封裁定书和协助执行通知书，续封的期限不得超过一年。确有特殊情况需要再续封的，应当经过所属高级人民法院批准，且每次再续封的期限不得超过一年。"

但是根据《最高人民法院关于适用〈中华人民共和国民事诉讼法〉的解释》（法释〔2015〕5 号）第四百八十七条的规定，"人民法院冻结被执行人的银行存款的期限不得超过一年，查封、扣押动产的期限不得超过两年，查封不动产、冻结其他财产权的期限不得超过三年。申请执行人申请延长期限的，人民法院应当在查封、扣押、冻结期限届满前办理续行查封、扣押、冻结手续，续行期限不得超过前款规定的期限。人民法院也可以依职权办理续行查封、扣押、冻结手续"。请问不动产登记机构应当执行哪一规定？

【解答】

该问题的实质是“法发”文件和司法解释哪个效力高的问题。

一、关于“法发”文件效力问题

“法发”文件是最高人民法院发布的除司法解释之外的规范性文件，用于规范各级人民法院的审判执行工作或其他管理工作。这种规范性文件仅对人民法院发生作用，对当事人或其他行政机关、第三方机构不发生作用。

最高人民法院与其他部委联合下发的规范性文件，可以约束全国法院与全国相关职能部门。

规范性文件的效力低于司法解释。

《最高人民法院、国土资源部、建设部关于依法规范人民法院执行和国土资源房地产管理部门协助执行若干问题的通知》（法发〔2004〕5 号，以下简称《通知》）系规范性文件，其内容可约束全国人民法院、国土资源管理部门、建设管理部门。

二、关于司法解释效力问题

《全国人民代表大会常务委员会关于加强法律解释工作的决议》规定，凡属于法院审判工作中具体应用法律、法令的问题，由最高人民法院进行解释。这是最高人民法院进行司法解释的法律依据。

从立法法角度来看，司法解释本身并没有单独的立法位阶，而是依附于法律的，实践中，司法解释的效力基本等同于法律。也就是说，立法的位阶可以排列为宪法 > 法律 > 司法解释 > 行政法规 > 部门规章。

司法解释作为对法律的解释，其效力适用范围广泛，适用于全社会，不仅仅局限于人民法院内部。

《最高人民法院关于适用〈中华人民共和国民事诉讼法〉的解释》（法释〔2015〕5 号，以下简称《解释》）系司法解释，其效力高于作为法院内部规范性文件的《通知》。

三、关于两份文件内容冲突的问题

在上述问题中，《通知》和《解释》在两方面规定存在冲突或不明确，其一为查封、续封期限，其二为再次续封审批手续。下文逐一说明。

关于查封、续封期限问题。《通知》规定人民法院对土地使用权、房屋的查封期限不得超过二年，续封的期限不得超过一年；《解释》规定人民法院查封不动产、冻结其他财产权的期限不得超过三年，续行期限不得超过前款规定的期限。《通知》与《解释》在查封、续封期限问题的规定上存在冲突。因《解释》位阶高于《通知》，所以应当适用《解释》，即对不动产的查封期限为不超过三年，续封期限同样为不超过三年。

关于再次续封审批手续问题。《通知》规定：需要再续封的，应当经过所属高级人民法院批准。《解释》中没有这方面的规定。再次续封审批手续属于人民法院内部管理问题，所以通过最高人民法院规范性文件的形式予以规定。《解释》中既不涉及这方面问题，更没有做出相冲突的规定。所以，关于再次续封审批手续问题，应当按照《通知》规定，即应当由高级人民法院批准。

另外，再说一下再次续封的期限问题。《通知》规定再次续封的期限是一年，《解释》既没有规定可否再次续封，也没有规定再次续封期限。笔者认为，在《解释》没有规定是否可以再次续封的时候，也没有对再次续封作出限制性或者禁止性规定，人民法院可以再次续封。实践中，再次续封的情况也较为多见。《解释》同样也没有对再次续封的期限进行规定，应当比照《解释》规定的续封期限处理。

（最高人民法院　张云松）

二、土地利用

问题 27
县国土资源局是否有权作出闲置地收回决定

【问题】

1998 年，某单位受让一宗国有土地用于房地产开发，但至今未进行开发建设，国土局通过调查、认定、听证、公示等程序后，向地方人民政府请示收回，政府作出同意收回批复，随即，国土局向该单位下达了《收回建设用地使用权决定书》，该单位不服提起诉讼，结果法院以国土局根据《闲置土地处置办法》第十四条的规定收回闲置土地使用权，属于超越职权为由，判决撤销国土局收回决定。

一审法院认为，《土地管理法》第三十七条第一款明确规定，有权作出收回决定的机关为县级以上人民政府。《闲置土地处置办法》属部门规章，根据《立法》第八十八条的规定，部门规章无权改变法律，故国土局的行为属于越权。

目前，国土局已提出上诉。

请问：法院的这种理解正确吗？谁有权作出闲置土地的收回决定？

【解答】

从以上反映事实来看，法院判决存在认定事实不清，适用法律不当的问题，应当在二审程序中依法予以纠正。该问题争议的焦点是收回闲置土地的权力主体问题，具体可以从以下两方面分析。

第一，收回闲置的国有土地使用权的决定权主体是县级以上人民政府。

根据《土地管理法》《城市房地产管理法》《城镇国有土地使用权出让和转让暂行条例》等法律法规规定，土地使用权的出让，由市、县人民政府负责，国有建设用地使用权的用地批准权主体是县级以上人民政府。根据权力行使前后一致原则，收回闲置的国有建设用地使用权的权力主体也应是县级以上人民政府。如《土地管理法》第三十七条规定："禁止任何单位和个人闲置、荒芜耕地。已经办理审批手续的非农业建设占用耕地，……连续二年未使用的，经原批准机关批准，由县级以上人民政府无偿收回用地单位的土地使用权；……"《城镇国有土地使用权出让和转让暂行条例》第四十七条规定："无偿取得划拨土地使用权的土地使用者，因迁移、解散、撤销、破产或者其他原因而停止使用土地的，市、县人民政府应当无偿收回其划拨土地使用权，并可依照本条例的规定予以出让。对划拨土地使用权，市、县人民政府根据城市建设发展需要和城市规划的要求，可以无偿收回，并可依照本条例的规定予以出让。"

第二，政府批准收回闲置的国有建设用地使用权后，国土资源部门依法拥有组织实施的权力。

首先应该指出，法院依据《土地管理法》第三十七条第一款规定作出判决，属于认定事实和适用法律错误。《土地管理法》第三十七条第一款规定："禁止任何单位和个人闲置、荒芜耕地。已经办理审批手续的非农业建设占用耕地，一年内不用而又可以耕种并收获的，应当由原耕种该幅耕地的集体或者个人恢复耕种，也可以由用地单位组织耕种；一年以上未动工建设的，应当按照省、自治区、直辖市的规定缴纳闲置费；连续二年未使用的，经原批准机关批准，由县级以上人民政府无偿收回用地单位的土地使用权；该幅土地原为农民集体所有的，应当交由原农村集体经济组织恢复耕种"，该款规范的是"办理审批手续的非农业建设占用耕地"的情形，而该条第二款规定："在城市规划区范围内，以出让方式取得土地使用权进行房地产开发的闲置土地，依照《中华人民共和国城市房地产管理法》的有关规定办理"，本案所涉闲置土地系国有土地出让取得的，且用于房地产开发，应当依据《土地管理法》第三十七条第二款引致条款，适用《城市房地产管理法》第二十六条规定。因此，法院依据《土地管理法》第三十七条第一款规定作出判决，属于认定事实和适用法律错误。

关于以出让方式取得的房地产开发用地闲置问题，《城市房地产管理法》第二十六条规定："以出让方式取得土地使用权进行房地产开发的，必须按照土地使用权出让合同约定的土地用途、动工开发期限开发土地。超过出让合同约定的动工开发日期满一年未动工开发的，可以征收相当于土地使用权出让金百分之二十以下的土地闲置费；满二年未动工开发的，可以无偿收回土地使用权；……"该条仅对闲置土地的处理方式做出了规定，并未对无偿收回土地使用权的行政主体作出明确规定。为便于法律实施，细化法律操作程序，国土资源部在《闲置土地处置办法》（国土资源部令第53号）第四条和第十四条中作出了细化规定，其中第四条规定："市、县国土资源主管部门负责本行政区域内闲置土地的调查认定和处置工作的组织实施"，第十四条规定："未动工开发满两年的，由市、县国土资源主管部门按照《中华人民共和国土地管理法》第三十七条和《中华人民共和国城市房地产管理法》第二十六条的规定，报经有批准权的人民政府批准后，向国有建设用地使用权人下达《收回国有建设用地使用权决定书》，无偿收回国有建设用地使用权。闲置土地设有抵押权的，同时抄送相关土地抵押权人"。因此，依据《闲置土地处置办法》的以上规定，闲置土地的处置工作由市、县国土资源主管部门负责组织实施，但须报经有批准权的人民政府批准，市、县国土资源主管部门行使的是闲置土地处置的组织实施权，而非处置决定权。法院认为《闲置土地处置办法》改变了法律对闲置土地处置权限的规定，是对《闲置土地处置办法》有关条款的误解误读，属于法律解释错误。

第三，市、县国土资源主管部门经政府批准后作出《收回国有建设用地使用权决定书》的行为，与闲置土地收回的政府批准权并不矛盾。

从以上分析可以看出，对闲置国有建设用地的收回，决定权主体是县级以上人民政府，组织实施主体是市、县国土资源主管部门，二者权限分工不同，不能混淆。从程序上看，市、县国土资源主管部门作出收回国有建设用地使用权决定书前，首先要向地方人民政府请示收回，政府经审查后作出是否同意收回的批复，这一程序环节体现了闲置土地收回的政府决定权。政府作出批准收回的批复后，国土资源主管部门依据政府批复向该有关单位下达《收回建设用地使用权决定书》，这是对政府批准的收回闲置土地这一事项的具体组织实施，体现了政府决定权和部门实施权的统一，因而是依法行使法定职权的行为，并非超越职权收回土地使用权。当然，如果国土资源主管部门在下达《收回建设用地使用权决定书》之前，没有报经有批准权的人民政府审批，则属于超越法定职权的非法行政行为。

此外，为充分体现依法行政原则和政务公开原则，防止引起误解，国土资源主管部门经政府批准后作出的闲置土地收回等类似批后实施行为，应在对行政管理相对人作出的行政文书中，注明"经＊＊政府批准"字样，并写明政府批准文号。

（国土资源部不动产登记中心　翟国徽）

问题28
已设立抵押权的闲置土地能否收回

【问题】

某市甲公司通过出让方式取得该市某地块国有建设用地使用权后，以其为抵押物从银行取得贷款。后因甲公司未及时偿还贷款，银行向法院起诉要求实现抵押权。法院判决支持了银行的诉讼请求，并在公开拍卖后向当地国土资源主管部门发出协助执行通知书。国土资源主管部门发现该块土地涉嫌构成闲置土地，对此有两种处理意见：一种认为应当在核实后收回闲置土地，另一种主张协助办理过户登记手续。请问本案应如何处理？

【解答】

一、国土资源主管部门应当审慎收回已设立抵押权的闲置土地

为了更好地处置和有效利用闲置土地，我国法律赋予国土资源主管部门处置闲置土地的权力。根据《闲置土地处置办法》（国土资源部令第53号）（以下简称《办法》）第十四条第二项规定，对于未动工开发满两年的，市、县国土资源主管部门可以依法报经有批准权的人民政府批准后，向国有建设用地使用权人下达《收回国有建设用地使用权决定书》，无偿收回国有建设用地使用权；闲置土地设有抵押权的，同时抄送相关土地抵押权人。从上述规定来看，对于设抵押权的闲置土地，国土资源管理部门可以按照法律规定予以收回。但《办法》第十三条同时规定，“在拟定设有抵押权的闲置土地处置方案时，市、县国土资源主管部门应当书面通知抵押权人。”但闲置土地处置方案是否应当征得抵押权人的同意、抵押权人的利益如何保护等，法律没有相应的规定。笔者认为，制定《办法》的目的在于促进闲置土地的盘活利用，收回土地并不是立法的目的。因此，当拟收回的土地已设立抵押的时候，应当在充分保护抵押权人利益的基础上审慎收回。如果拟收回

的土地已经被认定为闲置土地之后再设定抵押的，则无须考虑抵押权人的利益，可以直接收回，甚至可以不用通知抵押权人。

二、国土资源主管部门决定是否收回闲置土地时，应当注重部门沟通协调，寻求最优监管效果

国土资源主管部门收回闲置土地的权力虽然不受抵押权的限制，但是可能会与其他部门的行为，尤其是法院的生效裁判存在冲突。《民事诉讼法》第二百五十一条规定："在执行中，需要办理有关财产权证照转移手续的，人民法院可以向有关单位发出协助执行通知书，有关单位必须办理。"最高人民法院、国土资源部、建设部《关于依法规范人民法院执行和国土资源房地产管理部门协助执行若干问题的通知》（法发〔2004〕5 号）第三条第二款规定："国土资源、房地产管理部门在协助人民法院执行土地使用权、房屋时，不对生效法律文书和协助执行通知书进行实体审查。国土资源、房地产管理部门认为人民法院查封、预查封或者处理的土地、房屋权属错误的，可以向人民法院提出审查建议，但不应当停止办理协助执行事项。"本案中，在闲置土地未被收回前，法院已经做出生效裁判并向国土资源主管部门发出协助执行通知书，国土资源主管部门应当按照相关规定办理过户登记的协助执行事项。实际上，在这种情况下，该块土地经过拍卖能够重新得到充分利用，故无须收回也能实现有效利用土地的政策目的。

应当注意的是，如果国土资源主管部门在法院做出生效裁判前已经依法收回闲置土地，那么债务人就不再享有国有建设用地使用权，法院裁判也就不能再对此块土地做出处分。在这种情况下，国土资源主管部门应当在收回闲置土地后及时与有关法院进行沟通，避免法院裁判与本部门闲置土地处置决定产生矛盾。

（中国政法大学　郭佑宁）

问题29
光伏发电项目如何办理用地手续

【问题】

甲光伏发电企业拟利用荒山坡搭建光伏发电设施，需占用800亩未利用地，甲企业应如何办理用地手续？

【解答】

本案的焦点在于光伏产业用地是否需要全部按照建设用地的规定办理用地手续。光伏产业用地是指太阳能光伏发电项目建设用地，一般包括电池组件占地、生产区用地、生活区用地和电场外永久性道路用地四部分。光伏发电形式主要有两种，一种是地面光伏发电，另一种是分布式光伏发电。目前国内大中型光伏发电站主要采取地面集中式光伏发电的方式，用地面积往往较大，对技术创新能力、关键技术装备和材料等的要求也较高。

为了规范和促进光伏产业健康发展，《国务院关于促进光伏产业健康发展的若干意见》（国发〔2013〕24号）提出要“完善土地支持政策和建设管理。对利用戈壁荒滩等未利用土地建设光伏发电项目的，在土地规划、计划安排时予以适度倾斜，不涉及转用的，可不占用土地年度计划指标。探索采用租赁国有未利用土地的供地方式，降低工程的前期投入成本。光伏发电项目使用未利用土地的，依法办理用地审批手续后，可采取划拨方式供地。完善光伏发电项目建设管理并简化程序。”但是该规定仍较为原则，为了更积极主动地认识新常态、适应新常态、引领新常态，进一步落实党中央、国务院促进新产业新业态发展、推进大众创业万众创新新要求，国土资源部、发展改革委、科技部、工业和信息化部、住房城乡建设部、商务部六部委联合发布了《关于支持新产业新业态发展促进大众创业万众创新用地的意见》（国土资规〔2015〕5号）（以下简称《意见》），对此问题进行了明确。

一、对于占用的不占压土地、不改变地表形态的未利用地部分，可按原地类认定，用地报当地县级国土资源部门备案

《意见》明确规定，“光伏、风力发电等项目使用戈壁、荒漠、荒草地等未利用土地的，对不占压土地、不改变地表形态的用地部分，可按原地类认定，不改变土地用途，在年度土地变更调查时作出标注，用地允许以租赁等方式取得，双方签订好补偿协议，用地报当地县级国土资源部门备案；……”可见，甲企业用于搭建光伏发电设施所占用的800亩未利用地无需全部办理农转用手续，对于不占压土地、不改变地表形态的用地部分，可以按原地类认定，在不改变土地用途的前提下，在年度土地变更调查时作出标注。对于此类用地，允许以租赁的方式取得，但双方要签订好补偿协议，用地需报当地县级国土资源部门备案。

二、对于项目永久性建筑占用未利用地部分，应依法按占用建设用地办理手续

《意见》（四）同时规定，“……对项目永久性建筑用地部分，应依法按建设用地办理手续。”本案中，甲企业光伏发电项目中用于建设永久性建筑的用地部分应当与不占压土地、不改变地表形态的用地部分进行区分，对于建设永久性建筑的用地部分应当认定为建设用地，按照法律规定办理农转用等相关建设用地审批手续。

三、对于建设占用农用地的，所有用地部分均应按占用建设用地办理用地手续

《意见》（四）规定，“对建设占用农用地的，所有用地部分均应按建设用地管理。”光伏发电用地不同于一般的建设用地，没有对土地硬化形成建筑物或构筑物，但占地时间长、影响农作物种植生长，如果项目占用了农用地，土地占用期间均无法进行农业活动，因此如果甲企业光伏发电项目建设占用了农用地，则该项目所有用地部分均应按占用建设用地依法履行农用地转用等审批手续。

综上，本案中，甲企业需综合考虑所占用土地的原用途、具体用地方式等因素对占用土地进行分类，根据上述规定办理相应的用地手续。

（国土资源部不动产登记中心　张颖）

问题 30
竞得人被取消竞得资格后次高报价者能否得到土地使用权

【问题】

2003 年 7 月，厦门市政府批复同意市国土资源局主持一宗地块的土地挂牌出让工作，挂牌起始价为 1900 万元，由区国土资源分局负责签订出让合同。根据发布的挂牌出让须知，若发生竞得人被取消竞得资格情形的，出让人有权确定次高报价者为竞得人，或重新组织挂牌出让。

挂牌中，某房地产公司以 2780 万元竞得该地块，某发展公司以 2760 万元成为次高报价者。2003 年 12 月，该房地产公司因违规操作、事先串通被取消竞得人资格。经反复研究并多次向福建省国土资源厅、国土资源部请示，得到国土资源部有关司局专门答复、要求相关政府及国土资源局“依法自行决定，依法、公平、公正地妥善解决有关善后事宜”后，相关政府作出处理意见，决定：一、收回已挂牌出让地块的开发权；二、重新组织挂牌出让。

处理意见作出后，房地产公司甘愿认罚，发展公司则对此表示异议，认为该处理意见未送达给自己，程序违法，其为次高报价者，应确认自己为竞得人，因协商无果遂申请行政复议。复议机关以认定事实基本清楚为由，维持了该处理意见。发展公司对复议决定不服，提起行政诉讼。

一审法院认为，挂牌出让须知的规定与《招标投标法》第六十四条的规定基本一致，发展公司作为次高报价者，在竞得人被取消竞得人资格的情况下，享有被确定为新的竞得人资格的合法预期。因此，政府在取消原竞得人资格后的处理办法，对发展公司的权益产生重大影响。其作出处理意见第二项认定事实不清，程序不当，另外是否确定发展公司为涉讼地块的中标人，不属于本案审查范围，依法应予驳回。2012 年 11 月，法院作出一审判决：确认处理意见第二项关于重新组织进行挂牌出让的内容违法；驳回原告其他诉讼请求。一审宣判后，原、被告均不服，分别提出上诉。

2013 年 6 月，二审法院审理认为，处理意见第二项内容未阐明事实证据，且程序上也未给予利害关系人陈述申辩的权利，导致不该发生的争议持续了 8 年之久，政府在挂牌出让活动及善后处理工作中违背了公开、公平、公正及政府诚信原则，原审法院查明的事实清楚，但部分判决不当。遂作出终审判决：维持处理意见第一项；撤销处理意见第二项；责令政府于判决生效之日起60 日内重新作出行政行为。

【解答】

本案的核心问题是，土地使用权挂牌出让中，竞得人被取消竞得资格后，政府及其国土资源主管部门如何行使自由裁量权，来确定是由次高报价者得，还是重新组织挂牌出让。应该说，案件的判决结果特别是二审判决结果是正确的，但审判机关的一些说理和认定则值得推敲。

问题一：《招标投标法》能否用于土地使用权挂牌出让?

《招标投标法》第六十四条规定，依法必须进行招标的项目违反本法规定，中标无效的，应当依照本法规定的中标条件从其余投标人中重新确定中标人或者依照本法重新进行招标。本案挂牌出让须知正是根据这一精神制定的。一审法院认为“相关政府在考虑处理办法时，应当首先考虑其他投标人的合法权益”，二审法院认为“土地挂牌出让虽然在程序上不同于招投标，但其形式都是通过竞标活动确定土地使用权人”，仅此可看出，一、二审法院都把招标与挂牌出让土地两者等同起来。招标、挂牌出让土地使用权都应当遵循公开、公平、公正和诚实信用的原则，要求程序规范，接受监督，从这点上说，《招标投标法》规定的精神适用土地使用权挂牌出让。但招标、挂牌毕竟属于两种不同的土地使用权出让方式，彼此在政策依据、实体要件、程序环节等方面明显不同。《招标拍卖挂牌出让国有土地使用权规定》以及根据该令修订的《招标拍卖挂牌出让国有建设用地使用权规定》对这两者的情形作了具体明确的规定。

需要指出的是，《物权法》《行政许可法》等法律对以公平竞价方式实施自然资源包括土地使用权出让许可的，只规定了招标和拍卖，没有挂牌这种方式。在现行法律层面没有土地使用权挂牌的规定。实际工作中，招标、拍卖与挂牌却是出让土地使用权并列的三种情形，这三种情形各有适用条件。招标有投标人数要求，标底保密，不一定按照价高者得为原则，挂牌则没有人数限制，起始价、报价必须公布，最高报价者即为竞得人，两者区别十分明显。因此，依据《招标投标法》来分析、认定、裁判挂牌出让土地使用权行为是否合法正确，是错误的。

问题二：对请示的答复可否作为行政行为的依据？

处理意见是在多次请示且在上级内设机构进行答复后作出的。法院认为，“本案的答复是相关主管部门隐瞒事实真相，上级行政机关在无法全部了解真实情况下，循着下级汇报的案情和解决意图作出的，法院对案情的审查和认定不应受行政机关包括上级行政机关的限制”，点明了法院裁判的依据选择。

日常工作中，下级对政策法规的理解和做法没有把握时，往往请示上级予以答复，以此作为行政行为的依据，法院在审判中参照答复文件也是常有的事。但由于多种原因，特别是有的请示事实不全面甚至情况不实，造成上级个别答复被误导，被不当运用。还有些上级的内设机构会以自己名义答复下级，《最高人民法院行政审判庭关于如何计算土地违法行为追诉时效的答复》和本案的答复就属于这种情况。根据现有规定，内设机构（除办公厅、办公室外）不能对外发文，所发文件是不能作为依据援用的。

2015 年 5 月 1 日起施行的《行政诉讼法》第五十三条、第六十四条规定，原告认为行政行为所依据的国务院部门和地方人民政府及其部门制定的规范性文件不合法，可在行政诉讼时一并请求法律对该规范性文件进行审查。法院认为该规范性文件不合法的，不作为认定行政行为合法的依据。国土资源管理工作特点决定了对请示的答复文件面广量大，涵盖国土资源规划、征地、耕地保护、土地利用和矿产资源勘查开采、地质环境保护、执法等方面。以这些文件为行政行为依据的，都可能面临法院严格的合法性审查。对请示的答复实际上是法律法规政策的应用解释，应当审慎，宁缺毋滥，更不能以内设机构名义行文。这些年来，国土资源部坚持立法工作的“立、改、废、释”统筹推进，加强法律、法规和规章的应用解释工作，是十分必要，也是很有意义的。

问题三：确定新竞得人的自由裁量界限应当如何把握？

本案中，挂牌出让须知赋予了出让人在竞得人被取消竞得资格后，二选一的自由裁量权，这是符合法律法规规定的。关键是在非此即彼的二选一情况下，如何正确行使自由裁量权，才能符合法治精神，符合依法行政要求呢？这既考验着土地使用权挂牌出让规则的制定者和土地出让方，更考验着负责评判是非曲直的人民法院。

法律法规授权行政机关可以根据不同的情形采取不同的行政措施，行使自由裁量权。但是，行使自由裁量权是有界限的，需要综合考虑多种因素，并不是无原则的。结合本案判决，可以看出自由裁量的界限在于：一是遵循公平、公正的原则，体现合理行政要求。组织、参与一场挂牌出让，对出让人、竞买人来说，都要付出相当的人力、物力和财力，不能因为某些竞买人违法行为导致竞得无效而认定整个挂牌活动一概无效。如果竞得人从其余的竞买人中重新确定有可能产生不公平的结果时，应重新组织挂牌出让，除此之外，确定次高报价者为竞得人，不折腾，是符合依法行政合理原则的。否则，就会不可避免地增加行政成本，损害政府公信力，也损害当事人的合法权益。二是符合法律目的。法律授予行政机关自由裁量的内在目的，就是为了更好地实现国家利益和保障行政管理相对人的合法权益。出让土地使用权是为了显化土地资源、资产价值。发展公司符合土地挂牌竞买条件，依法依规参与竞买，且以高出起始价 800 多万元的报价成为次高报价者，确定其为新竞得人符合法律目的。三是最大限度地减少对权利人合法权益的损害。根据国务院《全面推进依法行政实施纲要》，行政机关实施行政管理可以采用多种方式实现行政目的的，应当避免采用损害当事人权益的方式。这是自由裁量行为适当性的体现。自由裁量权是适用法律的选择权，更是区别不同情形合理选择行为方式、内容的行政义务。与重新组织挂牌出让相比，确定次高报价者发展公司为竞得人，既可维护正常的挂牌出让秩序，也可最大限度地减少对合法权益的损害。正是基于这样考量，二审法院作出了上述判决。

（福建省国土资源厅　杨玉章）

问题 31
登记后产生的不动产权纠纷能否争议调处

【问题】

A 市村民刘某一家于 1983 年经原人民公社和县建设局批准后取得一宗 200 平方米的宅基地，并建房由其全家居住生活。1988 年，刘某搬家，上述房屋由其妹妹一家借住。2009年，刘某所在村纳入征地拆迁范围，在参与交涉补偿时刘某发现上述房屋已于1991年被登记在妹妹一家名下，经与有关部门多次反映交涉无果后，刘某于2014年3月向区国土部门提出土地权属争议调处申请，国土部门审查后作出了不予受理决定。刘某不服，将区政府诉至人民法院，要求确认区政府不予受理其权属争议申请的行政行为违法。请问：1. 区政府是否具有土地权属争议处理职责？2. 本案争议是否属于土地权属争议？

【解答】

土地权属争议调处是由各级政府来处理土地所有权和使用权争议的一项法律制度。《土地管理法》第十六条规定，土地所有权和使用权争议，由当事人协商解决；协商不成的，由人民政府处理。当事人对有关人民政府的处理决定不服的，可以自接到处理决定通知之日起30日内，向人民法院起诉。2002年国土资源部发布的《土地权属争议调查处理办法》第四条规定，县级以上国土资源行政主管部门负责土地权属争议案件的调查和调解工作；对需要依法做出处理决定的，拟定处理意见，报同级人民政府作出处理决定。第十三条规定，对申请人提出的土地权属争议调查处理的申请，国土资源行政主管部门应当依照本办法第十条的规定进行审查，并在收到申请书之日起7个工作日内提出是否受理的意见。认为不应当受理的，应当及时拟定不予受理建议书，报同级人民政府作出不予受理决定。因此，区政府具有处理土地权属争议的法定职权，作为区政府职能部门的区国土部门作出不予受理的决定是以区政府名义作出的。刘某以区政府为被告起诉到人民法院，符合法律规定，对此，本案中人民法院也予以认可。

关于土地权属争议范围的界定，《土地权属争议调查处理办法》第二条规定，土地权属争议是指土地所有权或者使用权归属争议。2007年3月，全国人大通过的《物权法》第九条规定，不动产物权的设立、变更、转让和消灭，经依法登记，发生效力。2007年2月8日，国土资源部办公厅《关于土地登记发证后提出的争议能否按权属争议处理问题的复函》也明确指出，土地权属争议是指土地登记前，土地权利利害关系人因土地所有权和使用权的归属而发生的争议。土地登记发证后，已经明确了土地的所有权和使用权，土地登记发证后提出的争议不属于土地权属争议。因此，经依法登记后的不动产权利在法律上属于权属明晰的状态，对此持有的权利归属争议，不能再通过权属争议调处程序解决。

本案中，人民法院在判决书中指出，本案所涉宅基地已于1991年登记并核发了宅基地使用证，确认了土地使用权人，区政府作出不予受理决定的具体行政行为事实清楚，适用法律正确，程序合法，判决驳回了刘某的诉讼请求。从本案情况看，刘某虽然存在被侵权的事实，但由于维权路径选择错误，导致其合法权益未能在争议调处和诉讼中维护。从正确的维权途径看，刘某应针对1991年其宅基地转移登记的行为提起诉讼，而不是走权属争议调处的程序。

（国土资源部不动产登记中心　钟京涛）

问题32 不服用地预审意见是否可以提起行政复议

【问题】

用地单位T公司向B市国土资源局申请办理某小区项目用地预审手续，提交了项目用地预审申请报告。随后，B市国土资源局向T公司作出《用地预审意见》。刘某是该项目地块范围内的居民，其通过政府信息公开渠道得知上述《用地预审意见》后，认为用地预审意见违法，并提起行政复议，请求撤销该用地预审意见。

【解答】

本案涉及用地预审意见的性质和可复议性问题。

1. 用地预审意见的性质。建设项目用地预审是按照《土地管理法》《土地管理法实施条例》和国家相关法律法规的规定，对建设项目涉及土地利用的有关事项进行审查，审查的主要内容是建设项目选址是否符合土地利用总体规划，是否符合国家供地政策，项目用地规模是否符合工程建设用地指标的规定，项目占用耕地的，补偿耕地初步方案是否可行，征地补偿安置标准是否符合当地制定的标准等，并根据审查情况出具建设用地预审意见。按照用地预审制度的初衷，用地预审实际上是发展改革部门审批、核准项目前对用地的预先把关，是有关部门审批项目可行性研究报告、核准项目申请报告的必备文件，但并不是项目用地的直接依据。

2. 刘某与用地预审意见有无利害关系。根据《行政复议法》和《行政复议法实施条例》的规定，公民、法人提起行政复议申请，申请人应当具有行政复议主体资格，应当符合《行政复议法实施条例》第二十八条第二项规定的“申请人与具体行政行为有利害关系”的受理条件。根据《建设项目用地预审管理办法》及相关规定，建设项目用地预审是指国土资源主管部门在建设项目审批、核准、备案阶段，依法对建设项目涉及的土地利用事项进行的审查，属于建设项目立项前的审查。B市国土资源局作出的用地预审意见针对的相对人是用地单位T公司，并非刘某，且该预审意见不是有关征地、拆迁的审批意见，并不对预审意见所涉地块范围内居民的权利义务产生直接影响。根据《土地管理法》的规定，国务院或者地方人民政府批准关于土地征收方案的批复才是土地征收的依据。

3. 具体行政行为的界定。《行政复议法》明确规定了行政复议的适用范围是具体行政行为，但目前对具体行政行为没有明确的界定。行政机关作出的行政行为形式多样，内容各异，对于何种行政行为属于具体行政行为，界定标准难以把握。一般而言，具体行政行为应该具备4个要素：一是行政机关实施的行为；二是行使行政权力所为的单方行为；三是对特定的公民、法人或者其他组织作出的行为；四是作出的有关权利义务的行为。因此，具体行政行为是对特定人与特定事项的处理，应具有外部性。实践中，国土资源行政主管部门作出的用地预审意见，一般针对用地单位作出，表面上似不属于具体行政行为，但确实可能对用地范围内居民的权益造成一定影响。具体行政行为的界定要看实质性的影响，关键看这些行为是否代替了其他的批准性文件。如用地预审，如果行政机关直接依据预审意见实施了征地和拆迁行为，那么就可认定该用地预审对用地范围内居民的权利义务产生了直接影响；如果行政机关未作出过以用地预审意见代替征地批复文件等的行政行为，那么就应认定其与用地范围内居民无直接利害关系。

本案中，用地预审意见并未用作代替征地批复等文件，不是有关征地、拆迁的审批意见，并不对预审意见所涉地块范围内居民的权利义务产生直接影响，因此，对刘某的行政复议申请应当予以驳回。

（国土资源部不动产登记中心　马俊科）

问题 33
土地出让合同内容能否纳入公开信息

【问题】

申请人林某不服被申请人T市国土资源局不予公开其申请的某号地块的《国有土地使用权出让合同》，向行政复议机关提起行政复议。

2013年12月30日，申请人林某向T市国土资源局提出政府信息公开申请，要求公开某号地块的《国有土地使用权出让合同》。由于该申请涉及第三人C公司，T市国土资源局向第三人发出征求其是否同意公开国有土地使用权出让合同意见的函。2014年1月21日，第三人书面回复T市国土资源局，指出该《国有土地使用权出让合同》涉及该公司的项目资金运作、投资成本等重要的商业秘密和信息，如果泄露会对该公司产生不利影响，因此不同意公开申请人所查询的信息。2014年1月25日，T市国土资源局作出了不予公开的告知。

申请人认为，国有土地使用权出让合同是一个行政许可行为，关系到申请人的切身利益，且不是企业商业秘密，T市国土资源局应当依法予以公开。

被申请人认为，该《国有土地使用权出让合同》是被申请人与第三人C公司双方签订的合同，因此需要征求C公司的意见，而第三人C公司认为涉及商业秘密不同意公开，因此被申请人依据第三人意见作出了不予公开的告知。被申请人的不予公开告知行为符合相关法律规定。

复议机关依法对该案进行了审理，认为该《国有土地使用权出让合同》是被申请人与第三人C公司双方签订的合同，属于民事合同，而第三人认为涉及商业秘密不同意公开该合同，被申请人依据第三人意见作出的不予公开告知符合相关法律规定。因此，复议机关按照《行政复议法》第二十八条第一款第（一）项的规定，作出了维持被申请人不予公开告知行为的决定。

本案主要涉及国有土地使用权出让合同（以下简称土地出让合同）公开中的

两个问题：一是土地出让合同的性质界定问题，是属于行政合同还是民事合同？二是土地出让合同是否涉及商业秘密以及哪些内容可以公开？

【解答】

一、关于土地出让合同的性质问题

此前，在土地出让合同的法律性质上一直存在是民事合同还是行政合同的争议。

《最高人民法院关于审理涉及国有土地使用权合同纠纷案件适用法律问题的解释》规定“审理涉及国有土地使用权合同纠纷案件”属于民事审判，将国有土地使用权出让合同视为民事合同进行审理；最高人民法院2011年发布的《民事案件案由规定》中，也将建设用地使用权合同纠纷作为民事合同纠纷进行处理。国土资源部、国家工商行政管理总局发布的《国有土地使用权出让合同》示范文本（GF－2008－2601），其拟制的法律依据及争议解决方式也均以民事合同定位。因此，从现行法律规定来看，土地出让合同应当属于民事合同。

不过今年5月1日施行的新《行政诉讼法》第十二条第十一项规定“认为行政机关不依法履行、未按照约定履行或者违法变更、解除政府特许经营协议、土地房屋征收补偿协议等协议的”，可以提起行政诉讼，将行政协议履行纳入了行政诉讼受案范围。目前，理论界以及实务界均有呼声，认为国有土地出让合同应该属于行政协议，其履行争议应该纳入行政诉讼范畴。

二、关于土地出让合同是否涉及商业秘密以及哪些内容可以公开的问题

根据《城市房地产管理法》第七条、第十四条的规定，国有土地使用权出让合同，是国家作为国有土地所有者将国有土地使用权在一定年限内出让给土地使用者，由土地使用者向国家支付土地使用权出让金，并由市、县人民政府土地管理部门代表国家与土地使用者签订的书面合同。同时，《政府信息公开条例》第二十三条规定：“行政机关认为申请公开的政府信息涉及商业秘密、个人隐私，公开后可能损害第三方合法权益的，应当书面征求第三方的意见；第三方不同意公开的，不得公开。但是，行政机关认为不公开可能对公共利益造成重大影响的，应当予以公开，并将决定公开的政府信息内容和理由书面通知第三方。”由于土地出让合同是政府和受让人双方签订的合同，因此对于土地出让合同的信息公开申请，由于涉及第三方受让人的信息，政府部门往往在征求第三方意见而第三方认为涉及商业秘密不同意公开后，不予以公开土地出让合同。

但是，对于土地出让合同是否涉及第三人商业秘密，笔者认为应当按照《反不正当竞争法》第十条“本条所称的商业秘密，是指不为公众所知悉、能为权利人带来经济利益、具有实用性并经权利人采取保密措施的技术信息和经营信息”的规定进行具体判定，不应该完全根据第三人的意见来决定是否公开。

土地出让合同是参照国土资源部、国家工商行政管理总局发布的《国有土地使用权出让合同》示范文本（GF－2008－2601）制定的格式合同，合同内容包括合同双方当事人、宗地位置、面积、用途、土地出让期限、出让金、土地开发建设与利用等情况，招标拍卖挂牌出让结果正是土地出让合同中除格式文本外需要填充的主要内容。而《招标拍卖挂牌出让国有建设用地使用权规定》（国土资源部部令第39号）规定：“招标拍卖挂牌活动结束后，出让人应在10个工作日内将招标拍卖挂牌出让结果在土地有形市场或者指定的场所、媒介公布”，可见土地出让合同的主要内容已经不符合商业秘密所要求的不为公众所知悉的前提条件。

因此，笔者认为政府信息公开尤其是主动公开是大势所趋，土地出让合同虽然涉及第三方受让人，但基本上为格式合同，且主要内容已经通过招拍挂结果予以公示，没有太多隐秘的内容，可以在对跟第三人有关且不适宜公开的信息进行适当处理，确保不侵害第三方权益的情况下进行公开。这样既充分保护第三人的合法权益，又充分保障公众的知情权，以减少和避免不必要的矛盾纠纷。目前已经有很多地方通过对合同中的开户银行账号等信息作出适当遮盖后予以公开，收效很好。各地国土资源主管部门可以借鉴其他地方的先进经验，在政府信息公开方面进一步加大力度，打造国土资源主管部门的良好形象和公信力。

本案虽然只是涉及土地出让合同的政府信息公开问题，但同时也引发我们思考土地招拍挂过程中的其他文件的公开问题，如土地出让成交确认书等文件。

根据《招标拍卖挂牌出让国有建设用地使用权规定》（国土资源部部令第39号）第二十条的规定，出让人应当向中标人发出中标通知书或者与竞得人签订成交确认书。中标通知书或者成交确认书应当包括出让人和中标人或者竞得人的名称，出让标的，成交时间、地点、价款以及签订国有建设用地使用权出让合同的时间、地点等内容。而对于成交确认书等文件的性质问题，《最高人民法院关于土地管理部门出让国有土地使用权之前的拍卖行为以及与之相关的拍卖公告等行为性质的答复》（〔2009〕行他字第55号）认为：“土地管理部门出让国有土地使用权之前的拍卖行为以及与之相关的拍卖公告等行为属于行政行为，当事人不服提起行政诉讼的，人民法院应当依法受理。”同时《最高人民法院行政审判庭关于拍卖出让国有建设用地使用权的土地行政主管部门与竞得人签署成交确认书行为的性质问题请示的答复》（〔2010〕行他字第191号）认为："土地行政主管部门通过拍卖出让国有建设用地使用权，与竞得人签署成交确认书的行为，属于具体行政行为。当事人不服提起行政诉讼的，人民法院应当依法受理。"因此，土地招拍挂过程中的土地出让成交确认书等文件属于政府信息的范畴，应当依法公开。

（国土资源部不动产登记中心　胡卉明、王玉娜）

问题34
乡镇企业因融资能否转让集体建设用地使用权

【问题】

A企业是乡镇企业，经批准取得某集体建设用地使用权，2014年，A企业因融资想把该地转让给B企业，双方签订了转让协议，B企业支付了相应款项后未实际占用该地块，也未实施建设。请问B企业能否取得该地块的建设用地使用权？

【解答】

一、集体建设用地有特定的使用范围

集体建设用地，是指乡（镇）村集体经济组织和农村个人投资或集资、进行各项非农业建设所使用的土地。集体建设用地主要有三种类型：乡镇企业用地、宅基地和公共设施、公益事业用地。此外，依照《土地管理法》第六十三条的规定，集体建设用地使用权在一种情形下可以流转，即符合土地利用总体规划并依法取得建设用地的企业，因破产、兼并等情形致使土地使用权依法发生转移的。这就从法律上明确了集体建设用地使用权原则上不允许出租、出让或者转让，只有在企业发生破产、兼并或资产转移的情形下才可以转移集体建设用地使用权。此外，《国务院办公厅关于严格执行有关农村集体建设用地法律和政策的通知》也明确严格控

制集体所有建设用地使用权流转范围。本案中，A 企业并未破产、兼并，不能将建设用地使用权转让给 B 企业。B 企业无法取得该地块的建设用地使用权。

二、本案中转让合同属成立但未生效的合同

《土地管理法》第十一条规定，农民集体所有的土地依法用于非农业建设的，由县级人民政府登记造册，核发证书，确认建设用地使用权。第五十九条规定，建设用地应当符合乡（镇）土地利用总体规划和土地利用年度计划，并依照第四十四条、第六十条、第六十一条、第六十二条的规定办理审批手续。《物权法》第一百四十五条规定，建设用地使用权转让、互换、出资或者赠与的，应当向登记机构申请变更登记。据此，集体建设用地使用权须经县级或县级以上人民政府审批登记、核发证书后方能取得。B 企业若是在 A 企业破产、兼并的情形下取得该地块，也应履行相应的审批手续才能取得建设用地使用权。本案中 A 企业与 B 企业仅签订了转让协议，并未进行审批登记，不发生集体建设用地使用权转移的效力。

至于转让协议的效力问题，《最高人民法院关于适用〈中华人民共和国合同法〉若干问题的解释（一）》第九条规定，法律、行政法规规定合同应当办理批准手续，或者办理批准、登记等手续才生效，在一审法庭辩论终结前当事人仍未办理批准手续的，或者仍未办理批准、登记手续的，人民法院应当认定该合同未生效。据此可知该协议虽经双方达成意思表示的一致，但仍属于成立但未生效的合同。双方还要承担合同可能最终无法获得审批登记而归于无效的风险。

三、试点地区的集体建设用地使用权可依相关规定流转

2015 年 2 月 27 日第十二届全国人大常委会第十三次会议通过了《关于授权国务院在北京大兴区等三十三个试点县（市、区）行政区域暂时调整实施有关法律规定的决定》。在试点地区暂时调整实施《土地管理法》《城市房地产管理法》关于集体经营性建设用地入市的有关规定。因此，该决定实施后在试点地区进行的流转可按照试点地区集体经营性建设用地入市的相关规定进行认定。

（北京工商大学　李秀峰）

问题35
征地过程中的“一书四方案”是否属于政府信息公开范围

【问题】

2014年4月26日，A通过律所向B县国土资源局邮寄了政府信息公开申请，要求公开某高速公路项目涉及某地段的征地批复及“一书四方案”、征地红线图等报批材料。B县国土资源局收到申请后，以所涉及的信息材料处于上报审批阶段为由，作出了目前无法提供相关材料的答复。请问：“一书四方案”是否属于政府信息公开的范围？如果属于，信息公开的责任主体是谁？应当在何时公开？

【解答】

一、“一书四方案”属于政府主动公开的信息

所谓“一书四方案”是指建设项目用地审查报批时所呈报的建设项目用地呈报说明书、农用地转用方案、补充耕地方案、征收土地方案和供地方案。

“一书四方案”经历了“基本不公开——依申请公开——主动公开”的转变过程。《国务院办公厅关于做好政府信息依申请公开工作的意见》（国办发〔2010〕5号）规定，“行政机关向申请人提供的政府信息，应当是正式、准确、完整的，申请人可以在生产、生活和科研中正式使用，也可以在诉讼或行政程序中作为书证使用。因此，行政机关在日常工作中制作或者获取的内部管理信息以及处于讨论、研究或者审查中的过程性信息，一般不属于《政府信息公开条例》所指应公开的政府信息”。原先，行政机关多将“一书四方案”定性为供审批机关了解征地工作情况、以便审酌是否给予审批的过程性信息，并援引该条规定拒绝申请人的信息公开申请。

2014年最高人民法院召开新闻发布会，通报全国法院2013年度“信息公开”十大案例，明确了过程性信息不应是绝对不公开，当决策、决定完成后，此前处于

调查、讨论、处理中的信息即不再是过程性信息，如果公开的需要大于不公开的需要，就应当公开。人民政府作出征地批复后，当事人申请的“一书四方案”已处于确定的实施阶段，行政机关再以该信息属于过程性信息、内部材料为由不予公开，对当事人行使知情权构成了不当阻却。

之后，国土资源部下发《国土资源部办公厅关于进一步做好市县征地信息公开工作有关问题的通知》（国土资厅发〔2014〕29 号），将市、县政府用地报批时拟定的“一书四方案”明确纳入了市、县征地信息主动公开的内容。因此，“一书四方案”属于政府主动公开的信息。当然，本案中的“一书四方案”因尚处于上报审批过程中，未进入确定的实施阶段，依旧属于过程性信息，不应公开。

二、“一书四方案”公开责任主体是制作该信息的市、县级人民政府及其国土资源主管部门

《建设用地审查报批管理办法》第七条规定，“在土地利用总体规划确定的城市建设用地范围内，为实施城市规划占用土地的，由市、县人民政府土地行政主管部门拟订农用地转用方案、补充耕地方案和征收土地方案，编制建设项目用地呈报说明书，经同级人民政府审核同意后，报上一级土地行政主管部门审查。”因此，本案中的“一书四方案”是由 B 县国土资源主管部门编制，并由 B 县人民政府审核同意。

三、“一书四方案”的公开时间应在用地批复之后

主动公开的前提是人民政府已作出征地批复，“一书四方案”已属于确定的实施阶段。否则，“一书四方案”依旧是过程性信息，一般不公开。本案即属此类情形，政府的回复及法院判决并无不当。

（北京大学　陈磊）

问题36
进城后能否继续拥有原宅基地使用权

【问题】

刘大爷原是某行政村的村民，依法申请取得了一块宅基地并建造了房屋，后进城工作取得城镇户籍，但是农村的房屋一直闲置．退休后刘大爷想回村里住，请问刘大爷是否可以继续拥有原宅基地使用权?

【解答】

一、宅基地使用权一般只有本农村集体经济组织成员才能取得

《物权法》和《土地管理法》规定了宅基地使用权的取得主体和限制条件。根据《物权法》第一百五十三条、第一百五十四条和《土地管理法》第六十二条的规定，原则上来说，宅基地使用权的主体是本村集体经济组织成员，需遵循“一户一宅”原则，宅基地的面积不得超过省、自治区、直辖市规定。农村村民建住宅，应符合乡（镇）土地利用总体规划，并尽量使用原有的宅基地和村内空闲地。农村村民出卖、出租住房后，再申请宅基地的，不予批准。

二、非本村集体经济组织成员取得宅基地使用权的情形

由于宅基地使用权具有福利性质，其初始取得具有无偿性，因而其原则上仅惠及本村村民，但实践中有很多原因会造成非本村村民实际占有宅基地的情形。因此，《国土资源部、中央农村工作领导小组办公室、财政部、农业部关于农村集体土地确权登记发证的若干问题》（国土资发〔2011〕178号）规定，非本农民集体的农民，因地质灾害防治、新农村建设、移民安置等集中迁建，在符合当地规划的前提下，经本农民集体大多数成员同意并经有权批准机关批准异地建房的，可按规定确权登记发证。已拥有一处宅基地的本农民集体成员、非本农民集体成员的农村或城镇居民，因继承房屋占用农村宅基地的，可按规定登记发证，在《集体土地使用证》记事栏应注记“该权利人为本农民集体原成员住宅的合法继承人”。可见，集中迁建、继承都可以产生非本村集体经济组织成员取得宅基地使用权的情形。

三、户籍的改变不影响已经取得的财产权的归属

我国《宪法》第十三条规定：“公民的合法私有财产不受侵犯。国家依照法律规定保护公民的私有财产权和继承权。”根据我国《民法通则》的现有理念及表述，当事人依民事法律行为设立、变更、终止民事权利。因而包括宅基地使用权在内的财产权的权属不因户籍的变化而发生变更。《国土资源部、中央农村工作领导小组办公室、财政部、农业部关于农村集体土地确权登记发证的若干问题》（国土资发〔2011〕178 号）明确规定，非农业户口居民（含华侨）原在农村合法取得的宅基地及房屋，房屋产权没有变化的，经该农民集体出具证明并公告无异议的，可依法办理土地登记，在《集体土地使用证》记事栏应注记“该权利人为非本农民集体成员”。可见，包括落户城镇的农民工在内的非农业户口居民（含华侨）可以继续享有原来合法取得的宅基地使用权和房屋所有权。

综上，如果刘大爷事先合法拥有的房屋所有权和宅基地使用权未曾消灭，则可以继续拥有；如果刘大爷出卖、出租住房后，再申请宅基地的话，应不予批准。

（中国人民大学　张南西）

问题 37
建设用地使用权未到期能否提前办理续期

【问题】

1998 年某开发商以出让方式取得一宗国有土地使用权，土地用途为住宅和配套商业，土地使用年限住宅 70 年，商业 40 年，住宅终止日期为 2068 年 4 月 5 日；2013 年，该开发商以出让方式取得上述宗地相邻一宗国有土地使用权，土地用途为零售商业、住宅用地，土地使用年限商业 40 年，住宅 70 年，住宅用地终止日期为 2083 年 9 月 16 日。在开发中，市规划部门对两块宗地合并一起审批总平面布置，开发商也按照审批的总平面布置对两地块进行综合开发建设，现已建成，部分建筑跨在两个地块相邻红线上。

该房产已公开销售，部分已发放房产证，现开发商申请办理土地使用证，因开发商没有按两块地出让时的用途和规划指标建设，且部分建筑跨在两个地块相邻红线上，登记机关无法办理。开发商提出将 1998 年取得的宗地使用年限延长至 2013 年取得土地的使用年限，即 2083 年 9 月 16 日，并将两宗地合并颁发土地证。

请问：1. 能否将 1998 年取得的宗地使用年限延长至相邻地块土地使用权的使用年限？2. 若两宗地年限一致时，能否将两宗地合并为一宗地，重新颁发土地使用权证？

【解答】

一、开发商申请续期不违反现行法律规定

本案中开发商申请续期不违反我国《物权法》《城市房地产管理法》《城镇国有土地使用权出让和转让暂行条例》等法律法规的相关规定。《物权法》第一百四十九条规定："住宅建设用地使用权期间届满的，自动续期。非住宅建设用地使用权期间届满后的续期，依照法律规定办理。"《城镇国有土地使用权出让和转让暂行条例》四十一条规定："土地使用权期满，土地使用者可以申请续期。需要续期的，应当依照本条例第二章的规定重新签订合同，支付土地使用权出让金，并办理登记。"《城市房地产管理法》第二十二条规定："土地使用权出让合同约定的使用年限届满，土地使用者需要继续使用土地的，应当至迟于届满前一年申请续期，除根据社会公共利益需要收回该幅土地的，应当予以批准。经批准准予续期的，应当重新签订土地使用权出让合同，依照规定支付土地使用权出让金。"就理论上而言，在不违反公共利益的前提下，开发商在取得土地使用权至土地使用权限届满前一年的期间内可以申请续期，但需注意申请续期的年限不得超过《城镇国有土地使用权出让和转让暂行条例》第十二条规定的建设用地使用权出让最高年限，即居住用地不超过 70 年，商业用地不超过 40 年。

二、提前续期在实践操作中面临诸多问题

我国土地管理的实践中尚未出现住宅用地续期的个案，国家相关政策法规也未明确对此做出规定，在实际操作中如果允许提前续期可能会面临以下几个问题：第

一，可能不符合将来的土地规划。《城市房地产管理法》第十条规定“土地使用权出让，必须符合土地利用总体规划、城市规划和年度建设用地计划”，提前申请续期时难以预测将来的土地规划与土地管理政策，可能导致土地出让合同与规划方案无法衔接。第二，从合同约定的角度看，土地出让合同尚未履行完毕，一般来说不能提前续约。第三，土地出让金价格难以确定。根据《城市房地产管理法》第十三条、《协议出让国有土地使用权规定》第五条、《城镇国有土地使用权出让和转让暂行条例》第十四条等关于土地出让金的相关规定可知土地出让金是一个可变量而非固定值，土地用途、土地供需情况、国家政策和规划、经济发展等因素都影响着土地出让金的标准，提前续期时无法预测几十年后的土地出让价格，也就无法按规定缴纳土地出让金。

鉴于目前我国土地使用权提前续期的政策空白和实践困境，尚不具备办理提前续期的条件，实践中一般不予以办理。但由于本案中开发商已经按照市规划部门审批通过的总平面布置进行开发建设并发放房产证的特殊情况，在已购房业主同意的前提下，可尝试允许其提前续期以盘活土地利用，有效开发。

关于土地能否并宗的问题，《国土资源部关于规范土地登记的意见》（国土资发［2012］134号）规定“宗地一经确定，不得随意调整。宗地确需分割、合并或调整边界的，应经国土资源主管部门会同有关部门同意。”因此，在满足符合土地规划、权利人同意的前提条件下，可以允许土地并宗开发并办理变更登记手续，在实践中广东在三旧改造中也有并宗的规定，如《广东省人民政府关于推进“三旧”改造促进节约集约用地的若干意见》（粤府〔2009〕78号）规定：对于收购改造的，“市、县土地行政主管部门可根据收购人的申请，将分散的土地归宗，为收购人办理土地变更登记手续”。

（北京大学　张倩）

三、矿产资源管理

问题38
如何判定“以承包方式变相转让采矿权”

【问题】

A矿业公司在国土资源部门的执法检查中被发现其将本公司煤矿承包给自然人李某生产经营，约定的承包期是“直至煤矿资源开采完毕”。县国土资源局根据国务院《探矿权采矿权转让管理办法》的规定，决定没收A公司承包收入款并予以罚款处罚，同时责令A公司及承包人李某双方须在60日内予以改正，否则将做出吊销采矿许可证的处罚。

A公司与李某不服上述处罚决定，并以其对煤矿的承包属于正当的生产经营权承包、不构成以承包为名变相转让采矿权的违法行为为由，提起行政诉讼。请问：如何判定行为人构成了“以承包方式变相转让采矿权”的违法行为？

【解答】

“以承包方式变相转让采矿权”的非法承包行为违反国务院《探矿权采矿权转让管理办法》的禁止性规定。根据该办法第十五条规定，以承包方式擅自将采矿权转给他人进行采矿的，责令改正，没收违法所得，处10万元以下罚款；情节严重的，由原发证机关吊销采矿许可证。

在矿业行政处罚及司法审查实务中，对能否用承包方式流转矿业企业生产经营权存在重大争议。应该说，正当的企业承包经营是法律所保护的，但规避法律的强制性监管制度的行为应当予以纠正。判定矿业权承包可合法存续的底线是不构成“未经审批的变相转让”，故在行政执法及司法实务中，应注意八个因素。

一是承包合同的主要内容应是采矿任务的承包，而不是采矿权的承包。

二是承包人对矿产品不得享有不受发包人控制的所有权及处分权。承包人获取合法利益的法律基础包括劳务收益和矿产品销售分成这两大类，而不得在矿产品的占有、处分中直接获得收益。

三是发包人不得脱离对矿山企业的日常管理。在采矿任务承包期间，发包人在法律上仍然是矿山企业的安全生产责任主体，其不得在收取承包费后即放弃对矿山企业的管理义务。

四是有关矿产品的经营、销售、调运、过磅、货款结算等均须以发包人的名义进行并在实质上受发包人控制，不能以承包人名义直接实施上述各法律行为。

五是不得给承包人授予对采矿权或矿业企业所有权可实施另行转包、分包、转让、抵押、合伙、合股、转投资等的再处分权。

六是不得将被承包矿山企业的法定代表人一职授权由承包人担任。因为这将造成发包人与承包人主体资格的实质性混同，违反了承包法律关系的基本原理。

七是不得将承包期限设定为“无限期”或“直至矿产资源开采完毕”等永久性状态，而是应当受采矿许可证期限的限制。

八是不得授权承包人对矿山企业的原股权结构享有直接进行变更登记的权利。

目前，矿业权承包合同纠纷多数具有“名为承包、实为转让”的性质，故真正意义上的合法承包十分少见。凡违反上述八项承包认定规则中的一项或多项，即可判定该承包合同有变相转让采矿权的可能。

一旦认定构成违法承包经营的，则国土资源部门完全有权根据法律、法规的相关规定，对行为人采取综合执法措施，包括责令改正、罚款、没收违法所得及情节严重时可以吊销其采矿许可证。

本案中，人民法院最终做出判决，认定双方构成非法承包经营，维持了县国土资源局的处罚决定。

（大成律师事务所　师安宁）

问题39

矿业权抵押未经管理部门备案，是否受法律保护

【问题】

张某向王某借款5000万元，并以甲公司持有的采矿权进行抵押，约定若借款人张某不能按时归还借款本息，贷款人王某有权直接处置采矿许可证涉及的资源、土地使用权、地上建筑物附着物等所有权益，但双方并未向国土资源管理部门办理抵押备案手续。后来，由于合同到期后张某无力偿还欠款，王某诉至法院，要求判令行使矿业权抵押权，将甲公司的采矿权作价偿还债务。本案中，未经备案的矿业权抵押权能否受到法律保护？

【解答】

一、矿业权抵押应当到发证机关办理抵押备案

目前，《物权法》《担保法》《矿产资源法》等法律，以及《探矿权采矿权转让管理办法》等行政法规中都还没有矿业权抵押的系统规定，关于矿业权抵押的相关内容，目前散见于国土资源部印发的规范性文件和地方的出台的规范性文件之中。

2000年国土资源部颁布的《矿业权出让转让管理暂行规定》（国土资发〔2000〕309号）首次对矿业权抵押进行了规定，其第五十七条规定："矿业权设定抵押时，矿业权人应持抵押合同和矿业权许可证到原发证机关办理备案手续。矿业权抵押解除后20日内，矿业权人应书面告知原发证机关。"2011年《国土资源部关于进一步完善采矿权登记管理有关问题的通知》进一步对采矿权抵押的条件和所要提交的材料等内容进行了进一步细化。据此，当事人以采矿权进行抵押的，应当持抵押备案申请书、抵押合同、贷款合同、采矿权有偿取得（处置）凭证、采矿许可证（复印件）等相关要件，到原登记管理机关办理备案手续，符合规定的，

登记管理机关向抵押双方出具备案证明。一些地方也还出台了专门的规范性文件对矿业权抵押备案制度作出了规定，例如《陕西省采矿权抵押备案管理办法》《甘肃省国土资源厅矿业权抵押备案管理暂行办法》对矿业权抵押备案的客体、条件、程序等作出了更为详细、系统的规定。

二、矿业权抵押未经备案会面临法律风险

《矿业权出让转让管理暂行规定》第三条规定“探矿权、采矿权为财产权，统称为矿业权，适用于不动产法律法规的调整原则。”《物权法》第九条第一款规定：“不动产物权的设立、变更、转让和消灭，经依法登记，发生效力；未经登记，不发生效力，但法律另有规定的除外。”但是，目前与《物权法》规定相配套的矿业权抵押登记尚未建立，未经备案的矿业权抵押权是否成立在法律上也没有明确规定。这就导致实践中司法部门往往将矿业权抵押备案的功能等同于矿业权抵押登记的法律地位，认定未经登记的矿业权抵押权不成立，从而给债权人造成经济损失。

三、本案的处理结果及启示

本案中，一审法院审理认为，法律虽未禁止将采矿权进行抵押，但采矿权作为不动产物权，其抵押应根据不动产的规定在相关部门办理备案登记。王某与张某签订的《借款合同》中的抵押担保条款虽成立，抵押合同生效，但该抵押权并未有效设立，不产生法律效力。二审法院也认为，该抵押因没有在相关部门办理备案登记，而未成立生效，维持了一审判决。据此，为了避免出现矿业权抵押权无法实现的法律风险，当事人在办理矿业权抵押融资时，应当及时向矿业权原登记机关办理抵押备案，同时还可以在抵押合同中约定相应的违约责任条款，通过违约责任的追究保障机制，督促对方及时配合办理备案手续，确保矿业权抵押能够合法有效设立。

（国土资源部不动产登记中心　刘志强）

问题40
涉矿民事案件中司法权与行政权的冲突如何解决

【问题】

近年来，随着矿业发展，矿产资源纠纷的增多，法院要求国土资源主管部门协助执行矿业权变更登记或查封矿业权的情况也日益增多。但实践中，矿业权协助执行领域一直存在较多问题。部分法院就矿产资源案件作出的裁决、判决或发出的协助执行通知，常常混淆司法权和矿产资源行政管理权的职责和界限，越权对应由行政机关批准的事项进行处理，由此引发一系列后续问题。在这种情况下，针对法院的协助办理矿业权变更登记等执行请求，国土资源部门应如何执行，是否需要履行行政审查程序？

【解答】

要想正确认识矿业权登记和涉矿司法判决之间的关系，就必须先了解矿业权的法律属性。根据《物权法》的规定，探矿权采矿权是一种用益物权；同时，《行政许可法》和《矿产资源法》也规定，矿产资源开发需要获得政府管理部门的许可。因此，矿业权不仅仅是一项单纯的财产性权利，同时还兼具有行政特许的特征。认识矿业权的这一特殊属性，是正确厘清司法权和行政管理权关系的基础。

实践中，部分司法机关基于矿业权的财产权属性，往往简单地适用处理一般民事纠纷或合同纠纷的有关法律法规对其进行处置，从而与国土资源行政管理的要求产生冲突。因此，运用司法诉讼手段处理矿产资源纠纷案件，必须同时遵守《物权法》《矿产资源法》和《行政许可法》的相关规定。否则，只能混淆司法权和矿政管理权的关系，在司法实践和管理实际中造成混乱。

一、涉矿司法判决的常见问题

问题一：矿业权转让相关规定是效力性规定还是管理性规定

涉矿司法判决绝大多数都是由矿业权合同纠纷引起。《合同法》第五十二条规定，违反法律、行政法规的强制性规定，合同无效。但根据《最高人民法院关于适用〈中华人民共和国合同法〉若干问题的解释（二）》第十四条的规定，法律法规的强制性规定分为效力性规定和管理性规定，如果违反效力性规定合同必然无效，违反管理性规定合同就不一定无效。但现行法律、法规及司法解释均未明确规定如何判断效力性规定或管理性规定的标准。对此，通说认为：第一，法律、行政法规规定违反该规定，将导致合同无效或不成立的，此类规定为当然的效力性规范；第二，法律、行政法规虽然没有规定违反该规定，将导致合同无效或不成立，但违反该规定使合同继续有效将损害国家利益和社会公共利益，也属效力性规定；第三，法律、法规没有规定违反该规定，将导致合同无效或不成立，合同继续有效也不损害国家利益和社会公共利益，而只是损害当事人利益的，属于管理性规定。

实践中，这一思想正是司法机关和行政机关在涉矿判决上产生争议的主要原因。法院认为，《探矿权采矿权转让管理办法》、《矿业权出让转让管理暂行规定》等法规和规范性文件虽然规定，矿业权转让需要履行批准等众多手续，但《探矿权采矿权转让管理办法》只规定了转让合同自批准之日起生效，却并不涉及合同无效或不成立的问题。另外，根据《办法》第十四条，违反规定的法律后果也仅涉及相关行政处罚，并不包含否认民商法上效力的内容。确认转让合同有效，也不会损害国家利益或社会公共利益。因此，不少法官认为，对矿业权转让审批的规定不属效力性强制性规定，而属管理性强制性规定。

对此，笔者则认为，法律对矿业权转让的规定并不允许当事人通过合同自由排除其适用，应属强制性规定。退一步说，即使法院将矿业权转让的规定纳入管理性规定，认定合同有效，也不应该作出干涉行政权的强制履行判决，而是应确认合同违约，这样既能保护合法当事人权益，也能充分尊重行政管理机关。

问题二：法院能否在判决或执行裁定中对矿业权归属进行判定

法院在判决中直接对有关采矿权或探矿权归属作出判决，并要求矿业权登记部门进行矿业权登记，这一做法显然不符合司法权和行政权独立原则，属于司法权越界代替行政权。

相关行政机关对合同的批准或登记，是国家行政权力透过法律干预经济、社会秩序的表现形式。以司法方式认定未经批准的矿业权转让合同有效并要求履行，属干预行政权。因为审查判断转让方是否符合转让条件、受让方是否符合受让条件，以及在双方均符合条件的情况下是否批准矿业权转让均属行政权行使范围。审批此类合同不仅涉及合同生效、履行等私法领域的问题，而且涉及国家宏观经济政策、产业规划调整等公法领域的问题。即使双方均符合法律、行政法规规定的转让、受让条件，但基于经济形势、产业调整的需要，行政机关也未必批准转让合同。司法对法律、行政法规明确规定应由行政机关批准的事项进行处理，超越了职权并干预了行政权。

二、畅通执行程序的几点建议

建议一：矿业权登记部门必须履行协助执行的法定义务

根据《民事诉讼法》和《最高人民法院、国土资源部、建设部关于依法规范人民法院执行和国土资源房地产管理部门协助执行若干问题的通知》，人民法院在办理案件时，需要国土资源、房地产管理部门协助执行的，国土资源、房地产管理部门应当按照人民法院的生效法律文书和协助执行通知书办理协助执行事项。

因此，国土资源部门应积极协助配合法院执行生效判决。新《行政诉讼法》第九十六条也明确规定，拒不履行判决、裁定、调解书，社会影响恶劣的，可以对该行政机关直接负责的主管人员和其他直接责任人员给予拘留；情节严重，构成犯罪的，依法追究刑事责任。因此，矿业权登记部门对生效的法院判决、裁定、调解书有协助执行的义务。

建议二：国土资源部门协助执行过程中应依法进行审查

尽管国土资源部门作为矿业权审批主体，有协助法院执行的法定义务，但其也应积极履行审查职能，而不能被动地执行法院判决。

《国土资源部关于进一步完善采矿权登记管理有关问题的通知》（国土资发〔2011〕14号）第二十四条规定，人民法院将采矿权拍卖或裁定给他人，受让人应依法申请变更登记。申请变更登记的受让人应具备本通知第十三条规定的资质条件，登记管理机关凭生效的判决文件，依法予以办理采矿权变更登记。按照该通知第十三条，申请采矿权应具有独立企业法人资格，企业注册资本应不少于经审定的矿产资源开发利用方案测算的矿山建设投资总额的30%，外商投资企业申请限制类矿种采矿权的，应出具有关部门的项目核准文件。

因此，国土资源部门协助法院执行中，同样应依照矿业权行政审批有关规定，对双方主体的资质条件、转让条件等相关规定进行审查。对于符合条件的，可以依法协助法院办理采矿权转让审批手续。对于不符合条件的则暂不予以办理，并告知双方当事人待条件满足之时再行申请办理。这样才能维护矿业权管理秩序的稳定，避免国家和公共利益受损的潜在威胁。

建议三：法院不宜对矿业权的设立、延续、变更、转让等直接进行裁判

矿业权转让审批属于国土资源部门的法定职权。矿业权作为一种特殊性质的财产权，其转让、变更等须经过行政审批，属于特许物权。依据《矿产资源法》以及《探矿权采矿权转让管理办法》等法律法规规定，矿业权的设立、延续、变更、转让等需依法经国土资源主管部门审批，其他任何部门或机关都没有矿业权转让的审批权限，也不具备足够的业务知识和经验对上诉审批事项作出合理判断。

因此，法院不宜在判决中对矿业权归属等问题直接进行裁判。在处理涉矿案件时，确需对矿业权归属问题进行判断的，法院可以书面咨询国土资源主管部门的意见，并作为案件审理的依据之一。如果国土部门认为该宗矿业权转让符合审批条件的，法院可以对矿业权归属进行裁判，国土部门应协助执行；如果国土部门认为该宗矿业权转让不符合审批条件的，法院则应避免对归属问题直接裁判，并采取变通的处理方式。如法院可考虑将矿业权转让的规定纳入管理性强制性规定而认定未经审批的矿业权交易合同有效，作出在合同有效前提下的合同违约判决，这样既能保护合法当事人权益，也能充分尊重行政管理机关，避免因判决难以执行而导致新的问题。

（国土资源部不动产登记中心　胡卉明、翟国徽）

问题41

涉及第三人的采矿权材料能否公开

【问题】

2014年2月19日，申请人孙某等37人向被申请人C省国土资源厅申请公开A公司B煤矿的采矿许可证审批情况及申请资料等。2月25日，被申请人收到申请人的政府信息公开申请。因申请公开的政府信息较多，被申请人需收集、甄别申请依法公开的政府信息内容，3月13日，经被申请人政府信息公开工作机构负责人

同意，将答复期限延长15个工作日，但并未告知申请人。3月24日，被申请人依法作出政府信息公开告知书，将A公司B煤矿的采矿许可证审批情况予以书面答复；对申请公开的采矿许可证申请资料，告知申请人因涉及第三人相关商业信息，待书面征求A公司意见后再行告知。被申请人于3月25日将该告知书挂号寄给申请人，并书面征求第三人A公司的意见，第三人于4月10日书面函复不同意公开上报材料。4月16日，被申请人再次作出信息公开告知书并寄给申请人。

申请人认为，被申请人超过《政府信息公开条例》规定的15个工作日的书面答复期限还未答复，明显系行政不作为。

被申请人认为，其已严格履行了法定职责，并按照不同情况分别作出告知，因需征求第三方意见，在收到第三方复函后，其又再次作出信息公开告知书，不存在行政不作为。

行政复议机关认为，根据《政府信息公开条例》第二十一条和第二十三条等有关规定，对于申请人申请公开的政府信息，被申请人根据不同情况分别作了答复，对于涉及第三人相关商业信息的政府信息，在征求第三人意见而其不同意公开有关信息后，被申请人再次告知申请人，依法履行了法定职责。但根据《政府信息公开条例》第二十四条的规定，被申请人将答复期限延长15个工作日但并未告知申请人，违反了告知申请人延长答复期限的法定程序，对被申请人作出确认超期违法的复议决定。

【解答】

本案主要是涉及第三人采矿权有关材料的政府信息公开问题。

一、被申请人是否履行了信息公开法定职责?

根据《政府信息公开条例》第二十一条“对申请公开的政府信息，行政机关根据下列情况分别作出答复：属于公开范围的，应当告知申请人获取该政府信息的方式和途径；属于不予公开范围的，应当告知申请人并说明理由；依法不属于本行政机关公开或者该政府信息不存在的，应当告知申请人，对能够确定该政府信息的公开机关的，应当告知申请人该行政机关的名称、联系方式；申请内容不明确的，应当告知申请人作出更正、补充”和第二十三条“行政机关认为申请公开的政府信息涉及商业秘密、个人隐私，公开后可能损害第三方合法权益的，应当书面征求第三方的意见；第三方不同意公开的，不得公开”等有关规定，对于申请人申请公开的政府信息，被申请人根据不同情况分别作了答复，对于涉及第三人相关商业信息的政府信息，在征求第三人意见而第三人不同意公开有关信息后，被申请人再次告知申请人，依法履行了信息公开法定职责。

但根据《政府信息公开条例》第二十四条“行政机关不能当场答复的，应当自收到申请之日起15个工作日内予以答复；如需延长答复期限的，应当经政府信息公开工作机构负责人同意，并告知申请人，延长答复的期限最长不得超过15个工作日”的规定，经被申请人政府信息公开工作机构负责人同意，被申请人将信息公开答复期限延长15个工作日，但并未告知申请人延长答复期限，属于未完全履行政府信息公开职责的行为。

二、采矿权申请资料是否涉及商业秘密以及哪些内容可以公开？

对于采矿权申请资料的政府信息公开申请，由于涉及第三人的信息，因此既应当保护政府信息公开申请人的合法权益，也不应伤害第三人的合法权益，行政机关不能以单方面的判断作为依据处理相关政府信息事项，应充分尊重和听取受让人的意见，因此很多行政机关往往依据《政府信息公开条例》第二十三条等规定，在征求第三人意见而第三人认为涉及商业秘密不同意公开后，不予以公开。

但是，根据《政府信息公开条例》第十四条“行政机关不得公开涉及国家秘密、商业秘密、个人隐私的政府信息。但是，经权利人同意公开或者行政机关认为不公开可能对公共利益造成重大影响的涉及商业秘密、个人隐私的政府信息，可以予以公开”和第二十二条“申请人公开的政府信息中含有不应当公开的内容，但是能够作区分处理的，行政机关应当向申请人提供可以公开的信息内容”的规定，行政机关在政府信息公开工作中，并非只要政府信息涉及商业秘密、个人隐私的就一概不予公开，而是应当充分征求第三方意见并考量公共利益影响，同时如果相关信息能够作区分处理的，行政机关应将可以公开的内容提供给申请人。目前已有法院判例采取这种观点。

但是，对于采矿权申请资料等是否涉及商业秘密，应当按照《反不正当竞争法》第十条“本条所称的商业秘密，是指不为公众所知悉、能为权利人带来经济利益、具有实用性并经权利人采取保密措施的技术信息和经营信息”的规定进行具体判定，不应该完全根据第三人的意见来决定是否公开。

对于诸如矿区范围图、采矿权申请人的营业执照、依法设立矿山企业的批准文件、环境影响评价报告等，均属于已经公开或者通过其他政府部门可以查询得到的信息，应当公开。但目前各界对于非本机关制作信息的公开问题仍存在争议，部分观点认为应当遵循《政府信息公开条例》第十七条的规定，主要由制作机关作为公开机关，以保证信息的可靠性和权威性；部分观点则认为所有保存该信息的机关都可以作为公开机关，充分体现便民服务意识。但实践中曾发生过不同机关所保存的信息不同的情况，如何能够保证申请人得到最权威真实的信息就成为一个问题，现在社会各界对于非本机关制作信息的公开问题仍未达成统一认识，尚需进一步研究探讨。

对于矿产资源开发利用方案，则需要委托有相应资质的设计单位专门进行编制，需要付出相应的财力、人力和技术，并作为矿山建设项目中的重要设计文件。这些资料属于不为公众所知悉，且能为权利人带来经济利益并经其采取保密措施的技术信息，符合商业秘密的基本特征，若随意公开该类信息可能会使权利人的利益受到侵害，因此应当充分征求第三人意见，如果第三人不同意公开则不应当公开。

在本案审理过程中，行政复议机构与申请人、被申请人积极进行沟通了解有关情况，同时征求有关主管部门和专家意见，希望能够最大限度地保护申请人的知情权和第三人的合法权益。本案在处理过程中，因考虑到被申请人在对政府信息公开的答复和处理上积极履行职责，主要是在程序上存在一些瑕疵，行政复议机构曾试图协调解决该问题，争取申请人能够撤回复议申请，但申请人不同意撤回申请。基于这种情况，行政复议机构严格依法依规进行了审理，最终作出了确认被申请人超期违法的行政复议决定。

本案的审理，经过充分查明事实和严格依法审理，达到了公平公正的目的，但同时暴露了目前行政机关在依法行政方面存在的一些欠缺，反映出了行政机关重实体轻程序的问题。依法行政的推进需要行政机关不断规范自身行政行为，不仅在实体处理上要严格按照法律规定作为，同时还要遵循法律法规关于程序、时限等规定，不断规范自身行为，提高为民服务意识，在公众的监督和自身的规范等多重压力下，提高工作水平。

（国土资源部不动产登记中心　王玉娜）

问题42
探矿权人优先取得采矿权是否影响公平竞争

【问题】

厦门温泉开发公司（以下简称开发公司）享有某地块建设温泉宾馆的项目立项批准书及土地使用权。2006年2月，厦门温泉服务中心（以下简称服务中心）提出申请，福建省国土资源厅按照申请在先原则出让了覆盖某地块在内地下热水（即地热、温泉）的探矿权，服务中心取得勘查许可证。2008年2月，勘查工作完成后，服务中心提出申请报告，要求保留探矿权，省国土资源厅直接在其报告上签署意见“地质勘查工作已结束，同意保留6个月，请抓紧依法办理采矿权”，并加盖矿产资源勘查专用章。2008年8月，省国土资源厅按照探矿权优先和探矿权转为采矿权的有关规定，批准向服务中心颁发采矿许可证。

2012年4月，开发公司以省国土资源厅为被告、服务中心为第三人向福州市鼓楼区法院提起行政诉讼。起诉理由是：自己拥有相关地块的土地使用权，自然拥有相关地块地热的经营权，第三人隐瞒事实以欺骗手段取得探矿、采矿行政许可，应予撤销；省国土资源厅同意探矿权保留，明显违法，应当认定无效；省国土资源厅颁发采矿许可证违反法定程序，违背公平竞争权，依法也应予撤销。

2013年2月，经过3次批准延长审理期限7个月后，一审法院裁定，开发公司不具备诉讼主体资格，驳回起诉。开发公司不服，向福州市中级法院提出上诉。2013年7月，中级法院驳回上诉，维持原裁定。开发公司随即以省国土资源厅、第三人严重侵犯原告的公平竞争权等为由向福州市中级法院提出申诉。2014年5月，福州市中级法院认为不符合再审条件，作出驳回申请通知书。

2014年12月，开发公司又以“严重侵犯公平竞争权”等为由向福建省高级法院提出申诉。2015年6月，福建省高级法院经审查后，认为“在申请采矿权问题上，开发公司与服务中心不具有相同的权利义务条件，开发公司所主张的公平竞争权，缺乏事实根据和法律依据”，开发公司申请理由不能成立，经审判委员会研究决定，作出驳回申诉通知书，望其息诉息访。

【解答】

本案诉讼历时长，高级、中级、基层三级法院都参与，受案次数多。经过多次开庭审理，质证辩论，案件争议的焦点就更加集中和突出了。

一、拥有土地使用权，是否就应拥有相关地块地热经营权？

开发公司认为其系依法成立从事有关温泉开发经营的中外合资企业，在公司成立后所签订的土地出让合同中，已明确所使用的土地用途为建设温泉宾馆，因此理应具有开采所使用土地范围内地热资源的申请权，否则土地用途就无从谈起，损害合法权益。省国土资源厅认为，《矿产资源法》第三条规定，地表或者地下的矿产资源的国家所有权，不因其所依附的土地的所有权或者使用权的不同而改变。国有建设用地使用权出让合同也在“总则”中明确，地下资源、埋藏物不属于土地使用权出让范围。因此，同一地块上的土地使用权与探矿权采矿权并不必然由同一主体拥有，依法可以由不同主体行使。

土地使用权与探矿权采矿权属于不同的用益物权，有不同的管理制度。根据现行法律法规，取得土地使用权不能当然取得赋存在该土地中矿产资源的勘查权开采权，反之亦然。

二、探矿权保留性质和要式应当如何确定？

开发公司认为，探矿权保留应当符合国土资源部相关要式要求，探矿权保留实际上是行政许可，也是探矿权延续的具体方式，行政许可不符合法定要式是无效的。省国土资源厅认为，根据《矿产资源勘查区块登记管理办法》第二十一条规定，探矿权人在勘查许可证有效期内探明可供开采的矿体后，经登记管理机关批准，可以停止相应区块的最低勘查投入，并可以在勘查许可证有效期届满的30日前，申请保留探矿权。探矿权保留既不同于延续登记手续，也不是行政许可。服务中心认为，自己按照法定时间、要件和程序申请探矿权保留，没有过错，其合法权益应受到保护。法院在审理时认为，探矿权保留是对探矿权利持续存在的确认，但也表明探矿行为已经停止，不再从事特定的勘查活动，探矿权延续意味着勘查需要继续进行，因此，探矿权保留本身不是行政许可，也不属于探矿权延续。服务中心在规定时间内申请探矿权保留，材料齐全，已尽到法定义务，但省国土资源厅没有按照国土资源部探矿权保留申请书格式范本要求申请人填写、按格式文书中的相关栏目审核批准，只在申请材料上签署意见、加盖公章，不符合要式规定，探矿权保留批准存在明显的瑕疵。

法院对探矿权保留性质的理解和对被告探矿权保留批准行为不规范的认定是正确的，尽管这一瑕疵不足以变更或者撤销行政行为，但的确容易让人对行政行为的合法性、正当性产生争议。本案中，省国土资源厅行政行为正确与否与第三人利益息息相关，法院在裁判上，不会轻易以变更或者撤销行政行为来减损第三人合法权益，将第三人合法权益排除在司法保护之外。所以，从行政诉讼应诉技巧上说，行政机关与利益攸关的第三方如何取长补短，立场一致，证据相互印证，对确保胜诉是非常重要的。

三、探矿权转化采矿权是否排除公平竞争权?

这是本案争议最大的实体问题。开发公司认为，根据《行政许可法》，对有限自然资源开发利用的行政许可，行政机关应当通过招标、拍卖等公平竞争的方式作出决定。《探矿权采矿权招标拍卖挂牌管理办法（试行)》对以竞争方式出让探矿权采矿权也作了具体规定。省国土资源厅没有采用公平竞争方式出让矿产资源勘查、开采权，对第三人而言，是授益性行政行为，对自己而言，是限制使用地下热水的排他行为，剥夺了自己依法参加竞买取得对公司所必需的地热开采的权利，侵犯了自己的公平竞争权和财产权。省国土资源厅及第三人认为，根据《矿产资源勘查区块登记管理办法》第八条“登记管理机关应当自收到申请之日起 40 日内，按照申请在先的原则作出准予登记或者不予登记的决定”和《国土资源部关于进一步规范矿业权出让管理的通知》规定的矿产勘查开采分类目录，申请勘查属于第一类矿产的地热资源，当时按照申请在先方式出让地热勘查权是有法可依的，何况开发公司至今都未申请该地热的勘查权。同时，根据《矿产资源法实施细则》第十六条的规定，探矿权人享有优先取得勘查作业区内矿产资源的采矿权的权利。作为依法取得勘查许可证、成为探矿权人的第三人有权优先取得采矿权，该省地方性法规《福建省矿产资源条例》第十一条第三款“在探矿权有效期和保留期内，地质矿产主管部门不得将采矿权出让他人”和《探矿权采矿权招标拍卖挂牌管理办法（试行)》第十条“探矿权人依法申请其勘查区块范围内的采矿权”不得以招标拍卖挂牌的方式授予的规定，都表明优先取得采矿权是探矿权转化的必然结果，是排他的，不是同等条件下的“择优”，省国土资源厅为第三人颁发采矿许可证依据充分，程序正当。

《最高人民法院关于执行〈中华人民共和国行政诉讼法〉若干问题的解释》第

十三条“被诉的具体行政行为涉及其相邻权或者公平竞争权的”，明确了将涉及公平竞争权作为可以提起行政诉讼的情形，2015 年 5 月 1 日起施行的新《行政诉讼法》将“对行政机关滥用行政权力排除或者限制竞争的”列为受案范围，也进一步明确了公平竞争权的内涵。法律保护的公平竞争权，是平等主体之间在权利和义务关系相同基础上形成的获得合法利益的权利。优先取得采矿权并不排除公平竞争权，就在于彼此权利义务关系基础不同，各有各的政策依据、适用范围和前提条件。根据法规政策和矿产特点，按照不同矿种、矿产勘查程度、矿业布局等情形设立矿业权申请在先出让、协议出让与招标拍卖挂牌出让等不同的出让方式，互有前提，互为补充，构成了矿业权出让方式的完整性，既符合《行政许可法》，也符合实际情况。

（福建省国土资源厅　杨玉章）

四、执法监察

问题43
废弃砂坑导致小学生溺毙，监管人员为何获刑

【问题】

河南省伊川县平等乡一处河滩基本农田被用来采砂，深达7.5米的废弃砂坑溺毙3名小学生。此后，不仅承包采砂的相关人员因犯非法占用农用地罪遭到法律制裁，且对该片土地负有监管职责的伊川县国土资源局平等乡国土资源所胡某、土地执法监察大队三中队王某二人也以玩忽职守罪分别被判处有期徒刑3年，缓刑3年。

【解答】

本案属于国土资源主管部门对违法用地监管不力造成严重后果引发的刑事责任。

废弃砂坑致小学生溺毙，废弃砂坑所为何人？承包农田采砂的人。谁要对农田实施监管？国土资源主管部门。看似与国土资源主管部门毫无关系的一件事，会导致国土资源主管部门人员被追究刑事责任。本案例足以引发人们对国土资源主管部门职责的讨论，到底国土资源主管部门的职责界限在哪里？

国土资源主管部门承担着土地资源、矿产资源、海洋资源等自然资源的规划、管理、保护与合理利用的重要职责，是社会经济发展的重要基础保障部门。“尽职尽责保护国土资源，节约集约利用国土资源，尽心尽力维护群众权益”是当前和今后一段时期国土资源工作的职责定位，这一职责定位的落实离不开严格规范公正文明的国土资源执法作保障。只有这样才能做到有法必依、执法必严、违法必究，

才能确保各项国土资源法律法规得到全面实施，推进国土资源法治建设进程；只有坚持严格规范公正文明执法，才能规范执法行为，确保国土资源执法的公平公正，促进社会公平正义和维护社会和谐稳定。

怎样才能做到严格规范公正文明执法？国土资源主管部门执法职责的界限又在哪里？《国土资源违法行为查处工作规程》（以下简称《规程》）对此有详细的规定。县级以上人民政府国土资源主管部门有查处国土资源违法行为的职责。《规程》要求国土资源违法行为查处工作必须坚持职权法定原则。一方面，要坚持依法行政，法律授权必作为，即凡是《规程》要求国土资源主管部门履行的职责，必须履行到位，否则就可能失职渎职。另一方面，要坚持规范执法，法无授权不可为，《规程》的要求就是履职的边界，既要严格按照《规程》的要求规范执法，又不能超出《规程》的界限，否则就可能滥用职权。

《规程》明确了国土资源主管部门有发现、制止、查处国土资源违法行为的职责，并对每一个环节的具体职责界限有了明确的界定，如果没有履职到位，致使自然人、法人或者其他组织的合法权益、公共利益和社会秩序遭受损害，要对国土资源主管部门的直接负责人员和其他直接责任人员依法追究责任。《规程》规定了六种追责情形：对发现的违法行为未依法制止的；应当依法立案查处，无正当理由未依法立案查处的；在制止以及查处违法案件中受阻，依照有关规定应当向本级人民政府或者上级国土资源主管部门报告而未报告的；应当依法给予行政处罚而未依法处罚的；应当依法申请强制执行、提出行政处分建议或者移送有权机关追究行政纪律或者刑事责任，而未依法申请强制执行、提出行政处分建议、移送有权机关的；其他徇私枉法、滥用职权、玩忽职守的情形。本案就属于前两种情形，对发现的违法行为未依法制止的，应当依法立案查处、无正当理由未依法立案查处的。

（国土资源部不动产登记中心　尚晓萍）

问题44
非法占地建游乐园出事故，国土部门为何免责

【问题】

2015年5月1日，浙江省温州市平阳县龙山游乐园的一部大型游戏设备发生事故，导致2人死亡3人受伤。事故初步认定是项目操作员在未确保游客已做好安全防范的情况下，贸然启动设备导致。当地公安部门已对游乐园项目负责人和游戏设备具体操作员采取了刑事拘留措施。调查发现：该游乐园为非法占用的土地，平阳县国土资源局根据群众举报，进行实地调查后，曾于4月发出处罚决定书，责令吴某退还非法占用的全部土地，没收在非法占用土地上兴建的游乐设施并限期拆除，恢复土地原状，罚款近8万元。

【解答】

本案涉及作出处罚决定后国土资源主管部门的履职界限问题。

该案也属于安全事故发生后发现事故单位有违法用地行为的一起典型案例，但这起案例中并未提及国土资源主管部门被追责的问题，可见，本案中，国土资源主管部门已经履职到位。到底怎样才算履职到位?

《规程》明确规定了对国土资源违法行为进行查处并作出处罚的程序。按照《规程》的规定，国土资源主管部门发现违法行为后应当及时立案调查，调查后应当给予行政处罚的，依法作出行政处罚决定。处罚决定的作出应当严格依照法定程序，处罚决定书的形式应当规范，内容应当具体并可执行。

本案中，国土资源主管部门根据《土地管理法》第七十六条认定游乐园的行为属于违法占地行为，并作出责令退还土地，没收或者限期拆除，并处罚款的处罚。此处应当注意没收和限期拆除是选择适用的，没收适用于违法占地符合土地利用总体规划的情形，而限期拆除适用于违法占地不符合土地利用总体规划的情形，

二者不能同时适用。如果二者并用的内容确实出现在处罚决定书中，那就属于处罚决定的严重瑕疵了。

处罚决定作出后怎样才算履职到位？处罚内容中有责令退还土地、限期拆除和罚款的，有两种情形视为履职到位，一种是当事人自行履行，即自行将违法占用的土地退还给土地权利人或者管理人，自行拆除地上新建的建筑物，自行缴纳罚款，退还土地要求有接收土地的证明材料，拆除要求新建建筑物和其他设施已拆除，已恢复场地平整或者耕地种植条件，罚款要求有缴款凭证。另一种是当事人不自行履行时国土资源主管部门申请人民法院强制执行，因为国土部门没有强制执行权，凡遇到当事人不自行履行的情形，只能申请人民法院强制执行，也必须申请人民法院强制执行。此种情形要注意，按照《行政强制法》的规定，申请人民法院强制执行前，国土资源主管部门应当制作《履行行政处罚决定催告书》送达当事人，催告其履行义务。《履行行政处罚决定催告书》送达10日后，当事人仍未履行行政处罚决定的，国土资源主管部门可以向土地、矿产资源所在地有管辖权的人民法院申请强制执行。申请人民法院强制执行的，提交申请后即履职到位，对此，《规程》明确，结案的情形之一就是已经依法申请人民法院强制执行。如果处罚内容是没收，国土资源主管部门应当填写《非法财物移交书》，将违法占用土地上的建筑物和其他设施移交县级以上人民政府或者其指定的部门即履职到位。

可见，不是所有涉及违法用地未处理的情形都要追究国土资源主管部门的责任，国土资源主管部门有明确的履职界限，只要履职到位，就可以免于追究相应的责任。

（国土资源部不动产登记中心　尚晓萍）

问题45

储备土地管护不当成水塘导致孩童溺亡，国土部门为何被追责

【问题】

2012年6月，小学二年级学生小明（化名）放学回家途中与同学在路边的水

塘（系大量废土堆砌后到雨季时无法排水而形成）戏水玩耍时，因到深水处捡拾其鞋子而不幸溺水身亡。随后，小明的父母将县国土资源局和小明就读的学校告上法庭，共索赔42万余元。法院审理后认为，小明的父母放任自己年幼的孩子长时间脱离自己的监护，监护不力应承担主要责任。国土资源局储备用地征用多年未开发利用，不但没有排水设施，也未设立安全警示标志，对事故的发生也应承担相应的责任。学校在该案中多次强调安全事故问题，且该事故系小明放学后自行玩耍而发生，不在学校的监管范畴内，不承担责任。故法院判决国土资源局担责10%，赔偿小明的父母3.9万余元。

【解答】

本案属于国土资源主管部门对储备土地监管不力引发的赔偿责任。

本案中不幸事故的发生具有多方面的原因，既有孩童家长主观安全意识的不足，也有客观不利环境的影响，其中县国土资源局作为储备土地的监管部门，对事故的发生承担了监管不力的相应责任。

根据《土地管理法》第九条的规定，国有土地和农民集体所有的土地，可以依法确定给单位或者个人使用。使用土地的单位和个人，有保护、管理和合理利用土地的义务。因此在我国，土地使用权人是土地的直接管理主体，对于所使用的土地具有保护、管理和合理利用的职责，若因其利用不当发生事故，土地使用权人是当然的责任主体，需要承担相应的民事或刑事责任。

那么，储备土地的监管责任主体是谁？当然是储备土地的储备机构。根据国土资源部、财政部、中国人民银行、中国银行业监督管理委员会《关于加强土地储备与融资管理的通知》（国土资发〔2012〕162号）的规定，土地储备机构应对纳入储备的土地采取自行管护、委托管护、临时利用等方式进行管护，并且应当建立巡查制度，对侵害储备土地权利的行为做到早发现、早制止、早处理。

实践中，土地储备机构多重视前期开发和土地融资等，疏于保护和管理储备土地，加上管理技术落后等原因，可能引发一系列问题。储备土地管理赔偿案例在我国其他地区已有先例，既不利于储备土地的开发建设，也会导致国有资产的流失。推动储备土地管护工作的制度化和规范化，防范法律风险，成为土地储备机构亟待解决的问题。

就本案而言，根据法院对案情的认定，国土资源管理部门之所以要承担10%的责任，是因其在储备土地监管上存有瑕疵，忽视了排水设施的建设，也未设立安全警示标志所致，这与孩童溺水之间存在因果关系。根据《民法通则》第一百一十九条的规定，侵害公民身体造成伤害的，应当赔偿医疗费、因误工减少的收入、残废者生活补助费等费用；造成死亡的，并应当支付丧葬费、死者生前扶养的人必要的生活费等费用。该法第一百三十条同时规定，二人以上共同侵权造成他人损害的，应当承担连带责任。

（国土资源部不动产登记中心　尚晓萍）

问题46

非法施工致两人触电身亡，国土所长为何获罪

【问题】

2009年7月，陕西省西安市长安区检察院接到群众举报，反映该区国土资源局兴隆国土资源所工作人员违反法律法规，对该区兴隆街道办事处北雷村一组村民郭向社（另案处理）在高压电线危险区域内违法占地建房的行为制止不力，没有及时拆除违法占地建筑物，致使施工现场发生2名施工人员触电身亡的重大安全事故。长安区检察院随即对这一重大安全事故背后的渎职行为展开调查。

检察机关经调查后认为，身为国土资源所所长的郭少斌，发现辖区内违法用地建房的情况后未及时上报，违反了土地管理法规，对违法行为制止不力、没有及时拆除，不认真履行土地监管职责，致使高压线下危险区域内违法建房的行为持续进行，导致发生2名施工人员触电死亡事故的严重后果，其行为已涉嫌构成玩忽职守罪，应依法追究其刑事责任。8月19日，郭少斌因涉嫌玩忽职守罪被长安区检察院依法立案查处，予以刑事拘留。

【解答】

本案涉及国土资源主管部门在违法行为发现制止环节的履职界限。

土地资源和矿产资源都是有限的、不可再生的，一旦破坏往往难以恢复。通过对国土资源违法行为的及时发现和有效制止，一方面可以有效保护土地资源和矿产资源，另一方面通过尽早制止、纠正违法行为，将违法问题解决在萌芽状态，可以减少执法成本，提升执法效能。但根据现行法律规定，国土资源主管部门仅有权责令停止违法行为，很难及时有效制止违法行为。违法行为成为既成事实后，国土资源主管部门再立案查处，大大增加了执法成本，有时执法监察工作机构和人员还可能面临因未能及时制止违法行为而被追究失职、渎职责任的风险。为此，《规程》明确了发现制止环节的履职界限。

第一，对正在实施的违法行为，国土资源主管部门应当及时向违法当事人下达《责令停止违法行为通知书》。《责令停止违法行为通知书》应当记载违法当事人的姓名或者名称、简要的违法事实、认定违法的法律依据及具体条款、责令停止的法律依据及具体条款和有关要求等。

第二，如果对国土资源违法行为书面制止无效、当事人拒不停止违法行为的，国土资源主管部门应当及时将违法事实书面报告同级人民政府和上一级国土资源主管部门。

第三，对国土资源违法行为书面制止无效的，除报告外，还可以采用抄告、通报等措施进行制止。《规程》明确，对国土资源违法行为书面制止无效、当事人拒不停止违法行为的，国土资源主管部门可以根据情况将涉嫌违法的事实及制止违法行为的情况抄告发展改革、规划、建设等相关部门，提请相关部门按照共同责任机制的要求履行部门职责，采取相关措施，共同制止违法行为。通报主要是为了加大查处工作公开力度，发挥社会舆论的监督作用，形成人人监管的氛围，有效制止国土资源违法行为。

以上措施中，书面责停以及责停无效后报告同级人民政府和上一级国土资源主管部门是国土资源主管部门必须履行的职责。如果未及时进行书面责停，责停无效后未报告，则按照《国土资源行政处罚办法》和《规程》的规定，应当对县级以上国土资源主管部门直接负责的主管人员和其他直接责任人员追究相应的责任。而抄告和通报属于可以选择适用的措施，不属于必须履行的程序。

本案中郭少斌身为国土资源所所长，发现辖区内违法用地建房的情况后未进行书面责停，也未及时报告，属于未依法履行职责，应当依法追究其相应责任。

（国土资源部不动产登记中心　尚晓萍　蓝天宇）

问题47
国土局为何被提起行政公益诉讼

【问题】

2016年1月19日，安徽省蚌埠市淮上区检察院因蚌埠市国土资源局不依法履行职责，依法向蚌埠市淮上区法院提起行政公益诉讼。这是全国人大常委会授权检察机关提起公益诉讼试点工作后，安徽省检察机关提起的首例公益诉讼案件，也是全国首例针对市级行政机关提起的资源保护型行政公益诉讼案件。

蚌埠市淮上区检察院在办理周孝东等人非法转让土地使用权案中，发现周孝东等人将15.94亩农用地非法转让给蚌埠市华菱汽车贸易有限公司（以下简称“华菱汽贸公司”）使用，其中15.7335亩为一类耕地。华菱汽贸公司未经批准在涉案农用地上违法建造厂房、办公楼，并对部分地面用水泥进行固化处理，从事汽车销售经营活动。蚌埠市国土资源局发现后，虽曾于2014年4月10日作出《责令停止土地违法行为通知书》，但未依法责令限期拆除违法建筑及设施，恢复土地原状。2015年10月9日，蚌埠市淮上区检察院向国土管理部门提出督促履行职责的检察建议后，蚌埠市国土资源局下属蚌埠市国土资源监察支队将案件相关情况函复检察机关，但该局在收到检察建议书后一个月内，仍未正确履行法定职责。12月28日，蚌埠市国土资源局向华菱汽贸公司作出了《行政处罚决定书》，并督促华菱汽贸公司拆除部分违法建筑及水泥地坪。但该局在作出《责令停止土地违法行为通知书》后近两年内，一直未能依法履行监督管理职责，其迟延履行法定职责的事实客观存在，具有违法性。蚌埠市国土资源局仍应继续督促华菱汽贸公司复垦被毁坏耕地。

鉴于蚌埠市国土资源局迟延履职违法，且其法定职责未依法履行完毕，涉案农用地未完全恢复原状，国家和社会公共利益仍处于受侵害状态，蚌埠市淮上区检察院依据相关规定，向蚌埠市淮上区法院提起行政公益诉讼。

为何蚌埠市国土资源局被提起行政公益诉讼？国土资源主管部门的履职边界在哪里？

【解答】

“一石激起千层浪”，安徽省蚌埠市国土资源局因未对企业违法占用农用地依法履行职责，被安徽省蚌埠市淮上区检察院提起行政公益诉讼的事，再次引起社会各界对国土资源主管部门履职边界的大讨论，那么，这个行政公益诉讼是何物？而国土资源主管部门的履职边界又究竟在哪里？

一、关于行政公益诉讼

2015 年 7 月 1 日，全国人大常委会通过《关于授权最高人民检察院在部分地区开展公益诉讼试点工作的决定》，授权最高人民检察院在生态环境和资源保护、国有资产保护、国有土地使用权出让、食品药品安全等领域开展提起公益诉讼试点。试点地区为北京、内蒙古、吉林、江苏、安徽、福建、山东、湖北、广东、贵州、云南、陕西、甘肃。试点期限为二年。同年 7 月 2 日，最高人民检察院召开新闻发布会，发布《检察机关提起公益诉讼试点方案》。方案明确了试点的案件范围。其中行政公益诉讼的案件范围确定为生态环境和资源保护、国有资产保护、国有土地使用权出让等领域负有监督管理职责的行政机关违法行使职权或不作为造成国家和社会公共利益受到侵害的案件。2016 年 1 月 6 日，最高检正式发布《人民检察院提起公益诉讼试点工作实施办法》。《实施办法》对检察机关提起公益诉讼的线索来源、线索移送、立案程序、调查核实、举证责任等内容作了规定，对诉前程序等内容作了进一步强调，确保试点工作在法律框架和授权范围内开展。

本案是全国人大常委会授权检察机关提起公益诉讼试点工作后，安徽省检察机关提起的首例公益诉讼案件，也是全国首例针对市级行政机关提起的资源保护型行政公益诉讼案件。

可见，国土资源主管部门的头上现在又多了一把利剑，那就是行政公益诉讼。那么，什么行为属于负有监督管理职责的行政机关违法行使职权或不作为而可能被提起行政公益诉讼呢？这就涉及国土资源主管部门的履职边界了。

二、国土资源主管部门的履职边界

国土资源主管部门承担着土地资源、矿产资源、海洋资源等自然资源的规划、管理、保护与合理利用的重要职责，是社会经济发展的重要基础保障部门。“尽职尽责保护国土资源，节约集约利用国土资源，尽心尽力维护群众权益”是当前和今后一段时期国土资源工作的职责定位，这一职责定位的落实离不开严格规范公正文明的国土资源执法作保障。只有这样才能做到有法必依、执法必严、违法必究，才能确保各项国土资源法律法规得到全面实施，推进国土资源法治建设进程；只有坚持严格规范公正文明执法，才能规范执法行为，确保国土资源执法的公平公正，促进社会公平正义和维护社会和谐稳定。

怎样才能做到严格规范公正文明执法？国土资源主管部门履行执法职责的边界又在哪里？《国土资源违法行为查处工作规程》（国土资发〔2014〕117号，以下简称《规程》）对此有详细的规定。县级以上人民政府国土资源主管部门有查处国土资源违法行为的职责。《规程》要求国土资源违法行为查处工作必须坚持职权法定原则。一方面，要坚持依法行政，法律授权必作为。凡是《规程》要求国土资源主管部门履行的职责，必须履行到位，否则就可能失职渎职。另一方面，要坚持规范执法，法无授权不可为。《规程》的要求就是履职的边界，既要严格按照《规程》的要求规范执法，又不能超出《规程》规定的职责边界，否则就可能滥用职权。

《规程》明确了国土资源主管部门有发现、制止、查处国土资源违法行为的职责，并对每一个环节的具体职责边界有了明确的界定，如果没有履职到位，致使自然人、法人或者其他组织的合法权益、公共利益和社会秩序遭受损害，要对国土资源主管部门的直接负责人员和其他直接责任人员依法追究责任。

本案存在两种违法行为，周孝东等人将15.94亩农用地非法转让给华菱汽贸公司，构成违法转让，华菱汽贸公司未经批准在涉案农用地上违法建造厂房、办公楼，并对部分地面用水泥进行固化处理，从事汽车销售经营活动，被责停后仍然继续违法占地行为，构成违法占地。蚌埠市国土资源局应当对违法转让方和违法占地方分别给予行政处罚。此外，从对本案的描述中可以判断，蚌埠市国土资源局在以下方面存在履职不到位的问题。

（一）虽然对违法行为进行了书面制止，但制止无效时，未按规定充分采取报告、抄告、通报等措施进行制止。

土地资源和矿产资源都是有限的、不可再生的，一旦破坏往往难以恢复。通过对国土资源违法行为的及时发现和有效制止，一方面可以有效保护土地资源和矿产资源，另一方面通过尽早制止、纠正违法行为，将违法问题解决在萌芽状态，可以减少执法成本，提升执法效能。但根据现行法律规定，国土资源主管部门仅有权责令停止违法行为，很难及时有效制止违法行为。违法行为成为既成事实后，国土资源主管部门再立案查处，大大增加了执法成本，有时执法监察工作机构和人员还可能面临因未能及时制止违法行为而被追究失职、渎职责任的风险。为此，《规程》按照《土地管理法》及《国务院办公厅关于严格执行有关农村集体建设用地法律和政策的通知》（国办发〔2007〕71 号）、《国务院关于促进节约集约用地的通知》（国发〔2008〕3 号）、《国土资源部办公厅关于印发〈关于进一步加强和规范对违反国土资源管理法律法规行为报告工作的意见〉的通知》（国土资厅发〔2010〕58 号）、《国土资源部关于进一步加强对违反国土资源管理法律法规行为发现、制止、报告和查处工作的通知》（国土资电发〔2010〕78 号）等文件的规定，明确了发现制止环节的履职边界。

首先，对正在实施的违法行为，国土资源主管部门应当及时向违法当事人下达《责令停止违法行为通知书》。《责令停止违法行为通知书》应当记载违法当事人的姓名或者名称、简要的违法事实、认定违法的法律依据及具体条款、责令停止的法律依据及具体条款和有关要求等。

第二，如果对国土资源违法行为书面制止无效、当事人拒不停止违法行为的，国土资源主管部门应当及时将违法事实书面报告同级人民政府和上一级国土资源主管部门。

第三，对国土资源违法行为书面制止无效的，除报告外，还可以采用抄告、通报等措施进行制止。《规程》明确，对国土资源违法行为书面制止无效、当事人拒不停止违法行为的，国土资源主管部门可以根据情况将涉嫌违法的事实及制止违法行为的情况抄告发展改革、规划、建设、环保、市政、电力、金融、工商、安监、公安等相关部门，提请相关部门按照共同责任机制的要求履行部门职责，采取相关措施，共同制止违法行为。通报主要是为了加大查处工作公开力度，发挥社会舆论的监督作用，形成人人监管的氛围，有效制止国土资源违法行为。

本案中，据报道情况来看，蚌埠市国土资源局发现华菱汽贸公司未经批准在涉案农用地上违法建造厂房、办公楼，并对部分地面用水泥进行固化处理，从事汽车销售经营活动后，虽曾于 2014 年 4 月 10 日发出《责令停止土地违法行为通知书》，但在制止无效时，没有按照规定将违法情况书面报告同级人民政府和上级国土资源主管部门，也没有进一步采取抄告、通报等其他措施进行制止。

（二）虽然对违法行为立案查处，但不够及时。

《国土资源行政处罚办法》和《规程》虽然未规定应当自发现违法行为起多长

时间立案，但规定了从符合立案条件之日起10个工作日内立案，至于什么时候起算符合立案条件，则国土资源主管部门应当本着尽早立案及时查处违法行为的原则，在发现违法行为后及时核查，在确定符合立案条件后及时走立案呈批程序。此外，《国土资源行政处罚办法》和《规程》规定，作出行政处罚决定的期限一般为立案之日起六十日内。案情复杂不能在规定期限内作出行政处罚决定的，报本级国土资源主管部门负责人批准，可以适当延长，但延长期限原则上不超过三十日，案情特别复杂的除外。

而本案中，蚌埠市国土资源局从2014年4月10日发出《责令停止土地违法行为通知书》，至2015年12月28日作出行政处罚决定，历时一年半有余，显然查处工作拖拉迟缓。

（三）未将案件移送公安机关追究刑事责任。

按照《行政处罚法》《国土资源部、最高人民检察院、公安部关于国土资源行政主管部门移送涉嫌国土资源犯罪案件的若干意见》（国土资发〔2008〕203号）、《最高人民法院、最高人民检察院、公安部、国土资源部关于在查处国土资源违法犯罪工作中加强协作配合的若干意见》（国土资发〔2008〕204号）等的规定，国土资源主管部门查处违法行为过程中，发现违法行为达到刑事追诉标准、涉嫌犯罪的，在调查终结后，应当依法及时将案件移送公安机关。国土资源主管部门决定移送的，应当制作《涉嫌犯罪案件移送书》，附具案件调查报告、涉案物品清单、有关鉴定结论、鉴定意见或者检验报告及其他有关涉嫌犯罪的材料，在移送决定批准后24小时内办理移送手续。

本案中，涉案的15.94亩农用地中，有15.7335亩为一类耕地，明显达到刑事追诉标准，如果蚌埠市国土资源局在调查终结后未将案件移送公安机关，则属于履职不到位。

（四）《行政处罚决定书》下发后，当事人未履行的，应当申请人民法院强制执行。

处罚决定作出后怎样才算履职到位？处罚内容中有责令退还土地、限期拆除和罚款的，有两种情形视为履职到位，一种是当事人自行履行，即自行将违法占用的土地退还给土地权利人或者管理人，自行拆除地上新建的建筑物，自行缴纳罚款，退还土地要求有接收土地的证明材料，拆除要求新建建筑物和其他设施已拆除，已恢复场地平整或者耕地种植条件，罚款要求有缴款凭证。另一种是当事人不自行履行时国土资源主管部门申请人民法院强制执行，因为国土资源主管部门没有强制执行权，凡遇到当事人不自行履行的情形，只能申请人民法院强制执行，也必须申请人民法院强制执行。

从对本案的描述中可知，《行政处罚决定书》下发后，违法状态仍在继续，那么对于《行政处罚决定书》下发后当事人未履行处罚决定的情形，蚌埠市国土资源局应当申请人民法院强制执行。根据《行政强制法》的规定，当事人在法定期限内不申请行政复议或者提起行政诉讼，又不履行行政处罚决定的，国土资源主管部门可以自期限届满之日起三个月内，申请人民法院强制执行。国土资源主管部门申请人民法院强制执行前，应当履行催告程序，催告当事人履行义务，催告书送达当事人十日后仍未履行行政处罚决定的，国土资源主管部门才可以申请人民法院强制执行。申请人民法院强制执行的，提交申请后即履职到位。对此，《规程》明确，结案的情形之一就是已经依法申请人民法院强制执行。如果处罚内容是没收，国土资源主管部门应当填写《非法财物移交书》，将违法占用土地上的建筑物和其他设施移交县级以上人民政府或者其指定的部门即履职到位。

为保障国土资源主管部门严格执法，《规程》规定了六种不履行职责的追责情形：对发现的违法行为未依法制止的；应当依法立案查处，无正当理由未依法立案查处的；在制止以及查处违法案件中受阻，依照有关规定应当向本级人民政府或者上级国土资源主管部门报告而未报告的；应当依法给予行政处罚而未依法处罚的；应当依法申请强制执行、提出行政处分建议或者移送有权机关追究行政纪律或者刑事责任，而未依法申请强制执行、提出行政处分建议、移送有权机关的；其他徇私枉法、滥用职权、玩忽职守的情形。如果国土资源主管部门未按照《规程》关于违法行为查处工作各个环节的要求履职到位，即存在这六种追责情形的话，则面临被追究履职不到位责任的风险，也将面临被提起行政公益诉讼的风险。

（国土资源部不动产登记中心　尚晓萍）

问题 48
现状地类和规划地类在违法案件查处中如何判定

【问题】

某县国土资源局查处一起违法占用耕地建设养殖场案。由于该地的规划用途已经调整为建设用地，查处过程中，对该养殖场违法占地地类的认定产生了分歧：究竟应当以土地利用现状还是土地利用总体规划为标准来认定违法占地的地类性质？如何具体判定现状地类和规划地类？

【解答】

土地的地类，包括现状地类和规划地类。土地现状地类是土地的实时状态，一般通过土地调查、土地登记确认；规划地类是土地的法定状态，通过土地利用总体规划划定。土地地类从现状地类到规划地类转变需要办理审批手续。

违法占地的地类是指土地现状地类，但不等于规划不影响违法案件的查处。非法占用土地进行建设，该用途是否符合规划，都应当处罚，但是处罚方式会有所不同。《土地管理法》第七十六条第一款规定："未经批准或者采取欺骗手段骗取批准，非法占用土地的，由县级以上人民政府土地行政主管部门责令退还非法占用的土地，对违反土地利用总体规划擅自将农用地改为建设用地的，限期拆除在非法占用的土地上新建的建筑物和其他设施，恢复土地原状。对符合土地利用总体规划的，没收在非法占用的土地上新建的建筑物和其他设施，可以并处罚款；对非法占用土地的单位直接负责的主管人员和其他直接责任人员，依法给予行政处分；构成犯罪的，依法追究刑事责任。"可见，是否符合土地利用总体规划，将直接影响到对涉案土地的处理方式。

那么，在土地违法案件查处中如何具体判定现状地类和规划地类呢？对此《国土资源违法行为查处工作规程》（国土资发〔2014〕117 号）中予以了明确。

首先，土地违法案件查处中对违法占地的地类判定，应当以违法占用前的现状地类为准。国家标准《土地利用现状分类》将土地利用现状地类划分为12个一级类、57个二级类。国土资源部门每年组织土地利用变更调查，以每年12月31日为时点，对土地利用现状图和土地利用现状数据库进行更新，这是判定现状土地地类的依据。具体判定时，应当将违法用地的界址范围或者勘测定界坐标数据套合到违法用地行为发生上一年度土地利用现状图或者土地利用现状数据库上，对照标示的现状地类进行判定。违法用地发生时，该用地已经批准转为建设用地的，应当按照建设用地判定。

其次，判定违法用地是否符合土地利用总体规划，一是应将违法用地的界址范围（或者界址坐标）与乡（镇）土地利用总体规划纸质图件（或者数据库矢量图件）套合比对、对照，违法用地位于规划城乡建设用地区域的，应当判定为符合土地利用总体规划；二要与乡（镇）土地利用总体规划纸质图件（或者数据库矢量图件）进行对照，违法用地位于土地利用总体规划确定的交通廊道内、独立工矿用地区域的，应当判定为符合土地利用总体规划；三要与土地利用总体规划文本进行对照，用地项目已列入土地利用总体规划重点建设项目清单的，应当判定为符合土地利用总体规划。在作出处罚决定前，土地利用总体规划依法作出了重大调整、违法用地的规划土地用途发生重大变更的，可以按照从轻原则判定是否符合土地利用总体规划。

因此，本案在查处过程中首先应当按照上述方式判定现状地类和规划地类，如果现状地类确属耕地而规划地类是建设用地，则应当依法按照《土地管理法》第76条的规定作出“责令退还土地，没收地上新建的建筑物和其他设施，并处罚款”的行政处罚决定。

（国土资源部不动产登记中心　尚晓萍　周嘉诺）

问题 49
消极执法行为是否构成行政不作为

【问题】

广东省深圳市某小区业主王某向区规划土地监察大队反映，邻居刘某违法搭建钢结构玻璃幕墙的行为。监察大队经实地勘查后认定刘某私自搭建行为违法，随后作出责令停止违法行为通知书和行政处罚决定书，要求限期拆除。但是，在此后的一年多时间里，刘某始终未拆除玻璃幕墙。王某认为监察大队虽然对违法行为作出了处罚，但是对行政处罚决定的执行情况不管不问的行为，属于消极执法行为，构成行政不作为，故诉至法院。请问：1. 行政机关对于违法行为作出处罚决定后怠于执行是否构成行政不作为？2. 对于行政不作为有哪些救济措施？

【解答】

在实践中，行政不作为不仅严重影响了行政机关的威信和法律权威，也侵害了公民的合法权益。2014 年 10 月，党的十八届四中全会通过的《中共中央关于全面推进依法治国若干重大问题的决定》明确提出，行政机关要坚持法定职责必须为、法无授权不可为，勇于负责、敢于担当，坚决纠正不作为、乱作为，坚决克服懒政、怠政，坚决惩处失职、渎职。在我国法律法规中，对于行政不作为的处理也有明确规定，如《行政处罚法》第六十二条规定，执法人员玩忽职守，对应当予以制止和处罚的违法行为不予制止、处罚，致使公民、法人或者其他组织的合法权益、公共利益和社会秩序遭受损害的，对直接负责的主管人员和其他直接责任人员依法给予行政处分；情节严重构成犯罪的，依法追究刑事责任。行政执法行为作为维护社会秩序的必要措施，不可避免地影响到部分人的利益。从社会管理的各类行政执法情况看，违法占地、违法建筑等违法行为查处面临的阻力和压力要远高于其他类执法活动，因此，在这类执法中的消极执法、回避矛盾现象较为突出，部分执法部门仅是作出责令停止违法行为通知书，或者作出行政处罚决定后即视为执法行为完成，由此也引发了当事人的反复投诉和重复信访。从法律意义上看，行政执法机关的执法行为应当以消除违法状态为目标，不仅要及时履责，还要全面履责，并要依法实现履责的目的。否则，就可能构成行政不作为。因此，行政不作为，不仅包括行政主体对应当履行的法定职责拒不履行，也包括行政主体通过消极方式采取拖延履行和部分履行。从某一具体违法行为的查处来看，相关行政执法机关的依法履职，不仅要依法对违法行为制止、认定和做出相应处罚决定，还要依据《行政强制法》等有关法律的规定，采取有效措施，确保处罚决定的执行，只有这样才是完全履行法定职责。从本案情况看，对违法建筑的查处和拆除，是规划部门和土地管理、市容管理部门的执法重点。《城乡规划法》第六十八条明确规定，城乡规划主管部门作出责令停止建设或者限期拆除的决定后，当事人不停止建设或者逾期不拆除的，建设工程所在地县级以上地方人民政府可以责成有关部门采取查封施工现场、强制拆除等措施。拆违难不能成为行政机关怠于履行法定职责的借口。据此，人民法院经审理认定：区监察大队在作出《行政处罚决定书》后长达一年多的时间里一直未强制执行，已明显超过合理期限，属于怠于履行法定职责。鉴于作出强制执行决定和实施强制拆除属于行政机关的行政职权，且实施行政强制拆除具有严格的法定程序，故不宜直接责令区监察大队强制拆除违法建筑。于是，作出判决：监察大队对该违法建设问题依法继续作出处理。

关于对行政不作为的救济措施，我国《行政复议法》《行政诉讼法》等法律明确规定，对于申请行政机关履行保护人身权、财产权等合法权益的法定职责，行政机关未依法履行或者不予答复的；申请行政许可，行政机关拒绝或者在法定期限内不予答复的等行政不作为，当事人可以提起行政复议和行政诉讼。

（国土资源部不动产登记中心　钟京涛）

问题 50
无权转让集体土地使用权的行为如何定性

【问题】

梁某是某村的村民，经承包获得该村 10 亩土地（一般农用地）的使用权，用于养殖业。后因养殖业不景气，梁某将其改为小型砂石厂，作为洗砂的场地，后也经营不善，欲将该土地转包。刘某欲在该村承租土地建设砂石厂，看中梁某的地及周边土地共计 20 亩（周边的 10 亩为该村集体所有，为村内建设用地，但是允许梁某使用，一直未签承包合同），欲向梁某承包，并出租金 100 万（租期 30 年）。梁某为了将地转让给刘某，谎称该 20 亩地其均具有承包权，且该地允许建造砂石厂。后双方签订承包合同，梁某在未经村委会同意的情况下，将 20 亩地的使用权转让给刘某，收取刘某转让费 100 万元，同时交付土地给刘某。刘某获得土地后，建造了砂石厂，后因在该地上盗挖砂石被举报。梁某擅自转包集体土地的事情遂案发。梁某的行为该如何判定？

【解答】

第一，梁某的行为不宜定性为合同诈骗罪。根据我国《刑法》规定，合同诈骗罪需要行为人主观上具有非法占有他人财物的目的，梁某主观上并不具备这种非法占有性。虽然梁某采用欺诈的手段，谎称自己对于 20 亩集体土地具有使用权，促使刘某签订了合同，进而获得转让款 100 万元，但是其对该转让款不具有非法占有的目的。因为梁某实施欺骗手段的初衷并非骗取租金，而是促成双方签订合同。合同签订获取租金后，梁某没有像典型的诈骗犯那样实施携款潜逃行为，而是为履行合同进行了积极的努力，也实际交付了土地，其本身也认为刘某的合同目的是能够实现的。梁某的积极履约行为消除了其对于租金占有的刑事“非法性”，其行为仅构成民法上的无权处分行为。刘某可以通过民事起诉撤销合同，获得赔偿。

第二，梁某的行为构成非法转让、倒卖土地使用权罪。我国《刑法》第二百二十八条规定了该罪，即“以牟利为目的，违反土地管理法规，非法转让、倒卖土地使用权，情节严重”的行为。根据最高人民法院《关于审理破坏土地资源刑事案件具体应用法律若干问题》的解释第一条的规定，所谓“情节严重”是指“（一）非法转让、倒卖基本农田5亩以上的；（二）非法转让、倒卖基本农田以外的耕地10亩以上的；（三）非法转让、倒卖其他土地20亩以上的；（四）非法获利50万元以上的；（五）非法转让、倒卖土地接近上述数量标准并具有其他恶劣情节的，如曾因非法转让、倒卖土地使用权受过行政处罚或者造成其他恶劣后果等”。

根据相关的土地管理法规的规定，梁某的转让行为具有“非法”性。我国《土地管理法》第十五条二款规定“农民集体所有的土地由本集体经济组织以外的单位或者个人承包经营的，必须经村民会议三分之二以上成员或者三分之二以上村民代表的同意，并报乡（镇）人民政府批准”。该法第三十一条规定“国家保护耕地，严格限制耕地转为非耕地”。我国《农村土地承包法》第三十三条规定“土地承包经营流转权应当遵循以下原则：……（二）不得改变土地所有权的性质和土地的农业用途；（四）受让方须有农业经营能力”。

问题中的梁某，违反集体土地使用权流转的规定，在未经村委会及村民会议通过、未报乡镇政府批准的情况下，私自将该地转给村外人员使用，并且改变了原部分农用地的使用性质，不再进行农业生产，其行为违反了《土地管理法》和《农村土地承包法》的规定，涉案土地在20亩，获利100万元，符合非法转让、倒卖土地使用权罪的犯罪构成，应当以该罪追究其刑事责任。

（北京市顺义区人民检察院　韩菲）

问题51
在非矿区的国有或集体土地上偷挖砂石的行为如何定性

【问题】

某地区的地表层下含有砂石，从地表层下挖三五米即可见砂石料，该砂石料经过简单地加工、分离即可高价出售，不少人纷纷在河道边的国有土地或集体自留地上进行偷挖贩卖，并逐渐形成了规模，极大地破坏了当地的地质环境。当地政府对此行为一直予以打击，但是囿于经济利益的驱动，该地区的村民苗某等人还是顶风作案，组织人员及铲车等挖掘工具在某村集体土地上（土地利用规划为自然保留地）盗挖砂石（经国土资源部门鉴定为矿产资源），共计10万立方米，价值人民币70万余元。苗某等人因涉嫌犯罪被查，其行为应当以非法采矿罪还是盗窃罪定罪处罚？

【解答】

《刑法》第三百四十三条第一款对非法采矿罪做出了规定，非法采矿罪是指“违反矿产资源法的规定，未取得采矿许可证擅自采矿，擅自进入国家规划矿区、对国民经济具有重要价值的矿区和他人矿区范围采矿，或者擅自开采国家规定实行保护性开采的特定矿种，情节严重的”情形。《刑法》第二百六十四条对于盗窃罪做出了规定：盗窃罪是指以非法占有为目的，采用秘密手段“盗窃公私财物，数额较大的，或者多次盗窃、入户盗窃、携带凶器盗窃、扒窃的”情形。单从二罪的罪状描述上看，问题中苗某的行为既符合盗窃罪的手段特征（非法占有、秘密窃取），也符合非法采矿罪的规定情形（无证开采矿石），如果真是如此，按照刑法中关于竞合犯的规定，应当择一重罪处罚。但问题的特殊性就在于犯罪对象是非矿区的国有或集体土地的地下物，其不在特定的矿区内，非典型的被确定于矿区内的待开采的资源，仅是因为其表层下的物质经鉴定为砂石，才具有矿产资源的性质。这种特殊地下物是否具有财产性，又是否可以认定为非法采矿罪中的“矿产资源”呢？

第一，非矿区的国有或集体土地地表下的砂石属于国家的矿藏，本身不属于国家财产权的范畴。这是因为，法律规定矿产资源属于国家所有，但是矿产资源只有在开采、加工等人力劳动投入后才能够产生价值，进而才具有财产的权属性质。问题中，苗某等人盗挖的砂石深埋于地下，本身作为矿藏不具有财产属性，只有经过挖掘、加工后才具有财产价值，故其不能成为盗窃罪的侵犯对象。该行为不宜认定为盗窃罪。

第二，非矿区的国家、集体土地，虽然没有被规划为矿区，但只要其地下物质经鉴定为矿产资源，就可以成为非法采矿罪的犯罪客体。虽然这类土地的表层在没有被挖掘前无任何矿产资源的迹象，本身被规划为一般的国有土地或是集体用地，但是由于其地表下内含矿产，就具备了“准矿区”或是“隐形矿区”的属性。对这种土地的地下物的开采，既破坏了地质环境与生态环境，也破坏了国家对矿产的正常管理秩序，违反了矿产资源法的规定，应当以非法采矿罪追究责任。因此，问题中苗某的行为应当认定为非法采矿罪。

第三，需要明确的是，问题中的行为应当以非法采矿罪追究其刑事责任，是因为其不符合盗窃罪的对象特征（具有财产属性）。但是，如果是在国家确定的矿区内采用问题中的手段盗挖矿产资源，因为该矿区已经有了合法开采者，这就意味着矿区内的矿产资源即使尚未被开采出来，也不同于问题中的矿藏，而是具有了财产属性的矿产资源，可以成为盗窃罪的客体。在此种情况下盗挖矿产的行为，即符合盗窃罪的构成，也符合非法采矿罪的构成，应当择一重罪处罚。

（北京市顺义区人民检察院　韩菲）

新政解读篇

——《国土资源违法行为查处工作规程》解读

解读1

提高认识 准确把握 抓好落实

各级国土资源主管部门要从全面推进依法行政，加快建设法治国土的高度，充分认识贯彻实施《查处规程》的重大意义，增强法治意识，树立法治思维，积极采取措施，扎实推进《查处规程》的贯彻实施。

一、充分认识《查处规程》贯彻实施的重要意义

贯彻实施《查处规程》是全面落实严格规范公正文明执法的重要举措。党的十八届四中全会就全面推进依法治国、建设社会主义法治国家作出部署，要求行政执法坚持严格规范公正文明，完善执法程序，明确具体操作流程，建立执法全过程记录制度，建立健全行政裁量权基准制度，全面落实行政执法责任制等。《查处规程》将严格规范公正文明执法的要求具体细化落实到了国土资源违法行为查处工作的各个环节，明确了执法查处工作的程序和标准，贯彻实施《查处规程》是推进严格规范公正文明执法的重要举措。

贯彻实施《查处规程》是规范行政权力，提升执法查处工作水平和效能的重要抓手。严格规范公正文明执法，要有健全的制度对行政权力加以规范，明确执法的程序和标准，最大限度地减少行政执法自由裁量权。过去，国土资源执法查处工作缺乏统一的规范和标准，基层查处工作存在职责界限不清、程序标准不明、查处不规范、处理不到位甚至滥用执法权等问题。《查处规程》梳理、集成了现行有效的与查处工作相关的行政执法和国土资源管理法律、法规、政策和标准，总结了多年来基层执法实践有益经验和做法，明确了职责界限、程序标准，必将规范和指导执法工作，提升执法查处工作水平和效能。

贯彻实施《查处规程》是监督和保护执法人员，保障权责一致的重要依据。《查处规程》强调依法履职和履职监督，明确国土资源执法监察机构和人员职责界限、程序标准，对滥用职权或者不履职、失职、渎职的要严肃追究责任。同时也强调履职保护，国土资源执法监察工作机构和人员已经按照《查处规程》规定履行相应执法查处职责的，不得以玩忽职守、渎职等名义追究责任。

二、准确把握《查处规程》的规定和要求

一要准确把握《查处规程》明确的各项原则，树立依法行政意识。《查处规程》坚持职权法定原则，“法定职责必须为，法无授权不可为”；坚持程序正当原则，明确规定了执法查处各个环节程序；坚持行政效能原则，将法律法规规定与执法实务有机结合，提高行政执法效能；坚持责任追究原则，严格责任追究，保障依法履职。各级国土资源主管部门应当准确把握《查处规程》明确的各项原则，牢固树立依法行政的意识，依法依规履行职责，严格规范执行法律法规，维护群众合法权益，维护法律尊严和社会公平正义。

二要准确把握《查处规程》程序规定，树立依程序执法意识。完善的程序是规范执法行为的前提，也是实现执法公平公正的保障。《查处规程》明确了国土资源违法行为查处工作流程，包括违法线索发现、线索核查与违法行为制止、立案、调查取证、案情分析与调查报告起草、案件审理、作出处理决定、执行、结案、立卷归档等环节。同时，《查处规程》对法律文书送达，以及移送公安、检察、监察、任免机关追究刑事责任、行政纪律责任等程序也进行了明确。各级国土资源主管部门应当准确把握《查处规程》明确的查处工作程序，牢固树立依程序执法意识，按照规定程序行使执法查处职权，确保执法查处工作的程序合法性和正当性，避免因程序违法违规引起复议或诉讼的风险。

三要准确把握《查处规程》实体规定，规范执法查处工作。正确认定违法事实、准确适用法律、明确执行标准等是执法查处实体合法合规的重要保障。《查处规程》在规范查处工作程序的同时，对查处工作涉及的违法事实认定、法律适用、执行标准等实体内容进行了明确。《查处规程》明确了违法责任主体、违法用地占用地类、是否符合土地利用总体规划、是否占用基本农田、违法勘查开采数量和价值、违法所得等事实如何认定。《查处规程》明确了国土资源执法监察工作机构负责查处的违法行为主要类型、认定违法的法律依据、追究法律责任的法律依据和查处注意事项。《查

处规程》明确了查处工作常用的法律文书参考格式。各级国土资源主管部门应当准确把握《查处规程》明确的查处实体内容，规范执法工作，提高执法查处工作水平。

四要准确把握《查处规程》对公开的要求，推行执法公示制度。阳光是最好的防腐剂，公开、公平、公正执法，公开是关键。只有执法公开，才能防止执法权滥用，同时，对于那些严格规范执法的机构和人员来说，执法公开也可以起到一定的保护作用。《查处规程》明确了立案标准、违法类型、执法依据、执法流程、执法标准，并在制止违法、调查遇阻、督促执行等环节，明确可以将违法情况和信息向社会公开通报，同时首次明确："行政处罚决定、行政处理决定生效后，除涉及国家秘密外，国土资源主管部门可以将其内容在门户网站公开，督促违法当事人自觉履行，接受社会监督"，强化了执法公开性。各级国土资源主管部门应当按照《查处规程》的要求，加大执法公开力度，一是公开立案标准、违法类型、执法依据、执法流程和执法标准；二是重大违法案件适时向社会公开通报；三是执法过程公开，根据需要适时向社会通报当事人的违法情况和执法进展；四是逐步建立执法结果公示制度，生效处罚决定、处理决定上网公开。

三、扎实推进《查处规程》的贯彻实施

一是加强学习和培训。熟悉和准确把握《查处规程》的规定，是贯彻实施的前提。各级国土资源主管部门要做好《查处规程》的学习和培训工作，制定工作计划，明确要求，特别是要抓好市、县级国土资源主管部门领导干部和执法监察人员的培训，结合工作实际，采取灵活多样的方式进行培训，确保全面、准确掌握《查处规程》内容和要求。

二是强化日常执法查处。新常态下的国土资源执法工作需要更加注重日常执法，从"刮风式"、"运动式"执法向日常执法转变，切实加大巡查发现、综合制止和规范查处的力度。各级国土资源主管部门对发现的违法行为，应当按照《查处规程》的要求，采取书面责停、抄告相关部门、报告同级政府和上级国土资源主管部门、向社会通报等综合措施及时有效制止，将违法行为"发现在初始、解决在萌芽"；对应当查处的违法行为，严格执行《查处规程》实体和程序的规定，严格规范公正文明查处。

三是加快配套制度建设。各级国土资源主管部门要结合本地实际，加快《查处规程》配套制度的建设，进一步细化查处工作具体流程和文书格式，特别是内部呈批、文件运转、审查等流程，提高工作效率，防范履职风险。省级国土资源主管部门应当结合本行政区域社会经济发展情况，依法依规制定规范行政处罚自由裁量权的标准和办法，规范执法自由裁量权。

四是抓好案卷质量评查。案卷作为执法查处过程的记录，直接反映执法机关和执法人员的依法行政水平。各级国土资源主管部门要依据《查处规程》和《国土资源执法查处案卷质量评查标准》，结合工作实际，制定当地的案卷质量评查标准，切实抓好评查工作，发挥案卷质量评查检查评价、强化管理、纠错完善的功能，推动《查处规程》的贯彻落实。

五是加强监督检查。省级国土资源主管部门要加强对《查处规程》贯彻落实情况的监督检查，及时发现问题，及时研究解决问题。有关贯彻实施情况和实施过程中遇到的新情况、新问题，及时与部沟通。

（国土资源部执法监察局　岳晓武、王晓慧）

解读 2

严格查处工作程序　保障规范公正执法

规范国土资源执法查处工作，必然要求办案过程符合程序合法公正、事实认定符合客观真相、办案结果符合实体公正。其中，完善的执法程序是规范执法行为的前提，能够有效约束行政执法行为，避免执法相对人合法权益因执法随意性造成的损害，保障行政执法实体公平公正。但长期以来，我国的行政执法“重实体、轻程序”，至今没有一部统一的行政程序法，有关程序的规定散见于相关法律法规政策中，而且内容大多原则、简单。

国土资源执法查处必须严格规范工作程序，以严密的程序规范执法行为，堵塞执法漏洞。《查处规程》将严格规范国土资源违法行为查处工作程序作为重点内容，在梳理《行政处罚法》《行政强制法》等法律法规关于执法查处程序规定基础上，结合国土资源管理法律法规政策和实践，具体明确了国土资源主管部门执法查处过程中应当遵循的内部和外部程序。

《查处规程》明确了国土资源违法行为查处工作流程，对违法线索发现、线索核查与违法行为制止、立案、调查取证、案情分析与调查报告起草、案件审理、作出处罚或处理决定、执行、结案、立卷归档等环节和有关程序作出了具体规定。同时，《查处规程》对法律文书送达，以及移送公安、检察、监察、任免机关追究刑事责任、行政纪律责任等程序也进行了明确。

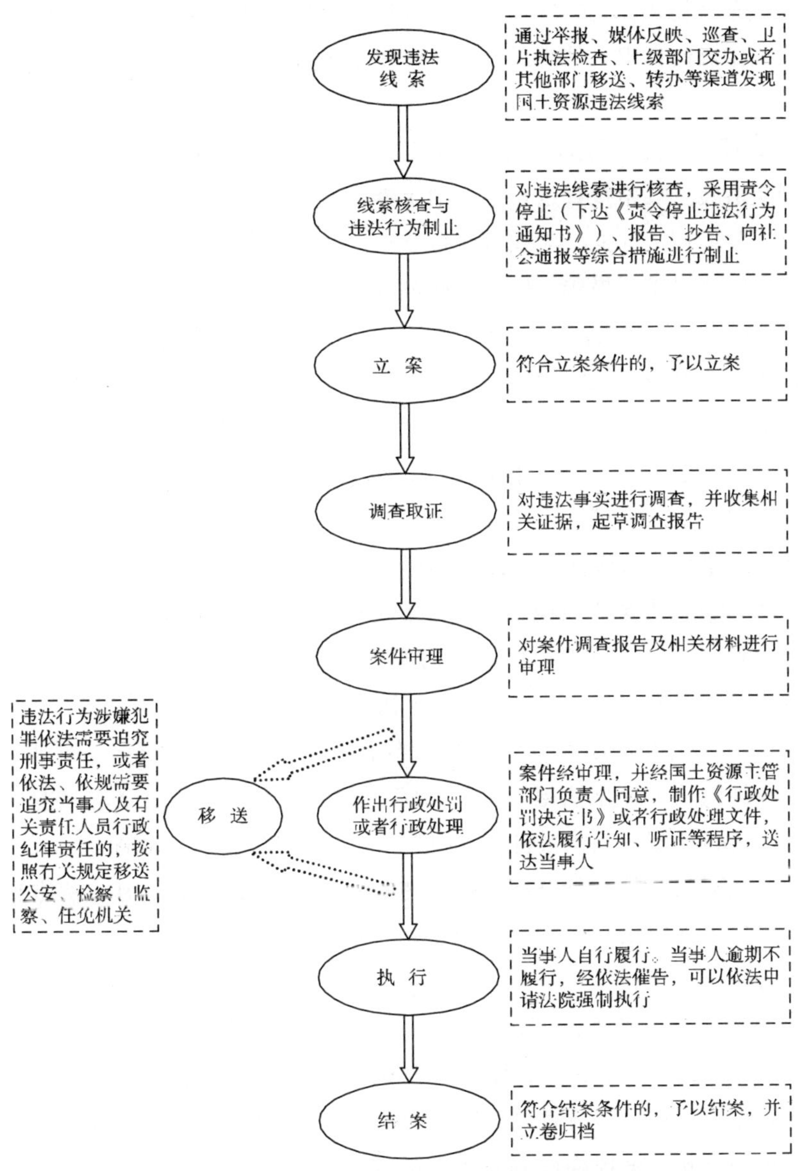

国土资源违法案件查处工作流程图

1. 违法线索发现。《查处规程》明确了违法线索发现渠道、受理和处置程序。国土资源主管部门可以通过受理举报、巡查、卫片执法、媒体反映等多种渠道发现违法线索。对有明确违法行为发生地和基本违法事实的国土资源违法线索，应当填写《违法线索登记表》，并提出初步处置建议，报执法监察工作机构负责人签批。执法监察工作机构负责人认为需要对违法线索进行核查的，应当及时安排人员进行核查。

2. 线索核查与违法行为制止。《查处规程》明确了线索核查内容，并完善了违法行为制止措施。线索核查过程中，国土资源主管部门可以采取拍照、询问、复印资料等方式收集相关证据，对线索进行核查。书面责令停止违法行为无效时，国土资源主管部门可以采用报告、抄告、通报等综合措施制止国土资源违法行为。

3. 立案。《查处规程》明确了立案条件、程序、案件管辖、承办人确定等。案件线索核查后，执法监察工作机构认为符合立案条件的，应当填写《立案呈批表》，报国土资源主管部门负责人审批。符合立案条件的，国土资源主管部门应当在十个工作日内予以立案。批准立案后，执法监察工作机构应当确定案件承办人员。一个案件的承办人员不得少于两人，承办人员负责组织办案人员实施案件调查、取证，起草相关法律文书，提出处理建议，撰写案件调查报告等。

4. 调查取证。办案人员应当对违法事实进行调查，并收集相关证据。《查处规程》明确了调查措施、调查内容和如何实施调查等。调查取证时，调查取证人员应当不少于两人，并应当向被调查人出示执法证件。

5. 案情分析与调查报告起草。《查处规程》明确将案情分析作为查处工作的一个环节，详细阐述了证据认定、事实认定、法律适用、处理建议的基本标准和方法，规范了《国土资源违法案件调查报告》的内容和格式。在调查取证的基础上，办案人员应当对收集的证据、案件事实进行认定，确定违法行为的性质和法律适用，研究提出处理建议。案件调查结束后，承办人员应当起草《国土资源违法案件调查报告》。

6. 案件审理。为加强内部监督，防止滥用职权、以案谋私，确保国土资源违法案件调查处理的公平、公正，保障行政相对人的合法权益，必须严格案件审核。所有案件在作出处罚决定或者处理决定前都必须经过审理。《查处规程》明确了审理内容、审理方式、审理程序和审理后的处理。承办人员提交《国土资源违法案件调查报告》后，执法监察工作机构或者国土资源主管部门应当组织审理人员对案件调查报告和证据等相关材料进行审理，审理人员不能为同一案件的承办人员。

7. 作出处理决定。案件经审理通过的，承办人员应当填写《违法案件处理决定呈批表》，附具《国土资源违法案件调查报告》和案件审理意见，报国土资源主管部门负责人审查批准后作出决定；对情节复杂或者重大违法行为给予较重行政处罚的，国土资源主管部门负责人应当集体讨论决定。案件未经审理、审理未通过、未经国土资源主管部门负责人批准或者集体讨论通过的，不得作出处罚或者处理决定。所有行政处罚决定作出前，必须进行处罚告知，告知当事人依法享有陈述和申辩的权利。对当事人权益影响较大的行政处罚决定作出前，还应当进行听证告知，告知当事人依法享有申请听证的权利。处罚告知和听证告知可以分别制作、一并下达，也可以合并下达，但不能相互替代。

8. 移送。违法行为涉嫌犯罪依法需要追究刑事责任，或者依法依规需要追究有关责任人员行政纪律责任的，应当按照有关规定移送公安、检察、监察、任免机关。

9. 执行。行政处罚决定、行政处理决定生效后，当事人应当在规定期限内予以履行，经催告仍然不履行的，国土资源主管部门可以申请人民法院强制执行。国土资源主管部门应当根据执行情况制作《行政处罚决定执行记录》。《查处规程》强调了执行的公开性，明确除涉及国家秘密外，国土资源主管部门可以将生效的行政处罚决定、行政处理决定的内容在门户网站公开，督促违法当事人自觉履行，接受社会监督。

10. 结案。《查处规程》明确了结案条件、程序等。符合结案条件的，承办人员应当填写《结案呈批表》，报国土资源主管部门负责人批准后结案。结案后，有关部门开展与案件相关的强制执行、刑事责任和行政纪律责任追究等工作，需要国土资源主管部门配合的，国土资源主管部门应当予以配合。

11. 立案归档。办案人员应当将办案过程中形成的全部材料，及时整理装订成卷，按照规定归档。

（国土资源部执法监察局　岳晓武、王晓慧）

解读3

巡查是及时发现违法行为的重要方式

及时发现违法行为，才能及时制止、及时处理。国土资源主管部门发现违法行为的有很多渠道，主要包括12336举报电话、巡查、卫片执法检查、媒体反映、上级交办、其他部门转办等。其中，巡查是国土资源主管部门主动发现违法行为的重要方式。

一、巡查制度的发展与完善

巡查为国土资源主管部门及其派出机构通过巡回检查的方式及时发现国土资源违法行为的一项工作制度，是国土资源执法监察一项重要的日常工作。1999年，国土资源部下发《关于在土地执法监察工作中实行动态巡查责任制有关问题的通知》（国土资发〔1999〕415号），要求市（地）、县（市）国土资源主管部门及其派出机构要普遍实行动态巡查责任制，重在规范巡查职责，明确主体，严格考核，落实责任，以切实发挥巡查作用。为检查巡查工作制度落实情况，2008年，国土资源部办公厅下发《关于开展动态巡查工作制度落实情况检查的通知》（国土资厅发〔2008〕89号）。从各地巡查工作开展情况看，各地结合本地实际，积极开展巡查工作，及时发现和制止违法行为，取得了一定成效，但各地做法不一、程度不平衡，有的工作不够到位。为指导和规范巡查工作，在总结十年来各地好经验、好做法的基础上，2009年，国土资源部出台《国土资源执法监察巡查工作规范》（试行）（国土资发〔2009〕127号），明确了巡查的主体、职责、内容、程序，对巡查的实施和保障等提出了要求。

二、巡查按照工作计划开展

按照要求，省级国土资源主管部门制定巡查工作实施办法，市级制定巡查工作实施方案，县级制定季度工作计划，国土资源所制定月工作计划。月工作计划中应当明确巡查责任区域、巡查责任人员、巡查路线、巡查时段、巡查频率等。实地巡查时，巡查人员要按照巡查工作计划确定的区域、时段、路线、频率等开展工作。

明确具体、切实可行的巡查工作计划至关重要，工作计划越详细，巡查工作越有章可循，巡查人员的工作内容越明确，工作职责越清晰。

三、巡查内容

巡查是巡查人员按照一定的线路和频率巡回检查，通过实地检查、简单询问、信息核对等措施发现违法行为。这种方式的特点决定了巡查在发现违法行为上具有一定的局限性，巡查内容是通过巡回检查方式发现的比较明显、直观的违法行为，是有限的，不是全部违法行为。巡查应当发现的国土资源违法行为包括：1. 未经批准违法占用土地的；2. 在临时用地上修建永久性建筑物、构筑物的；3. 占用耕地建窑建坟或者擅自在耕地上建窑、建房、建坟、挖砂、采石、采矿、取土的；4. 占用基本农田建窑、建房、建坟、挖砂、采石、采矿、取土、堆放固体废弃物或者从事其他活动破坏基本农田的；5. 无证勘查、开采矿产资源的；6. 法律规定其他占用或者毁坏国土资源的违法行为。

四、巡查程序

巡查前，巡查人员应当准备巡查工作所需相关图件和必要的装备。实地巡查时，按照巡查工作计划，对巡查责任区域内的国土资源开发利用活动进行检查；发现上述违法行为后，要对涉嫌违法的项目名称或者内容、主体、地点、建设现状等情况进行初步核查；对违法行为进行制止，填写违法行为报告单。实地巡查结束后，巡查人员应当及时填写巡查台账，详细记录巡查时间、人员、路线、涉嫌违法的项目情况、制止措施及效果、后续处置情况等内容。巡查台账是巡查人员履行职责的记录和证明，无论是否发现违法行为，都应做好记录。

五、巡查的履职要求

按照规定，省、市、县级国土资源主管部门和国土资源管理所分别有相应的巡查职责。对具体实施巡查的执法监察工作机构和人员来说，巡查职责就是按照巡查工作计划明确的巡查区域、时段、路线、频率等，及时发现应当发现的国土资源违法行为，并按照规定采取相应的制止和报告措施。巡查方式的局限性和巡查内容的有限性，决定了巡查职责也是有限的，即已经按照巡查工作计划进行巡查，未能发现巡查时段、路线之外的违法行为或者未能发现巡查内容之外的违法行为的，不应当承担巡查未发现违法行为的失职、渎职责任。

（国土资源部执法监察局　岳晓武、王晓慧）

解读4

有效制止是实现“发现在初始，解决在萌芽”的关键

土地资源和矿产资源都是有限的、不可再生的，一旦被破坏往往难以恢复。通过对国土资源违法行为的及时发现和有效制止，一方面，可以有效保护土地资源和矿产资源；另一方面，通过尽早制止、纠正违法行为，将违法问题解决在萌芽状态，可以减少执法成本，提升执法效能。但现行法律规定，国土资源主管部门仅有权责令停止违法行为，很难及时有效制止违法行为。违法行为成为既成事实后，国土资源主管部门再立案查处，大大增加了执法成本，有时执法监察工作机构和人员还可能面临因未能及时制止违法行为而被追究失职、渎职责任的风险。

“发现在初始、解决在萌芽”关键是有效制止。有效制止的关键是要严格责任。在明确和严格执法监察工作机构和人员的职责的基础上，还要落实各级政府和相关部门在国土资源执法上的共同责任。《国务院关于深化改革严格土地管理的决定》《国务院关于加强土地调控有关问题的通知》《国务院关于促进节约集约用地的通知》和《国务院办公厅关于严格执行有关农村集体建设用地法律和政策的通知》等文件明确了各级人民政府和相关部门在国土资源执法中的共同责任。国土资源主管部门应当建立完善报告、抄告制度，作为具体落实政府和相关部门国土资源执法监管的责任的抓手和措施。对国土资源违法行为书面制止无效、当事人拒不停止违法行为的，国土资源主管部门应当及时将违法事实书面报告同级人民政府和上一级国土资源主管部门，根据情况可以将涉嫌违法的事实及制止违法行为的情况抄告发展改革、规划、建设、市政、电力、金融、工商、安监、公安等相关部门，提请相关部门按照共同责任机制的要求履行部门职责，共同制止违法行为。因此，《查处规程》6.2 明确，对国土资源违法行为书面制止无效、当事人拒不停止违法行为的，国土资源主管部门应当及时将违法事实书面报告同级人民政府和上一级国土资源主管部门，也可以采用抄告、通报等措施进行制止。

责令停止违法行为的法律依据主要为《中华人民共和国土地管理法》第六十

七条、《中华人民共和国矿产资源法》第三十九条、《中华人民共和国土地管理法实施条例》第三十二条等。责令停止违法行为是一种行政措施，不需要履行行政处罚的立案、告知等程序。对正在实施的违法行为，国土资源主管部门应当及时向违法当事人下达《责令停止违法行为通知书》。《责令停止违法行为通知书》应当记载违法当事人的姓名或者名称、简要的违法事实、认定违法的法律依据及具体条款、责令停止的法律依据及具体条款和有关要求等，具体文书格式可参照《查处规程》附录C文书格式2。

报告的主要依据是《国土资源部关于印发〈国土资源违法案件会审制度〉等三项制度的通知》（国土资发〔2001〕372号）、《国土资源部关于建立健全土地执法监管长效机制的通知》（国土资发〔2008〕173号）、《国土资源部办公厅关于印发〈关于进一步加强和规范对违反国土资源管理法律法规行为报告工作的意见〉的通知》（国土资厅发〔2010〕58号）、《国土资源部关于进一步加强对违反国土资源管理法律法规行为发现、制止、报告和查处工作的通知》（国土资电发〔2010〕78号）等文件，上述文件多次明确“对重大、突发及其他可能造成严重后果的违法行为，地方国土资源行政主管部门要在发现后24小时内报本级政府和上级国土资源行政主管部门，上级国土资源行政主管部门接到报告后要依法及时处置；在制止和查处过程中受到阻力或干扰时，应当及时报本级政府，函告监察机关，同时报上级国土资源行政主管部门和监察机关，涉及违反土地管理法律法规的，同时报派驻地方的国家土地督察局”。此外，《最高人民法院、最高人民检察院、公安部、国土资源部关于在查处国土资源违法犯罪工作中加强协作配合的若干意见》（国土资发〔2008〕204号）强调：“各级国土资源行政主管部门、人民法院、人民检察院、公安机关根据需要建立信息情况通报制度，及时通报和交换相关信息。”

抄告的主要依据是《国务院办公厅关于严格执行有关农村集体建设用地法律和政策的通知》（国办发〔2007〕71号）和《国务院关于促进节约集约用地的通知》（国发〔2008〕3号）等文件中关于共同责任机制的规定，文件明确：“国土资源部要会同发展改革、监察、农业、建设等部门，依据土地管理的法律法规和有关规定，严格土地执法监管，坚决制止乱占农用地进行非农业建设的违法违规行为。各有关部门要依据本部门职责，切实加强监管，形成执法合力。对未取得合法用地手续的建设项目，发展改革部门不得办理项目审批、核准手续，规划部门不得办理建设规划许可，建设部门不得发放施工许可证，电力和市政公用企业不得通电、通水、通气，国土资源管理部门不得受理土地登记申请，房产部门不得办理房屋所有权登记手续，金融机构不得发放贷款。未依法办理农用地转用审批手续占用农用地设立企业的，工商部门不得登记。”“国土资源部要会同监察部等有关部门持续开展用地情况的执法检查，重点查处严重破坏、浪费、闲置土地资源的违法违规案件，依法依纪追究有关人员的责任。要将企业违法用地、闲置土地等信息纳入有关部门信用信息基础数据库。金融机构对房地产项目超过土地出让合同约定的动工开发日期满一年，完成土地开发面积不足1/3或投资不足1/4的企业，应审慎贷款和核准融资，从严控制展期贷款或滚动授信；对违法用地项目不得提供贷款和上市融资，违规提供贷款和核准融资的，要追究相关责任人的责任。”

上述文件明确了要建立共同责任机制，但对如何落实该制度缺乏具体抓手和措施。抄告即为落实共同责任机制的具体抓手和措施，借助相关部门力量，共同有效制止违法行为。《查处规程》明确，对国土资源违法行为书面制止无效、当事人拒不停止违法行为的，国土资源主管部门可以根据情况将涉嫌违法的事实及制止违法行为的情况抄告发展改革、规划、建设、环保、市政、电力、金融、工商、安监、公安等相关部门，提请相关部门按照共同责任机制的要求履行部门职责，采取相关措施，共同制止违法行为。《查处规程》附录C提供了《抄告单》的参考格式。

通报主要是为了加大查处工作公开力度，发挥社会舆论的监督作用，形成人人监管的氛围，借助社会力量，有效制止国土资源违法行为。

（国土资源部执法监察局　岳晓武、王晓慧）

解读5

立案：正式启动案件查处程序

国土资源主管部门对发现的违法线索初步核查后，认为违法行为依照国土资源管理法律法规应当追究法律责任的，必须及时立案查处。立案标志着行政执法机关将违法行为作为案件调查处理的正式启动，是违法行为查处工作的重要环节。立案要严格规范，防止出现案件久拖不立、不依法履行职责，或者随意立案、浪费行政资源、损害行政相对人合法权益等情形。《国土资源违法行为查处工作规程》对违法线索核查、立案条件、立案管辖、立案呈批等作出了明确规定。

一、违法线索核查

对反映国土资源违法的有效线索，国土资源执法监察工作机构应当进行登记，执法监察工作机构负责人认为需要对违法线索进行核查的，应当及时安排人员进行核查。线索核查的内容主要包括涉嫌违法当事人的基本情况、涉嫌违法的基本事实、违反国土资源管理法律法规的情况、是否属于本级本部门管辖等。核查过程中，可以收集相关证据材料。核查结束后，核查人员应当提交核查报告，明确提出立案或者不予立案的建议，报执法监察工作机构负责人。符合立案条件的，应当依法立案查处。

二、立案条件

符合下列条件的，国土资源主管部门应当立案查处。

一是有明确的行为人，即有明确的违法行为主体，可以是自然人、法人或者其他组织。

二是有违反国土资源管理法律法规的事实，这里的事实是指初步核查发现存在国土资源违法行为，不要求经过详细调查取证后认定的违法事实。

三是依照国土资源管理法律法规应当追究法律责任，即对违法行为有明确的追究法律责任的依据，法无授权不可为，法律法规没有规定如何追究法律责任，行政机关无法进行处理，处理则于法无据。

四是属于本级本部门管辖，有案件管辖权是国土资源主管部门立案查处违法行为的前提。

五是违法行为没有超过追诉时效，这里的追诉时效是指行政处罚追诉时效，《行政处罚法》第29条规定，“违法行为在二年内未被发现的，不再给予行政处罚。法律另有规定的除外。”两年的期限，从违法行为发生之日起计算，违法行为有连续或者继续状态的，从行为终了之日起计算。值得注意的是，违法占地行为如果一直未恢复土地原状、消除违法状态，则属于违法行为的继续状态，何时发现均可以进行查处。

三、案件管辖

国土资源违法案件的管辖以地域管辖为原则，以级别管辖、指定管辖、移送管辖为例外。

地域管辖——横向划分国土资源主管部门案件管辖权。国土资源违法案件由土地、矿产资源所在地的县级以上国土资源主管部门管辖，法律法规另有规定的除外。

级别管辖——纵向划分国土资源主管部门案件管辖权。县级国土资源主管部门管辖本行政区域内的国土资源违法案件。市级、省级国土资源主管部门管辖本行政区域内重大、复杂违法案件和法律法规规定应当由其管辖的国土资源违法案件。国土资源部管辖全国范围内重大、复杂和法律法规规定应当由其管辖的国土资源违法案件。以下几种情形上级国土资源主管部门有权管辖下级国土资源主管部门管辖的案件：一是下级国土资源主管部门应当立案调查而不予立案调查的；二是案件案情复杂，情节恶劣，有重大影响的；三是上级国土资源主管部门认为应当由其管辖的。必要时，上级国土资源主管部门也可以将本机关管辖的案件交由下级国土资源主管部门立案调查，但法律法规规定应当由其管辖的除外。

指定管辖——国土资源主管部门不能行使管辖权或者发生管辖权争议时，由上级国土资源主管部门或者同级人民政府确定管辖权行使。有管辖权的国土资源主管部门由于特殊原因不能行使管辖权的，可以报请上一级国土资源主管部门指定管辖；国土资源主管部门之间因管辖权发生争议的，应当报请共同的上一级国土资源主管部门指定管辖。上一级国土资源主管部门应当在接到指定管辖申请之日起7个工作日内，作出管辖决定。国土资源主管部门与其他部门因管辖权发生争议，经协商无法达成一致意见的，应当报请同级人民政府指定管辖。

移送管辖——实质是案件的移送，即无管辖权的国土资源主管部门将案件移送给有管辖权的部门。国土资源主管部门发现违法行为不属于本级或者本部门管辖的，应当移送有管辖权的国土资源主管部门或者其他部门。受移送的国土资源主管部门对管辖权有异议的，应当报请上一级国土资源主管部门指定管辖，不得再自行移送。

四、立案程序

执法监察工作机构认为经核查的违法线索符合立案条件的，应当填写《立案呈批表》，报国土资源主管部门负责人审批。符合立案条件的，国土资源主管部门应当在十个工作日内予以立案。实践中要注意几个问题：

一是立案呈批由执法监察工作机构启动。执法监察工作机构负责人对违法线索核查报告进行审查，认为符合立案条件的，应当明确建议立案的意见，责成有关人员填写《立案呈批表》，启动立案呈批。

二是立案由国土资源主管部门负责人审批。行政机关实行行政首长负责制。是否立案，依法由国土资源主管部门负责人审批，代表本部门作出决定。原则上，立案审批应由国土资源主管部门主要负责人批准，但考虑执法实践，加快立案呈批进度，提升执法效能，国土资源主管部门主要负责人可以将立案审批权授权给其他分管负责人审批。

三是立案时限为十个工作日。为督促国土资源主管部门提高工作效率，防止出现案件久拖不立的情况，《国土资源违法行为查处工作规程》规定了十个工作日的立案时限。这一时限，应当从国土资源执法监察工作机构认为符合立案条件，填写《立案呈批表》启动立案程序时，开始起算。

四是立案批准后要确定至少2名承办人员。国土资源主管部门负责人批准立案后，执法监察工作机构应当确定案件承办人员。为避免出现徇私枉法、减少执法寻租空间，案件承办人员不得少于2人。承办人员具体组织实施案件调查取证，撰写调查报告并签名，研究提出处理建议，起草相关法律文书等。

五、可以不予立案的情形

国土资源主管部门行使执法查处权，目的不仅是惩治违法违规行为，更重要的是保障国土资源管理法律法规的贯彻实施，维护国土资源管理秩序。执法查处权不可滥用，不符合立案条件的，国土资源主管部门不应当予以立案；没有形成危害后果或者通过当事人自觉整改等非立案方式消除违法的，为提升执法效能，国土资源主管部门可以不予立案。《国土资源违法行为查处工作规程》规定了两种可以不予立案的情形：一是违法行为轻微并及时纠正，没有造成危害后果。这种情形主要指违法行为刚刚发生，被及时发现、及时制止，未造成国土资源的破坏，没有立案查处的必要；二是立案前违法状态已经消除。这种情形主要指违法事实虽已形成，但在国土资源主管部门立案查处前，违法当事人积极采取整改措施，消除了违法状态的，即可以不予立案。

（国土资源部执法监察局　岳晓武、王晓慧）

解读6

全面调查取证确保事实清楚证据确凿

调查取证是案件查处的重要环节，也是认定违法事实和违法情节的基础。调查取证做不好，就无法达到事实清楚、证据确凿的要求，更谈不上定性准确和处罚适当。在日常执法实践中，调查取证存在较多问题，比如，调查取证不够细致，证据材料不符合规范，甚至违法取证等。为规范调查取证工作，《查处规程》对调查取证中涉及的调查措施、调查实施与证据收集、调查中止、调查终止等作了详细规定。各级国土资源主管部门应当严格按照《查处规程》的要求，规范进行调查取证。

首先，调查取证前，应当做好充足准备。办案人员要认真分析违法案件的基本信息，对调查工作各个环节可能遇到的问题进行认真研究，在此基础上确定调查方案，收集内业资料，准备调查装备、设备，做好充足准备，确保调查取证工作有条不紊地进行。

第二，调查取证过程中可以采取的措施。根据《行政处罚法》第三十七条、《土地管理法》第六十七条、《土地管理法实施条例》第三十二条、《国土资源行政处罚办法》第十五条等规定，《查处规程》明确，办案人员在调查取证时，有权采取以下五项措施：(1) 下达《接受调查通知书》，要求被调查的单位或者个人提供有关文件和资料，并就与案件有关的问题作出说明；(2) 询问当事人以及相关人员，进入违法现场进行检查、勘测、拍照、录音、摄像，查阅和复印相关材料；(3) 责令当事人停止违法行为；(4) 根据需要可以对有关证据先行登记保存；(5) 依法可以采取的其他措施。

需要注意的是，《查处规程》明确要求国土资源主管部门下达书面的《接受调查通知书》，主要是为了规范调查行为，符合“留痕执法”的要求，避免复议、诉讼风险。具体文书格式可参照《查处规程》附录 C 中的文书格式。

第三，调查遇阻时应当采取的措施。调查取证是调查人员的职责所在，如果调查遇阻，调查人员应当采取有效措施推动调查取证顺利进行。《查处规程》明确，被调查人员拒绝、逃避调查取证或者采取暴力、威胁等方式阻碍调查取证时，可以采取下列措施：（1）商请当事人所在单位或者违法行为发生地所在基层组织协助调查；（2）向上一级国土资源主管部门和本级人民政府报告；（3）提请公安机关、检察机关、监察机关或者相关部门协助；（4）向社会通报违法信息。这一规定在《国土资源行政处罚办法》第十六条的基础上，增加了“商请当事人所在单位或者违法行为发生地所在基层组织协助调查”和“向社会通报违法信息”两项措施，目的是进一步强化查处工作的社会参与性和公开性，积极借助社会和媒体力量，督促违法当事人配合调查。

第四，证据收集应当规范。《查处规程》对书证、物证、视听资料、证人证言、当事人的陈述、询问笔录、现场勘测笔录、鉴定结论、鉴定意见或者检验报告等各类证据的要求作出了比较详细的规定。

书证、物证的收集，应当尽量要求被调查人提供原件，提供原件有困难的，可以收集与原物核对无误的复制件或者证明该物证的照片、录像等其他证据，同时，复印件应当由保管书证原件的单位或者个人在复印件上注明出处和“本复印件与原件一致”等字样，签名、盖章，并签署时间。

询问笔录的收集，要在询问笔录中标明被询问人与本案的关系，并明确告知被询问人权利与义务，询问笔录应当简洁明确，内容要体现与所调查案件的关联性和真实性。具体文书格式可参照《查处规程》附录C的相关文书格式。

耕地破坏程度鉴定和矿产资源破坏价值鉴定等是移送公安机关追究刑事责任时必须做的。耕地破坏程度的鉴定，根据《国土资源部、最高人民检察院、公安部关于国土资源主管部门移送涉嫌国土资源犯罪案件的若干意见》（国土资发〔2008〕203号）规定，应当由省级、市（地）级国土资源主管部门负责。矿产资源破坏价值的鉴定，根据《国土资源部关于印发〈非法采矿、破坏性采矿造成矿产资源破坏价值鉴定程序〉的通知》（国土资发〔2005〕175号）规定，应当由省级以上国土资源主管部门负责。因鉴定问题过于复杂，具体鉴定办法争议较大，且涉及其他部门，应与相关部门协商一致后专门进行规定。因此，《查处规程》只是进行了原则规定：需要对案件涉及的耕地等农用地破坏程度和违法采矿、破坏性采矿造成的矿产资源破坏价值等进行鉴定或者检验的，应当按照有关规定，由市（地）级或者省级人民政府国土资源主管部门组织实施；也可以委托有资质的机构进行，出具相应的鉴定结论、鉴定意见或者检验报告。

第五，必要时可以对证据进行先行登记保存。实践中一些地方国土资源主管部门在查处国土资源违法行为特别是无证开采矿产资源违法行为过程中，经常采用扣押盗采器械、车辆等来保存相关证据，这种做法如果是与工商、公安等部门联合办案是合法的，实施的是对盗采工具、车辆等的查封、扣押，如果不是与工商、公安等部门联合办案，则要注意查扣行为的合法性问题。为解决这一问题，同时为避免证据可能灭失或者以后难以取得的取证难问题，根据《行政处罚法》第三十七条的规定，《查处规程》明确必要时可以对证据进行先行登记保存，并就先行登记保存的适用条件、程序和时限要求进行了规范。即，必须是调查中发现证据可能灭失或者以后难以取得时才能适用，并且必须经国土资源主管部门负责人批准，制作《证据先行登记保存通知书》，附具《证据保存清单》，才可以实施证据先行登记保存，而且必须在七日内作出对先行登记保存的证据如何处理的决定。需要注意的是，实施证据先行登记保存，必须按照规定的条件、程序、时限等规范、慎重进行，不可滥用，否则将面临被诉讼、追责的风险。

第六，调查过程中遇到相应情形可以中止调查或者终止调查。调查中止是指在调查过程中，因发生一些特定情形，致使案件调查暂时无法继续进行，经一定审批程序，暂时停止调查。参照《民事诉讼法》关于诉讼中止的规定，《查处规程》明确：有下列五种情形，办案人员应当填写《中止调查决定呈批表》，报国土资源主管部门负责人批准后，中止调查：（1）因不可抗力或者意外事件，致使案件暂时无法调查的；（2）涉及法律适用问题，需要有权机关作出解释或者确认的；（3）需要公安、检察机关、其他行政机关、组织的决定或者结论作为前提，但尚无定论的；（4）当事人下落不明致使调查证据不足的；（5）需要中止调查的其他情形。

调查终止是指在调查过程中，因发生一些特定情形致使案件调查无法进行，经一定审批程序，结束调查。参照《民事诉讼法》关于诉讼终结的有关规定，《查处规程》明确：有下列五种情形，办案人员应当填写《终止调查决定呈批表》并提出处理建议，报国土资源主管部门负责人批准后，终止调查：（1）调查过程中，发现违法事实不成立的；（2）违法行为已过行政处罚追诉时效的；（3）不属本部门管辖，需要向其他部门移送的；（4）因不可抗力致使案件无法调查处理的；（5）需要终止调查的其他情形。

需要强调的是，调查中止和调查终止产生的原因不同，法律后果也不一样，两者不能混为一谈。调查中止是调查程序的暂时停止，一旦中止调查的情形消除后，应当及时启动调查程序，恢复调查。调查终止是终结调查程序，应当按照《查处规程》的规定，启动结案审批程序，予以结案，不存在恢复调查的问题。

（国土资源部不动产登记中心　尚晓萍）

解读7

谁是真正的违法责任主体

正确实施行政处罚（处理）首先就要准确判定违法行为的实施主体，即谁才是真正的违法当事人？按照《行政处罚法》《行政复议法》及《行政诉讼法》等法律规定，违法责任主体应当是“公民、法人和其他组织”。就国土资源违法行为而言，《国土资源违法行为查处工作规程》（以下简称《查处规程》）明确，违法责任主体应当是实施违法行为并且能够独立承担法律责任的自然人、法人或者其他组织。

一、自然人违法责任主体认定

实施违法行为的当事人是自然人的，该自然人为违法责任主体。自然人包括公民和非公民自然人。依据《民法通则》关于公民（自然人）行为能力的规定，对公民（自然人）身份的认定，一般应以身份证明文件为准。《行政处罚法》第二十五条规定了公民（自然人）免于处罚和从轻处罚的条件，即不满14岁的自然人有行政违法行为的，不予处罚，责令监护人加以管教；已满14岁不满18岁的人有违法行为的，从轻或减轻行政处罚。

二、法人违法责任主体认定

实施违法行为的当事人是法人的，该法人为违法责任主体。我国《民法通则》第三十六条规定：“法人是具有民事权利能力和民事行为能力，依法独立享有民事权利和承担民事义务的组织。法人的民事权利能力和民事行为能力，从法人成立时产生，到法人终止时消灭。”依《民法通则》第三十七条规定，法人应当具备下列条件：一是依法成立。二是有必要的财产或者经费。三是有自己的名称、组织机构和场所。四是能够独立承担民事责任。包括企业法人、机关法人、事业单位法人和社会团体法人等。

1. 企业法人一般是指符合国家法律规定的设立条件，能够独立承担民事责任，经工商机关核准登记取得法人资格的社会经济组织，包括公司制企业法人和非公司制业企法人。其法人资格认定应当以《企业法人营业执照》为准。

2. 机关法人一般是因行使职权的需要，而享有民事权利能力和民事行为能力的各级国家机关，包括各级党政机关、立法机关、行政机关、军事机关和司法机关。

3. 事业单位法人是指按照国家法律规定设立，具备法人条件，经事业单位登记机关核准登记成立的非盈利性社会组织，其法人资格认定一般以《事业单位法人证书》为准。

4. 社会团体法人是具有民事权利能力和民事行为能力，依法享有民事权利和承担民事义务的社会组织。包括两类，一类是不需要办理法人登记，自成立之日起具有法人资格，如县以上各级工会组织，第二类是经核准登记才能取得法人资格的社会团体，如各种协会、学会等。

不具有独立法人资格的分公司、内设机构、派出机构、临时机构等实施违法行为的，设立该分公司、内设机构、派出机构、临时机构的法人为违法责任主体。

三、其他组织违法责任主体认定

根据2014年12月最高人民法院《关于适用〈中华人民共和国民事诉讼法〉的解释》（以下简称《司法解释》）第五十二条的规定，其他组织是指合法成立、有一定的组织机构和财产，但又不具备法人资格的组织，包括：依法登记领取营业执照的个人独资企业，依法登记领取营业执照的合伙企业，依法登记领取我国营业执照的中外合作经营企业、外资企业，依法成立的社会团体的分支机构、代表机构，依法设立并领取营业执照的法人的分支机构，依法设立并领取营业执照的商业银行、政策性银行和非银行金融机构的分支机构，经依法登记领取营业执照的乡镇企业、街道企业，其他符合本条规定条件的组织。

1. 违法行为当事人是其他组织的，如合伙企业，能够独立承担法律责任的，该组织为违法责任主体；不能独立承担法律责任的，创办该组织的法人为违法责任主体。

2. 受委托或者雇佣的自然人、法人或者其他组织在受委托或者雇佣的工作范围内，实施国土资源违法行为，并且能够证明委托或者雇佣关系及委托或者雇佣工作范围的，应当认定委托人或者雇佣人为违法责任主体。

此外，同一违法行为有两个以上当事人的，应当认定为共同违法责任主体。

案例：A县执法大队日常巡查时，发现一处违法建筑正在施工。A县国土局立即下发《责令停止违法行为通知书》进行制止，并着手调查处理，据初步了解：此建筑物由王某的施工队建设，由王某自行设计和投资，拟作为其施工队办公用房；王某的施工队是B厂长期聘用进行工程建设的施工队。

问题：此案的违法责任主体是谁？大家意见不一，有人认为是B厂，有人认为是施工队，也有人认为是王某。那么，到底谁才是真正的违法责任主体呢？

B厂是否为此案的违法责任主体？经调查，王某的施工队确实长期承揽B厂建设工程，但该此案中的违法建设并非受B厂雇佣或发包施工，而是王某施工队自行建设行为。因此，不能将B厂作为此案的违法责任主体。

施工队是否为此案的违法责任主体？经调查，违法行为由王某的施工队具体实施，但施工队未经工商登记，不具备法人资格，不能认定该施工队为违法责任主体。

王某是否为此案的违法责任主体？经调查，自然人王某投资组建施工队，由其招聘工人，管理日常工作，并组织实施违法占地建设行为，应当认定王某为此案的违法责任主体。

（国土资源部不动产登记中心　尚晓萍）

解读8

如何判断究竟占的什么地

违法用地的地类不同，比如违法占用耕地等农用地和违法占用未利用地，其违法性质、违法情节和法律责任不同，相应的处罚也不同，因此，查处违法用地必须明确究竟占的什么地？即要准确判定占用土地的类型。《国土资源违法行为查处工作规程》（以下简称《查处规程》）对如何判定违法用地的地类作出了明确规定。

地类即土地类型或用途，包括现状地类和规划地类，现状地类是指土地现时用途，一般通过土地调查、土地审批文件或土地登记确定；规划用途是指土地利用总体规划确定的土地用途。执法查处中判定所占用土地的地类一般是指现状地类。

土地现状地类的划分标准与土地调查。《土地管理法》明确将我国土地用途划分为农用地、建设用地和未利用地三大类。国家标准《土地利用现状分类》（GB/T 21010 - 2007），进一步将土地利用现状地类划分为 12 个一级类、57 个二级类。其中一级地类包括耕地、园地、林地、草地、商服用地、工矿仓储用地、住宅用地、公共管理与公共服务用地、特殊用地、交通运输用地、水域及水利设施用地、其他用地。国土资源主管部门每年组织土地利用变更调查，对土地现状地类进行更新，即在上年度土地利用现状数据基础上，根据年度内土地利用和权属变化的情况进行调查，获取变化图斑的地类和权属数据，以 12 月 31 日为时点对土地利用现状图和土地利用现状数据库进行更新，形成新的土地利用现状图和土地利用现状数据库，这是判定土地现状地类的基本依据。

判定现状地类一般以法定土地调查结果为准。说起如何判定违法占用的现状地类，往往有人会提出应该到现场去实地判定，但既然是违法用地往往已经建设占用，已经改变了原有地类，实地是无法判定所占用的土地类别的，因此，判定所占用土地的类别时，一般应当以法定的土地调查结果为准。为此，《查处规程》明确：应当将违法用地的界址范围或者勘测定界坐标数据套合到违法用地行为发生上一年度土地利用现状图或者土地利用现状数据库上，对照标示的现状地类进行判定。套合之后，土地利用现状图或土地利用现状数据库所标示的地类一般就是违法占用的土地类别，地类判定应当明确所占用的一级、二级地类及相应的面积。

土地调查成果与土地审批文件或者土地登记文件不一致时，应当以土地审批文件或者土地登记文件为准进行地类判定。例如：一宗违法用地自 2015 年 5 月开始建设，某市国土资源主管部门发现后及时进行立案查处，查处过程中，经对照 2014 年 12 月 31 日的土地利用现状图和土地利用现状数据库，显示所占用的地类为耕地，但经核实，该地块包含在 2015 年 3 月省级人民政府批准该市第一批次农用地转用和土地征收范围内，即该地块已经批准转为建设用地。这种情况下应当如何判定该地块的地类呢？对此，《查处规程》明确：违法用地发生时，该用地已经批准转为建设用地的，应当按照建设用地判定。因此，该案占用土地的地类应当判定为建设用地。再如，在 2015 年 7 月的一次执法巡查过程中，某县国土资源执法监察人员发现，某建设项目所占用的土地在 2014 年 12 月 31 日土地利用现状图上标示的地类为耕地，初步判定该项目属于违法用地。但进一步核查发现，该项目用地为 2009 年批准农用地转用和土地征收，2010 年县国土资源局挂牌出让，项目开发企业摘牌后与县国土资源局签订土地使用权出让合同，缴纳了出让金，于2010年10月取得《国有土地使用证》，证载用途为商业用地。根据进一步核查情况可以看出，是土地变更调查出现遗漏，未及时进行变更，造成土地利用现状图失真，因此，该建设项目占用土地的地类不是耕地，应为合法建设用地，同时，应当提请地籍管理工作机构对土地利用现状图和土地利用现状数据库进行更正。

执法监察工作机构可以提请地籍管理工作机构进行现状地类认定。按照国土资源主管部门内设机构的分工，土地调查和地类认定一般由地籍管理工作机构进行，因此，对于一些无法准确判定占用土地类别的情况，《查处规程》明确：执法监察工作机构可以提请地籍管理工作机构进行认定。

（国土资源部执法监察局　王晓慧）

解读9

移送公安并不意味查处职责终止

某县国土资源局对一宗建材厂破坏耕地案件立案后，在调查阶段发现该建材厂存在破坏耕地行为，涉嫌触犯《刑法》第三百四十二条规定，于是在尚未作出行政处罚决定的情况下，将该案移送当地公安机关追究违法当事人的刑事责任，并于案件移送次日予以结案。有人认为该县国土资源局结案过于草率，不符合《国土资源违法行为查处工作规程》（以下简称《查处规程》）的规定，那么，国土资源违法案件移送公安机关后是否可以结案？

一、可以结案的六类情形

《规程》规定了六类可以结案的情形。分别是：（1）案件已经移送管辖的；（2）终止调查的；（3）决定不予行政处罚或者行政处理的；（4）行政处罚决定或者行政处理决定执行完毕的；（5）行政处罚决定终结执行的；（6）已经依法申请人民法院强制执行的。那么，国土资源违法案件移送公安机关后予以结案，是否符合上述规定之一呢？

对于第一类结案情形：移送管辖。我们知道，是指国土资源主管部门发现违法行为不属于本级或者本部门管辖时，将有关线索材料移送有管辖权的国土资源主管部门或者其他部门。本案属于该县国土资源局管辖，不存在移送管辖情形。

对照第三、四、五、六类结案情形，发现本案并未作出不予行政处罚的决定，更未将行政处罚执行完毕，也未申请人民法院强制执行。因此，本案也不符合三、四、五、六类结案情形。该县国土资源局予以结案，唯一的依据可能是终止调查。

二、国土资源违法案件移送公安机关是否可以终止调查

本案涉及移送公安机关，是否属于终止调查结案情形呢？《规程》规定了五类可以终止调查的情形，分别是：（1）调查过程中，发现违法事实不成立的；（2）违法行为已过行政处罚追诉时效的；（3）不属本部门管辖，需要向其他部门移送的；（4）因不可抗力致使案件无法调查处理的；（5）需要终止调查的其他情形。

对前四类终止调查的情形，本案明显不符合。

对于是否符合第五类情形，根据《规程》和《国土资源部、最高人民检察院、公安部关于国土资源行政主管部门移送涉嫌国土资源犯罪案件的若干意见》（国土资发［2008］203 号）有关规定，国土资源行政主管部门应当在向公安机关移送案件后的 10 日内向公安机关查询立案情况。对公安机关不予立案有异议的，国土资源行政主管部门应当自收到不予立案通知书之日起的 3 日内，提请作出不予立案决定的公安机关复议。国土资源行政主管部门对公安机关不予立案的复议决定仍有异议的，应当自收到复议决定通知书之日起 3 日内建议人民检察院依法进行立案监督。与此同时，国土资源行政主管部门对公安机关决定不予立案的案件，仍应当依法作出处理。其中，依照有关法律、法规或者规章的规定应当给予行政处罚的，应当依法实施行政处罚，同时将《行政处罚决定书》抄送同级人民检察院；应当追究有关责任人员党纪政纪责任的，应当将案件移送有关纪检监察机关或者任免机关处理。

对照上述规定，案件移送后，国土资源行政主管部门还需要了解案件进展情况，作出相应的处理，不能简单终止调查，予以结案。

那么，公安机关对国土资源局移送的案件予以立案后，国土资源管理部门是否可以终止调查呢？笔者认为也是不可以的。《规程》明确规定，案件移送时，国土资源主管部门未作出行政处罚或者行政处理决定，人民法院判决后，违法状态仍未消除的，国土资源主管部门应当依法作出行政处罚或者行政处理，其中，人民法院已给予罚金处罚的，不再给予罚款的行政处罚。

由此看来，即使公安机关立案，人民法院判决，国土资源部门未完成的处罚或者处理工作还是要继续完成，不能终止调查，结案了事。

因此，将案件移送公安机关不属于终止调查的其他情形，不能结案。

三、结论

国土资源行政主管部门依法将案件移送司法机关追究违法当事人的刑事责任时，尚未作出行政处罚（处理）决定的，待司法机关处理情况明确后，违法状态仍未消除的，国土资源行政主管部门应当依法作出行政处罚（处理），符合行政处罚（处理）落实到位或者已经依法申请法院强制执行等结案条件的，才能结案。

本案移送公安机关后即予以结案，不符合《规程》有关要求，最终被上级国土资源行政主管部门退回，重新办理。

（安徽省国土资源厅　陈涛）

解读10

查处违法用地，如何判定是否符合规划

2014年6月23日最高人民法院公布了五个典型案例，其中郭德胜诉河南省卫辉市国土资源局行政处罚案，因卫辉市国土资源局提供的处罚资料无法判定郭某的违法用地是否符合土地利用总体规划等问题，法院认定卫辉市国土资源局作出的处罚决定主要证据不足，依法予以撤销。从该典型案例可以看出，国土资源主管部门在查处违法用地的过程中，必须准确界定违法用地是否符合土地利用总体规划，进而才可以确定对违法用地行为应如何处罚，即是拆除还是没收？否则就可能因判定错误而造成错误处罚。《国土资源违法行为查处工作规程》（以下简称《查处规程》）对如何准确判定违法用地是否符合土地利用总体规划作出了明确规定。

一、是否符合规划的判定依据是什么？

判定是否符合土地利用总体规划，应当以法定土地利用总体规划图件、文本为依据。土地规划用途是由土地利用总体规划确定的，土地利用总体规划通过规划图件、文本将规划区域内土地的规划用途具体划分为农用地、建设用地和未利用地三类。经依法批准后，土地利用总体规划图件和文本即为法定规划图件和文本，土地实际用途与法定土地利用总体规划图件和文本明确的规划用途一致的，即可判定用地符合规划。由于违法用地往往都是由违法建设引起的，因此，国土资源主管部门查处违法用地时，判定是否符合规划实质是要看违法地块在法定土地利用总体规划图件和文本中标示的规划用途是否为建设用地。《查处规程》明确：判定违法用地是否符合土地利用总体规划，应当将违法用地的界址范围（或者界址坐标）与乡（镇）土地利用总体规划纸质图件（或者数据库矢量图件）套合比对、对照，将项目名称与土地利用总体规划文本对照。

二、非单独选址类违法用地如何判定是否符合规划？

违法用地属于城乡建设用地（非单独选址项目）的，判定其是否符合规划，应当将违法用地的界址范围（或者界址坐标）与乡（镇）土地利用总体规划纸质图件（或者数据库矢量图件）进行套合比对，违法用地位于规划城乡建设用地区域的，应当判定为符合土地利用总体规划。需要注意的是，新一轮土地利用总体规划划定了“三界四区”，即城乡建设用地规模边界、扩展边界和禁止建设边界，允许建设区、有条件建设区、限制建设区和禁止建设区，因此对于规划城乡建设用地范围应当区分情况进行判定：用地位于允许建设区的，判定为符合土地利用总体规划；用地位于有条件建设区、不突破城乡建设用地总规模的，判定为符合土地利用总体规划；用地位于禁止建设区和限制建设区的，判定为不符合土地利用总体规划。

三、单独选址类违法用地如何判定是否符合规划？

违法用地项目属于能源、交通、水利、矿山、军事设施等单独选址项目的，判定其是否符合规划，应当将违法用地的界址范围（或者界址坐标）与乡（镇）土地利用总体规划纸质图件（或者数据库矢量图件）进行对照，或将项目与土地利用总体规划文本进行对照。当违法地块位于土地利用总体规划确定的交通廊道内、独立工矿用地区域，或用地项目已列入土地利用总体规划重点建设项目清单的，应当判定为符合土地利用总体规划，不在上述范围的建设项目用地，应当判定为不符合土地利用总体规划。

四、判定违法用地是否符合规划应遵循什么原则？

判定违法用地是否符合土地利用总体规划时应遵循以下原则：

一是原则上以乡（镇）土地利用总体规划为依据，如果乡（镇）土地利用总体规划与市（县）土地利用总体规划不衔接的，应当以市（县）土地利用总体规划为准；二是在作出处罚决定前，土地利用总体规划依法作出了重大调整，违法用地的规划土地用途发生重大变更的，可以按照从轻原则判定是否符合土地利用总体规划。例如，违法行为发生时土地利用总体规划确定的规划用途为农用地，依法应当拆除地上建筑物、构筑物，作出处罚决定或执行处罚决定时，土地利用总体规划已依法作出调整，调整后规划用途已调整为建设用地的，应当按照从轻原则，依据新的土地利用总体规划调整处罚内容或重新作出处罚决定，对地上建筑物、构筑物应当依法没收；违法行为发生时土地利用总体规划确定的规划用途为建设用地，依法应当没收地上建筑物、构筑物，作出处罚决定或执行处罚决定时，土地利用总体规划已依法作出调整，调整后规划用途为农用地的，则应当依照从轻原则，适用原土地利用总体规划，处罚内容或处罚决定可不再调整，但应当明确地上建筑物、构筑物不得翻建、扩建。三是违法用地占用土地利用总体规划确定的未利用地的，根据《土地管理法实施条例》第二十三、二十四条的规定，不需要办理农转用审批手续，应当判定为符合土地利用总体规划。

（国土资源部执法监察局　岳晓武）

解读11
违法占用的是基本农田吗

我国人多地少，必须坚守耕地红线，对基本农田实行特殊保护。《土地管理法》《土地管理法实施条例》和《基本农田保护条例》等都强调对基本农田实施特殊保护：任何单位和个人不得占用，国家能源、交通、水利、军事设施等重点建设项目选址确实无法避开需要占用基本农田的，必须报国务院批准；违法占用基本农田的，依法应当从重给予处罚。2015 年 1 月李克强总理再次批示要求：加强监测督查，对违法违规占用基本农田实施重典问责。违法占用基本农田，其违法性质、情节认定和法律责任与占用一般耕地等其他农用地是不同的，国土资源主管部门在查处违法用地过程中，必须准确判定是否占用基本农田，才可能精准查处，落实对违法占用基本农田重点问责的要求。《国土资源违法行为查处工作规程》（以下简称《查处规程》）对如何准确判定违法用地是否占用基本农田作出了明确规定。

一、基本农田与基本农田保护区有区别吗？

基本农田是指按照一定时期人口和社会经济发展对农产品的需求，依据土地利用总体规划确定的不得占用的耕地，省、自治区、直辖市划定的基本农田应当占本行政区域内耕地总面积的百分之八十以上。

基本农田保护区是指为对基本农田实行特殊保护而依据土地利用总体规划和依照法定程序确定的特定保护区域。下列耕地应当划入基本农田保护区：经国务院有关主管部门或者县级以上地方人民政府批准确定的粮、棉、油生产基地内的耕地；有良好的水利与水土保持设施的耕地，正在改造或已列入改造规划的中、低产田；农业科研、教学试验田；集中连片程度较高的耕地；相邻城镇间、城市组团间和交通干线间绿色隔离带中的耕地。为基本农田生产服务的农村道路、农田水利、农田防护林和其他农业设施，以及农田之间的其他零星土地，可以划入基本农田保护区。

《国土资源部办公厅关于印发市县乡级土地利用总体规划编制指导意见的通知》（国土资厅发〔2009〕51 号）明确规定：县级土地利用总体规划，应结合土地用途区确定，划定基本农田保护区；乡级土地利用总体规划，应将县级规划划定的基本农田保护区进一步落实到地块。

因此，可以看出，基本农田和基本农田保护区有密切联系：基本农田和基本农田保护区同样都是主要由耕地构成，都要实行严格保护，基本农田一般都位于基本农田保护区内，基本农田保护区的土地绝大部分都属于基本农田。同时，二者又有区别：基本农田是地块概念，必须落实到具体地块，一般由乡镇土地利用总体规划具体落实，划定到地块；基本农田保护区则是区域概念，基本农田保护区内以基本农田为主，但并非都是基本农田，除了基本农田外，还可能有少量零星的一般耕地、其他农用地、建设用地、未利用地等，基本农田保护区一般由县市级土地利用总体规划确定。

二、基本农田的判定依据是什么？

判定违法用地是否属于基本农田，应当以法定土地利用总体规划图件为依据。既然具体的基本农田是由乡镇级土地利用总体规划具体划定落实到地块的，因此，要以依法批准的乡镇土地利用总体规划图件为准，看违法占用的土地是否属于规划图上的基本农田地块。为此，《查处规程》明确：判定违法用地是否占用基本农田，应当将违法用地的界址范围（或者界址坐标）与乡（镇）土地利用总体规划纸质图件（或者数据库矢量图件）进行套合比对，对照所标示的基本农田保护地块范围进行判定。

三、占用规划图上的基本农田地块都认定为占用基本农田吗?

违法用地位于乡镇土地利用总体规划图上标示的基本农田保护地块范围的，一般应当判定为占用基本农田。但需要注意的是，新一轮土地利用总体规划编制的相关规定明确：基本农田保护区划定中，可以多划一定比例的基本农田，用于规划期内补划不易确定具体范围的建设项目占用基本农田，包括难以确定用地范围的交通、水利等线性工程用地，不宜在城镇村建设用地范围内建设、又难以定位的独立建设项目（如防灾救灾建设、社会公益项目建设、城镇村重要基础设施建设、污染企业搬迁等)。各地在划定基本农田时都相应多划了一定比例的基本农田，因此，并不是所有位于土地利用总体规划图上基本农田保护地块范围的建设项目都属于占用基本农田，需要具体区分情况进行判定：已列入土地利用总体规划确定的交通廊道或者已列入土地利用总体规划重点建设项目清单的民生、环保等特殊项目，在未超出规划多划基本农田面积额度的前提下，占用规划多划的基本农田时，按照占用一般耕地进行判定，不视为占用基本农田。

四、是否占用基本农田可以提请专业工作机构认定吗?

执法监察工作机构可以提请规划管理和耕地保护工作机构进行是否占用基本农田的认定。按照国土资源部门内设机构的分工，基本农田划定和管理一般由规划管理和耕地保护工作机构进行，因此，对于一些情况复杂无法准确判定所占用土地是否属于基本农田的情况，《查处规程》明确：执法监察工作机构可以提请规划管理和耕地保护工作机构进行认定。

（国土资源部执法监察局　王晓慧）

解读12
违法所得如何认定

根据《土地管理法》《城市房地产管理法》《矿产资源法》等规定，国土资源主管部门在查处违法转让土地使用权和无证开采、越界开采、转让矿产资源等违法行为时，依法应当作出没收违法所得的行政处罚，并处罚款的，罚款数额应当按照违法所得的一定比例确定。可见，违法所得的认定是行政机关准确作出此类行政处罚的一个关键环节，认定是否合理、准确，关系到行政机关行政处罚是否公平公正，关系到当事人违法行为是否受到应有的处罚，也关系到当事人合法财产权益是否得到维护。《国土资源违法行为查处工作规程》（以下简称《查处规程》）区分土地违法转让和矿产违法等不同情形，对如何认定违法所得进行了明确。

一、违法所得与没收违法所得

违法所得，顾名思义，是行为人通过实施违法行为或者利用违法手段获得的利益。违法所得与行为人违法行为使用的“自有财物”或“个人财产”不同，违法行为使用的自有财物或个人财产是指用于违法行为的资金、运输工具及其他财物，一般是行为人合法所有的财产，虽然也具有证据价值的特性，但是不具有取得手段的违法性质。例如用来无证运输的交通工具，可以视为物证，是违法的工具或手段，但是不属于违法所得。违法所得与一般意义上的物也不同，一般意义上的物只有被违法行为人通过违法手段获取之后才能成为违法所得。

由于违法所得是通过法律禁止行为或者手段获取的利益，《行政处罚法》等规定要没收违法所得。没收违法所得，是指国家行政机关根据行政管理法规，将行为人的违法所获得的财物强制无偿收归国有的一项行政处罚措施。没收违法所得，必须准确认定行为人的违法所得，依照法定的程序和标准，公平、公正地作出行政处罚。

二、违法转让土地使用权的违法所得应当如何认定?

违法转让土地使用权的违法所得，应当区分依法取得土地使用权违法转让和违法取得土地使用权违法转让两种情形进行认定：

一是依法取得的土地使用权违法转让的，违法所得为当事人转让全部所得扣除当事人依法取得土地使用权的成本和对土地的合法投入。例如，某企业以出让方式依法取得土地使用权用于房屋建设，已经支付了全部土地出让金等相关费用，并进行了投资开发，但完成开发投资总额未到达《城市房地产管理法》第三十九条的规定的25%，不符合法律规定条件即将房地产进行了转让，属于违法转让土地使用权行为，应当按照《城市房地产管理法》第六十六条的规定，给予没收违法所得的行政处罚。在认定违法所得时，应当从转让房地产的总收入中扣除违法当事人已缴纳的土地出让金等相关费用成本和开发建设投入。

二是违法取得的土地使用权违法转让的，违法所得为当事人转让全部所得。例如，某村委会与某企业签订土地租赁协议，违法将5亩集体土地出租用于建设厂房，租期20年，每亩每年4万元，企业一次性支付了3年租金共计60万元。企业对土地进行了平整和基础设施建设，投入了10万元。在租赁期的第2年，该企业将租赁的集体土地违法转让给其他单位用于房地产开发，转让合同列明总价款为500万。本案中存在两种违法行为，一是村委会非法出租集体土地用于非农业建设，适用《土地管理法》第八十一条的规定予以处罚，违法所得应为企业已支付60万元租金；二是某企业违法转让集体土地使用权，适用《土地管理法》第七十三条规定予以处罚，违法所得应为转让合同列明价款500万元，企业已支付60万元资金和土地开发投入的10万元不予扣除。

认定转让土地使用权违法所得时，转让全部所得、合法投入等应当如何具体核定呢?《查处规程》明确，转让全部所得数额应当按照转让合同及交易凭据所列价款确定，没有转让合同及交易凭据、当事人拒不提供或者提供的转让合同及交易凭据所列价款明显不符合实际的，可以按照评估价认定。对土地的合法投入包括土地开发、新建建筑物和构筑物的建设投入等，但是违法新建建筑物和构筑物的建设投入除外。

三、矿产资源违法行为中违法所得应当如何认定?

矿产资源违法行为中违法所得，应当区分无证开采、越界开采和买卖、出租、转让矿产资源两种情形进行认定：

是对无证开采和越界开采的，违法所得数额应当按照销售凭据确定；没有销售凭据的，按照违法行为发生时当地原矿的市场价格计算，不扣除开采成本。

二是对买卖、出租和转让矿产资源的，违法所得数额应当为买卖、出租和转让的全部所得。

（国土资源部执法监察局 王晓慧）

解读 13
违法批地的表现形式与法律责任

国土资源违法案件查处过程中，办案人员完成调查取证后，应当依据调查取证取得的证据和认定的违法事实，对照国土资源法律法规规定，确定案件的违法性质、适用的法条及应当承担的法律责任。违法批地是主要的国土资源违法类型之一，《国土资源违法行为查处工作规程》（以下简称《查处规程》）对违法批地判定的法律依据、表现形式和相应的法律责任等进行了明确。

一、违法批地的概念与判定依据

违法批地是指违反土地管理法律、法规的规定批准征收、占用土地的行为。违法批地的主体通常是具有公共管理职能的国家机关及其工作人员，如政府、职能部门及其工作人员。

《土地管理法》《城市房地产管理法》《土地管理法实施条例》等法律法规，明确了批准征收、占用土地的条件、程序和标准，这些规定是判定是否违法批地的法律依据。比如，《土地管理法》第二十四、二十六条规定了必须按照规划、计划批地、用地，第四十四、四十五条明确了土地征收如何审批，第五十三、五十四条明确了国有建设用地供应如何办理，第五十七条明确了临时用地如何审批，第六十一、六十二、六十三条规定了农村集体建设用地如何审批、使用；《城市房地产管理法》第八至二十四条规定了国有土地使用权出让、划拨的条件程序等具体规定；《土地管理法实施条例》第二十四条明确了使用国有未利用地的审批要求，第二十、二十二、二十三条规定了土地征收、转用和供地审批的具体程序和要求。从这些法律法规的规定可以看出，土地审批必须依法依规进行：一是土地征收、转用、供应必须依法报有批准权的人民政府审批，不能超越权限批地；二是必须依照法定程序和条件审批用地；三是必须严格按照规划、计划批地用地；四是必须按照国家供地政策、供地标准、供地方式、地价政策等供地。违反上述规定批地属于违法批地行为，实施违法批地，往往是通过口头同意、批条子、集体研究决定、会议纪要等方式进行的。

二、违法批地有哪些表现形式？

按照违法批地行为违反的法律法规条款不同，违法批地行为有以下五种主要的表现形式：

一是无权批准征收、使用土地的单位或者个人非法批准占用土地，超越批准权限非法批准占用土地。主要是不具有土地审批权的政府、部门及工作人员批准征收占用土地，比如乡镇政府批准征收或使用土地，或虽有审批权但超越自己的审批权限审批征收占用土地，比如省级政府批准征收占用基本农田等。

二是不按照土地利用总体规划确定的用途批准用地。比如在土地利用总体规划确定的禁止建设区范围内批准占地建设等。

三是没有新增建设用地计划指标擅自批准用地，或者没有农用地转用计划指标或者超过农用地转用计划指标，擅自批准农用地转用。

四是违反法律规定的程序批准征收、使用土地。比如，没有履行征地调查、确认、告知等程序，没有依法拟定土地征收方案、农用地转用方案，没有履行“两公告一登记”程序等即批准土地征收转用或实施征收，都属于违反法定程序批准征收占用土地。

五是违法违规供地，主要包括：违反有偿用地政策规定供应土地，违反招拍挂规定供应土地，违法低价供应土地，违反国家供地政策供应土地等。

三、违法批地的法律责任有哪些？

对于违法批地应承担的法律责任，《土地管理法》《城市房地产管理法》等有明确规定。《土地管理法》第七十八条规定：无权批准征收、使用土地的单位或者个人非法批准占用土地的，超越批准权限非法批准占用土地的，不按照土地利用总体规划确定的用途批准用地的，或者违反法律规定的程序批准占用、征收土地的，其批准文件无效，对非法批准征收、使用土地的直接负责的主管人员和其他直接责任人员，依法给予行政处分；构成犯罪的，依法追究刑事责任。非法批准、使用的土地应当收回，有关当事人拒不归还的，以非法占用土地论处。非法批准征收、使用土地，对当事人造成损失的，依法应当承担赔偿责任。《城市房地产管理法》第六十四条规定：违反本法第十一条、第十二条的规定，擅自批准出让或者擅自出让土地使用权用于房地产开发的，由上级机关或者所在单位给予有关责任人员行政处分。第七十一条规定：房产管理部门、土地管理部门工作人员玩忽职守、滥用职权，构成犯罪的，依法追究刑事责任；不构成犯罪的，给予行政处分。可以看出，违法批地的批准文件无效，非法批准、使用的土地应当收回，同时还要追究违法批地责任人的法律责任，法律责任包括行政责任、刑事责任和民事责任。

一是追究行政责任。对于违法批地者需要追究相应的行政责任，对非法批准征收、使用土地的直接负责的主管人员和其他直接责任人员，依法给予行政处分。具体行政责任应当按照《违反土地管理规定行为处分办法》（以下简称《办法》）的有关规定办理。

对于行政机关及其公务员违反土地管理规定，滥用职权，非法批准征收、占用土地的，《办法》第五条规定：对有关责任人员，给予记过或者记大过处分；情节较重的，给予降级或者撤职处分；情节严重的，给予开除处分。有前款规定行为，且有徇私舞弊情节的，从重处分。对于行政机关及其公务员不按照土地利用总体规划确定的用途批准用地的；没有土地利用计划指标擅自批准用地的；没有新增建设占用农用地计划指标擅自批准农用地转用的，《办法》第六条规定：对有关责任人员，给予记过或者记大过处分；情节较重的，给予降级或者撤职处分；情节严重的，给予开除处分。对于行政机关及其公务员违反法定程序批准征收、占用土地的，《办法》第七条规定：对有关责任人员，给予警告或者记过处分；情节较重的，给予记大过或者降级处分；情节严重的，给予撤职处分。第四条对于行政机关在土地审批和供应过程中不执行或者违反国家土地调控政策，国务院明确要求暂停土地审批仍不停止审批或国务院明确禁止供地的项目提供建设用地的，《办法》第四条规定：对有关责任人员，给予记大过处分；情节较重的，给予降级或者撤职处分；情节严重的，给予开除处分。对于行政机关及其公务员违反土地管理规定，滥用职权，非法低价或者无偿出让国有建设用地使用权的，《办法》第八条规定：对有关责任人员，给予记过或者记大过处分；情节较重的，给予降级或者撤职处分；情节严重的，给予开除处分。有前款规定行为，且有徇私舞弊情节的，从重处分。对于行政机关及其公务员在国有建设用地使用权出让中，有下列行为之一的，《办法》第九条规定：对有关责任人员，给予警告或者记过处分；情节较重的，给予记大过或者降级处分；情节严重的，给予撤职处分：（一）应当采取出让方式而采用划拨方式或者应当招标拍卖挂牌出让而协议出让国有建设用地使用权的；（二）在国有建设用地使用权招标拍卖挂牌出让中，采取与投标人、竞买人恶意串通，故意设置不合理的条件限制或者排斥潜在的投标人、竞买人等方式，操纵中标人、竞得人的确定或者出让结果的；（三）违反规定减免或者变相减免国有建设用地使用权出让金的；（四）国有建设用地使用权出让合同签订后，擅自批准调整土地用途、容积率等土地使用条件的；（五）其他违反规定出让国有建设用地使用权的行为。

二是追究刑事责任。违法批地构成犯罪的，要依法追究刑事责任。《刑法》第四百一十条规定："国家机关工作人员徇私舞弊，违反土地管理法规，滥用职权，非法批准征用、占用土地，或者非法低价出让国有土地使用权，情节严重的，处三年以下有期徒刑或者拘役；致使国家或者集体利益遭受特别重大损失的，处三年以上七年以下有期徒刑。"

对于违法批地是否构成犯罪，《最高人民法院关于审理破坏土地资源刑事案件具体应用法律若干问题的解释》（以下简称《解释》）给出了具体的判定标准。该《解释》第四条明确：国家机关工作人员徇私舞弊，违反土地管理法规，滥用职权，非法批准征用、占用土地，具有下列情形之一的，属于非法批准征用、占用土地"情节严重"，依照刑法第四百一十条的规定，以非法批准征用、占用土地罪定罪处罚：（一）非法批准征用、占用基本农田十亩以上的；（二）非法批准征用、占用基本农田以外的耕地三十亩以上的；（三）非法批准征用、占用其他土地五十亩以上的；（四）虽未达到上述数量标准，但非法批准征用、占用土地造成直接经济损失三十万元以上；造成耕地大量毁坏等恶劣情节的。对于多次实施违法批地行为依法应当追诉的，或者一年内多次实施违法批地行为未经处理的，《解释》第九条明确按照累计的数量、数额处罚。

三是承担民事责任。《土地管理法》第七十八条明确：非法批准征收、使用土地，对当事人造成损失的，依法应当承担赔偿责任。因此，对违法批地给当事人造成损失当事人要求赔偿的，违法批地责任人应当依法承担赔偿责任。

四、需要特别注意的事项

一是对违法批地的处理，属于行政处理，不属于行政处罚。国土资源主管部门在查处违法批地行为时，应当依法作出行政处理决定，行政处理决定应当明确违法批准征收、使用土地的相关文件无效，提出撤销批准文件、废止违法内容、依法收回土地等具体要求和追究行政纪律责任等具体要求的建议，并通知相关单位。

二是对违法征地的认定，不能仅以签订征地补偿协议、支付补偿款予以认定，还应确认土地是否被实际控制、平整场地、动工建设等。

三是国土资源主管部门在查处违法批地行为时，发现需要追究当事人及有关责任人员行政纪律责任，应当及时处理，本部门无权处理的，在作出行政处理决定后，应当依法及时将有关案件材料移送监察机关、任免机关。

四是国土资源主管部门在查处违法批地行为时，发现违法批地构成犯罪的，应当依法及时将案件移送检察机关。

五是对违法批准的土地应当收回，有关当事人拒不归还土地的，以违法占用土地论处。

（国土资源部执法监察局　岳晓武
国土资源部不动产登记中心　尚晓萍）

解读14
违法占地的表现形式与法律责任

国土资源违法案件查处过程中，办案人员完成调查取证后，应当依据调查取证取得的证据和认定的违法事实，对照国土资源法律法规规定，确定案件的违法性质、适用的法条及应当承担的法律责任。违法占地是主要的国土资源违法类型，《国土资源违法行为查处工作规程》（以下简称《查处规程》）对违法占地判定的法律依据、表现形式和相应的法律责任等进行了明确。

一、违法占地的概念与判定依据

违法占地是国土资源违法行为中最常见的一种类型，是指行为人未经批准，或者采取欺骗手段骗取批准，违法占用土地进行非农业建设的行为。违法占地的主体是违法占用、使用土地的单位或个人，即实施具体违法占地行为且能够独立承担法律责任的自然人、法人或者其他组织。

《土地管理法》《土地管理法实施条例》等法律法规明确了任何单位和个人使用国有土地或者农民集体所有土地进行建设的条件和程序，这些规定是判定是否违法占地的法律依据。比如，《土地管理法》第四十三条规定除兴办乡镇企业、村民建设住宅、乡（镇）村公共设施和公益事业建设经依法批准可使用本集体经济组织农民集体所有的土地外，其他任何单位和个人进行建设，必须依法申请使用国有土地；第四十四条明确建设占用农用地需要办理农用地转用审批手续；第五十三条至五十六条、《城市房地产管理法》第八条至第二十四条、《土地管理法实施条例》第二十一条至二十三条明确了建设项目使用国有建设用地的条件和程序；《土地管理法》第五十七条规定了临时用地的条件和程序；第五十九至六十二条明确了乡镇企业、乡（镇）村公共设施、公益事业、农村村民住宅等使用集体建设用地的条件和程序；第六十四条明确在土地利用总体规划制定前已建的不符合土地利用总体规划确定的用途的建筑物、构筑物不得重建、扩建；第七十六条明确了超过批准的数量占用土地，多占的土地以非法占用土地论处；第七十八条明确了依法收回非法批准、使用的土地，有关当事人拒不归还的，以违法占地论处；《土地管理法实施条例》第二十四条明确了建设项目使用国有未利用地的条件和程序。从这些法律法规规定可以看出，任何单位和个人使用土地都必须依法办理相应的用地手续。

二、违法占地的表现形式

违法占地行为有以下四种主要的表现形式：

（一）未经批准占用土地，主要是指单位或个人未取得合法用地批准文件或未办理用地批准手续而违法占用土地进行建设。

（二）采用欺骗手段骗取批准文件占用土地建设，主要指单位或个人占地建设虽然取得了用地批准手续，但批准手续是通过弄虚作假骗取的，不具备合法性，因此也属于违法占地。比如，某村民已有宅基地，却隐瞒情况伙同村干部出具没有宅基地的证明，骗取批准新的宅基地。

（三）少批多占，主要是指超过批准的用地面积占用土地，多占的部分属于违法占地。

（四）其他形式的违法占地，比如依法收回非法批准、使用的土地，有关当事人拒不归还的，以违法占地论处；依法收回国有土地使用权，当事人拒不交还的；临时用地到期，拒不归还土地或在临时用地上修建永久性建筑物、构筑物的；对在土地利用总体规划制定前已建的不符合土地利用总体规划确定的用途的建筑物、构筑物重建、扩建等。

三、违法占地的法律责任

对于违法占地应承担的法律责任，《土地管理法》第七十六、七十七、八十条，《土地管理法实施条例》第三十五、三十六、四十二、四十三条有明确规定，违法占地需要承担行政处罚、行政责任直至刑事责任。

一是行政处罚。发现违法占地行为，县级以上国土资源主管部门应当及时制止，符合立案条件的，依法立案查处，应当给予行政处罚的，依法作出行政处罚决定。

对于未经批准或者采取欺骗手段骗取批准，非法占用土地的，《土地管理法》第七十六条规定：由县级以上人民政府土地行政主管部门责令退还非法占用的土地，对违反土地利用总体规划擅自将农用地改为建设用地的，限期拆除在非法占用的土地上新建的建筑物和其他设施，恢复土地原状，对符合土地利用总体规划的，没收在非法占用的土地上新建的建筑物和其他设施，可以并处罚款。《土地管理法实施条例》第四十二条规定：依照《土地管理法》第七十六条的规定处以罚款的，罚款额为非法占用土地每平方米 30 元以下。

对于农村村民未经批准或者采取欺骗手段骗取批准，非法占用土地建住宅的，《土地管理法》第七十七条规定：由县级以上人民政府土地行政主管部门责令退还非法占用的土地，限期拆除在非法占用的土地上新建的房屋。超过省、自治区、直辖市规定的标准，多占的土地以非法占用土地论处。

对于依法收回国有土地使用权当事人拒不交出土地的，临时使用土地拒不归还的，《土地管理法》第八十条规定：由县级以上人民政府土地行政主管部门责令交还土地，处以罚款。《土地管理法实施条例》第四十三条规定：依照《土地管理法》第八十条的规定处以罚款的，罚款额为非法占用土地每平方米 10 元以上 30 元以下。

对于在临时使用的土地上修建永久性建筑物、构筑物的，《土地管理法实施条例》第三十五条规定：由县级以上人民政府土地行政主管部门责令限期拆除；逾期不拆除的，由作出处罚决定的机关依法申请人民法院强制执行。

对于在土地利用总体规划制定前已建的不符合土地利用总体规划确定的用途的建筑物、构筑物重建、扩建的，《土地管理法实施条例》第三十六条规定：由县级以上人民政府土地行政主管部门责令限期拆除；逾期不拆除的，由作出处罚决定的机关依法申请人民法院强制执行。

二是追究行政责任。违法占地的行为人为机关法人、事业单位法人、国有企业、社会团体，或具有国家工作人员身份的人员的，对有关责任人还应当追究行政责任，给予相应的行政处分。《土地管理法》第七十六条明确：对非法占用土地单位的直接负责的主管人员和其他直接责任人员，依法给予行政处分。具体处分应当按照《违反土地管理规定行为处分办法》（以下简称《办法》）的有关规定办理。

该《办法》第十条规定："未经批准或者采取欺骗手段骗取批准，非法占用土地的，对有关责任人员，给予警告、记过或者记大过处分；情节较重的，给予降级或者撤职处分；情节严重的，给予开除处分。"

三是追究刑事责任。违法占地构成犯罪的，要依法追究刑事责任。《刑法》第三百四十二条规定："违反土地管理法规，非法占用耕地、林地等农用地，改变被占用土地用途，数量较大，造成耕地、林地等农用地大量毁坏的，处五年以下有期徒刑或者拘役，并处或者单处罚金。"

对于违法占地是否构成犯罪，《最高人民法院关于审理破坏土地资源刑事案件具体应用法律若干问题的解释》《最高人民法院关于审理破坏林地资源刑事案件具体应用法律若干问题的解释》《最高人民法院关于审理破坏草原资源刑事案件应用法律若干问题的解释》《最高人民检察院、公安部关于印发〈最高人民检察院 公安部关于公安机关管辖的刑事案件立案追诉标准的规定（一）〉的通知》给出了具体的判定标准。具有下列情形之一的，属于非法占用农用地，数量较大，造成农用地大量毁坏的，依照刑法第三百四十二条的规定，以非法占用农用地定罪处罚：（一）非法占用基本农田五亩以上或者基本农田以外的耕地十亩以上的；（二）非法占用防护林地或者特种用途林地数量单种或者合计五亩以上的；（三）非法占用其他林地十亩以上的；（四）非法占用本款第（二）项、第（三）项规定的林地，其中一项数量达到相应规定的数量标准的百分之五十以上，且两项数量合计达到该项规定的数量标准的；（五）非法占用草原二十亩以上的，或者曾因非法占用草原受过行政处罚，在三年内又非法占用草原，改变被占用草原用途，数量在十亩以上的。

四、需要特别注意的事项

一是根据《土地管理法》第七十六条规定，违法占用不同的地类，相应的处罚内容有所不同：

违法占用的土地为农用地的，责令退还土地，对违反土地利用总体规划擅自将农用地改为建设用地的，限期拆除地上新建的建筑物和其他设施，恢复土地原状，对符合土地利用总体规划的，没收地上新建的建筑物和其他设施；可以并处罚款。

违法占用的土地为建设用地或未利用地的，责令退还土地，可以并处罚款。对地上新建建筑物和其他设施，由违法当事人与合法的土地所有者或使用者协商处置，其中，占用国有建设用地或国有未利用地的，国土资源主管部门可以一并没收；违法占用建设用地涉及违反《城乡规划法》的，应当转交城乡规划主管部门处理。

二是国土资源主管部门在查处违法占地行为时，发现需要追究当事人及有关责任人员行政纪律责任，应当及时处理，本部门无权处理的，在作出行政处罚决定后，应当依法及时将有关案件材料移送监察机关、任免机关。

三是国土资源主管部门在查处违法占地行为时，发现单位或者个人违法占用农用地，达到刑事追诉标准、涉嫌犯罪的，在调查终结后，应当依法及时将案件移送公安机关。移送时已经做出行政处罚决定的，应当同时移送《行政处罚决定书》和作出行政处罚决定的证据材料；移送时，国土资源主管部门未作出行政处罚的，人民法院判决后，违法状态仍未消除的，国土资源主管部门应当依法作出行政处罚，其中，人民法院已给予罚金处罚的，不再给予罚款的行政处罚。

（国土资源部执法监察局　岳晓武
国土资源部不动产登记中心　尚晓萍）

解读 15

违法转让土地使用权的表现形式与法律责任

国土资源违法案件查处过程中，办案人员完成调查取证后，应当依据调查取证取得的证据和认定的违法事实，对照国土资源法律法规规定，确定案件的违法性质、适用的法条及应当承担的法律责任。违法转让土地使用权是主要的国土资源违法类型之一，《国土资源违法行为查处工作规程》（以下简称《查处规程》）对违法转让判定的法律依据、表现形式和相应的法律责任等进行了明确。

一、违法转让土地使用权的概念与判定依据

违法转让土地使用权是指违反土地管理法律、法规的规定，以各种形式转让土地使用权的行为。

《土地管理法》《城市房地产管理法》《土地管理法实施条例》《城镇国有土地使用权出让和转让暂行条例》《城市房地产开发经营管理条例》等法律法规规定了转让土地使用权的条件和程序，这些规定是判定是否属于违法转让的法律依据。比如，《土地管理法》第二条规定任何单位和个人不得侵占、买卖或者以其他形式非

法转让土地；《城市房地产管理法》第三十八条明确了房地产不得转让的情形；《城镇国有土地使用权出让和转让暂行条例》第十九条明确了出让取得的土地使用权不得转让的情形；《城市房地产管理法》第三十九、四十三、四十四条明确了出让取得土地使用权的房地产的转让条件和有关要求；《城市房地产管理法》第四十条和《城镇国有土地使用权出让和转让暂行条例》第四十四、四十五条明确了划拨土地使用权转让的条件和程序；《土地管理法》第六十三条明确了农民集体所有土地的使用权转让的情形。从这些法律法规规定可以看出，土地使用权转让必须依法依规进行：一是以划拨方式取得的土地使用权转让的，应当报有批准权的人民政府批准，办理出让手续缴纳土地出让金，或者由受让方办理出让手续缴纳土地出让金；二是以出让方式取得的土地使用权转让的，必须付清全部土地使用权出让金，取得土地使用权证书，属于房屋建设工程的，完成开发投资总额的百分之二十五以上，属于成片开发土地的，形成工业用地或者其他建设用地条件；三是农民集体所有的土地的使用权可以因破产、兼并等情形发生转让。不符合上述条件的土地使用权转让属于违法转让。

违法转让土地使用权的表现形式有以下几种：

（一）违法转让以划拨方式取得的国有土地使用权，主要是指未经批准转让划拨土地使用权。

（二）违法转让以出让方式取得的国有土地使用权，主要是不符合《城市房地产管理法》第三十九条规定的付清全部土地使用权出让金并取得土地使用权证书、未达到一定的投资开发程度等条件，违法转让出让的国有土地使用权。

（三）违法转让农民集体所有土地的使用权，主要是非因破产、兼并的原因转让农民集体所有土地使用权用于非农业建设的。

（四）买卖或者以其他形式违法转让土地，主要是指除上述三种类型之外的单位或者个人违法转让土地。

二、违法转让的法律责任

违法转让土地使用权依法应当给予行政处罚，涉及国家工作人员的将被追究行政纪律责任，构成犯罪的将被追究刑事责任。

1. 行政处罚。《土地管理法》《城市房地产管理法》《土地管理法实施条例》《城镇国有土地使用权出让和转让暂行条例》等对不同类型的违法转让土地使用权行为，规定了相应的行政处罚。

对违法转让以划拨方式取得土地使用权的，《城市房地产管理法》第六十七条规定：违反本法第四十条第一款的规定转让房地产的，由县级以上人民政府土地管理部门责令缴纳土地使用权出让金，没收违法所得，可以并处罚款。《城镇国有土地使用权出让和转让暂行条例》第四十六条规定：对未经批准擅自转让、出租、抵押划拨土地使用权的单位和个人，市、县人民政府土地管理部门应当没收其非法收入，并根据情节处以罚款。

对违法转让以出让方式取得国有土地使用权的，《城市房地产管理法》第六十六条规定：违反本法第三十九条第一款的规定转让土地使用权的，由县级以上人民政府土地管理部门没收违法所得，可以并处罚款。《城市房地产开发经营管理条例》第三十八条规定：违反本条例规定，擅自转让房地产开发项目的，由县级以上人民政府负责土地管理工作的部门责令停止违法行为，没收违法所得，可以并处违法所得5倍以下的罚款。

对将农民集体所有的土地的使用权出让、转让或者出租用于非农业建设的，《土地管理法》第八十一条规定：由县级以上人民政府土地行政主管部门责令限期改正，没收违法所得，并处罚款。《土地管理法实施条例》第三十九条规定：依照《土地管理法》第八十一条的规定处以罚款的，罚款额为非法所得的百分之五以上百分之二十以下。

对买卖或者以其他形式非法转让土地的，《土地管理法》第七十三条规定：由县级以上人民政府土地行政主管部门没收违法所得；对违反土地利用总体规划擅自将农用地改为建设用地的，限期拆除在非法转让的土地上新建的建筑物和其他设施，恢复土地原状，对符合土地利用总体规划的，没收在非法转让的土地上新建的建筑物和其他设施；可以并处罚款；对直接负责的主管人员和其他直接责任人员，依法给予行政处分；构成犯罪的，依法追究刑事责任。《土地管理法实施条例》第三十八条规定：依照《土地管理法》第七十三条的规定处以罚款的，罚款额为非法所得的百分之五十以下。

2. 追究行政纪律责任。国土资源主管部门在查处违法转让土地使用权行为时，发现涉及国家工作人员需要追究行政纪律责任，应当及时处理，本部门无权处理的，在作出行政处罚决定后，应当依法及时将有关案件材料移送监察机关或者任免机关，由其按照管理权限依法依规处分。

《土地管理法》第七十条规定：县级以上人民政府土地行政主管部门在监督检查工作中发现国家工作人员的违法行为，依法应当给予行政处分的，应当依法予以处理；自己无权处理的，应当向同级或者上级人民政府的行政监察机关提出行政处分建议书，有关行政监察机关应当依法予以处理。第七十三条规定：对非法转让土地单位的直接负责的主管人员和其他直接责任人员，依法给予行政处分。《违反土地管理规定行为处分办法》第十一条规定：买卖或者以其他形式非法转让土地的，对有关责任人员，给予警告、记过或者记大过处分；情节较重的，给予降级或者撤职处分；情节严重的，给予开除处分。

3. 追究刑事责任。国土资源主管部门在查处违法转让行为时，发现单位或者个人非法转让、倒卖土地使用权，达到刑事追诉标准、涉嫌犯罪的，在调查终结后，应当依法及时将案件移送公安机关追究刑事责任。

《刑法》第二百二十八条规定：以牟利为目的，违反土地管理法规，非法转让、倒卖土地使用权，情节严重的，处三年以下有期徒刑或者拘役，并处或者单处非法转让、倒卖土地使用权价额百分之五以上百分之二十以下罚金；情节特别严重的，处三年以上七年以下有期徒刑，并处非法转让、倒卖土地使用权价额百分之五以上百分之二十以下罚金。《最高人民法院关于审理破坏土地资源刑事案件具体应用法律若干问题的解释》《最高人民检察院、公安部关于印发〈最高人民检察院 公安部关于公安机关管辖的刑事案件立案追诉标准的规定（二）〉的通知》给出了具体的判定标准。具有下列情形之一的，属于以牟利为目的，违反土地管理法规非法转让、倒卖土地使用权，依照《刑法》第二百二十八条的规定，以非法转让、倒卖土地使用权罪定罪处罚：（一）非法转让、倒卖基本农田五亩以上的；（二）非法转让、倒卖基本农田以外的耕地十亩以上的；（三）非法转让、倒卖其他土地二十亩以上的；（四）违法所得数额在五十万元以上的；（五）虽未达到上述数额标准，但因非法转让、倒卖土地使用权受过行政处罚，又非法转让、倒卖土地的；（六）其他情节严重的情形。

三、需要特别注意的事项

一是违法转让土地行为不能仅以签订转让合同或者协议、支付转让价款予以认定，还应当确认受让方是否实际接收、占有、控制土地。

二是对违法转让土地类违法行为的处罚应当针对转让双方，处罚种类应当区别适用。适用《土地管理法》七十三条时，“没收违法所得”适用于转让方，“拆除或者没收地上建筑物”适用于受让方，“可以并处罚款”适用于转让双方。适用《土地管理法》第八十一条时，对出让、转让或者出租方，责令出让或转让方限期改正，没收违法所得，并处罚款；对受让方、承租方占地建设的按照违法占地处理。

三是涉及房地产转让的，优先适用《城市房地产管理法》《城市房地产开发经营管理条例》；其他违法转让，优先适用《土地管理法》。

四是违法转让土地中的受让者将土地再次转让给他人，即再转让土地的，对每个环节的违法转让行为都可以予以查处，查处时注意违法行为追诉时效问题。

（国土资源部不动产登记中心　尚晓萍
国土资源部执法监察局　王晓慧）

解读 16
违法勘查的表现形式与法律责任

国土资源违法案件查处过程中，办案人员完成调查取证后，应当依据调查取证取得的证据和认定的违法事实，对照国土资源法律法规规定确定案件的违法性质、适用的法条及应当承担的法律责任。违法勘查是主要的国土资源违法类型之一，《国土资源违法行为查处工作规程》（以下简称《查处规程》）对违法勘查判定的法律依据、表现形式和相应的法律责任等进行了明确。

一、什么是违法勘查?

违法勘查是指单位或个人未取得勘查许可证擅自进行矿产资源勘查、超越批准的勘查区块范围进行矿产资源勘查，或者未经批准边探边采、滚动勘探开发、试采的行为。

《矿产资源法》《矿产资源法实施细则》《矿产资源勘查区块登记管理办法》等法律法规明确，勘查矿产资源必须依法申请取得探矿权，办理登记，在批准的勘查区块范围内进行。这些规定是判定是否违法勘查的法律依据。比如：《矿产资源法》第三条规定，勘查矿产资源必须依法申请、经批准取得探矿权，并办理登记，但是已经依法申请取得采矿权的矿山企业在划定的矿区范围内为本企业的生产而进行的勘查除外。第十二条规定，国家对矿产资源勘查实行统一的区块登记管理制度。《矿产资源法实施细则》第五条规定，国家对矿产资源的勘查实行许可证制度。勘查矿产资源必须依法申请登记，领取勘查许可证，取得探矿权。第九条明确，勘查矿产资源应当按照国务院关于矿产资源勘查登记管理的规定办理申请、审批和勘查登记。第十六条、第十七条分别规定了探矿权人享有的权利和应当履行的义务。《矿产资源勘查区块登记管理办法》具体规定了办理矿产资源勘查申请、审批、勘查登记和开展勘查活动的条件、程序和标准。《矿产资源法实施细则》第十八条和《矿产资源勘查区块登记管理办法》第十九条明确了边探边采的审批程序，即探矿权人可以对符合国家边探边采规定要求的复杂类型矿床进行开采；但是应当向原颁发勘查许可证的机关、矿产储量审批机构和勘查项目主管部门提交论证材料，经审核同意后，按照国务院关于采矿登记管理法规的规定办理采矿登记。《矿产资源勘查区块登记管理办法》第七条明确了申请石油、天然气滚动勘探开发的程序和提交的材料，即应当向登记管理机关提出申请，经批准，办理登记手续，领取滚动勘探开发的采矿许可证。第二十条规定，探矿权人在勘查石油、天然气等流体矿产期间需要试采的，应当向登记管理机关提交试采申请，经批准后可以试采1年；需要延长试采时间的，必须办理登记手续。

二、违法勘查表现形式有哪些?

违法勘查主要有以下表现形式：

无证勘查：主要包括未取得勘查许可证擅自进行勘查工作；勘查许可证有效期已满，未办理延续登记手续而继续进行矿产资源勘查。

越界勘查：即超越批准的勘查区块范围进行勘查工作等违法行为。

擅自进行滚动勘探开发、边探边采或者试采：即未经批准进行滚动勘探开发、边探边采或者试采的。

三、违法勘查须承担哪些法律责任?

对于违法勘查应承担的法律责任，《矿产资源勘查区块登记管理办法》第二十六条、第二十七条有明确规定，对违法勘查行为应当给予行政处罚。

对无证勘查和越界勘查的，《矿产资源勘查区块登记管理办法》第二十六条规定：违反本办法规定，未取得勘查许可证擅自进行勘查工作的，超越批准的勘查区块范围进行勘查工作的，由县级以上人民政府负责地质矿产管理工作的部门按照国务院地质矿产主管部门规定的权限，责令停止违法行为，予以警告，可以并处10万元以下的罚款。

对擅自进行滚动勘探开发、边探边采或者试采的，《矿产资源勘查区块登记管理办法》第二十七条规定：违反本办法规定，未经批准，擅自进行滚动勘探开发、边探边采或者试采的，由县级以上人民政府负责地质矿产管理工作的部门按照国务院地质矿产主管部门规定的权限，责令停止违法行为，予以警告，没收违法所得，可以并处10万元以下的罚款。

（国土资源部不动产登记中心　尚晓萍）

解读17
违法开采的表现形式与法律责任

国土资源违法案件查处过程中，办案人员完成调查取证后，应当依据调查取证取得的证据和认定的违法事实，对照国土资源法律法规规定，确定案件的违法性质、适用的法条及应当承担的法律责任。违法开采矿产资源是主要的国土资源违法类型之一，《国土资源违法行为查处工作规程》（以下简称《查处规程》）对违法开采矿产资源判定的法律依据、表现形式和相应的法律责任等进行了明确。

一、什么是违法开采矿产资源?

违法开采是指未经依法批准擅自开采矿产资源的行为，包括无证开采、越界开采或者破坏性开采等。

《矿产资源法》《矿产资源法实施细则》《矿产资源开采登记管理办法》等法律法规，明确了开采矿产资源的条件、程序和要求，这些规定是判定是否违法开采的法律依据。比如，《矿产资源法》第三条、《矿产资源法实施细则》第五条规定开采矿产资源，必须依法申请登记，领取采矿许可证，取得采矿权。《矿产资源法》第一章第五条与第六条、第二章、《矿产资源法实施细则》第二章以及《矿产资源开采登记管理办法》明确了采矿许可证的申请、审批、取得采矿权的具体办法和程序。《矿产资源开采登记管理办法》第四条、第五条、第三十二条规定开采矿产资源必须在划定的矿区范围内进行，矿区范围是指登记管理机关依法划定的可供开采矿产资源的范围、井巷工程设施分布范围或者露天剥离范围的立体空间区域。《矿产资源法》第二十九条和第三十条对合理有序开采矿产资源提出了明确要求，即开采矿产资源，必须采取合理的开采顺序、开采方法和选矿工艺。矿山企业的开采回采率、采矿贫化率和选矿回收率应当达到设计要求。在开采主要矿产的同时，对具有工业价值的共生和伴生矿产应当统一规划，综合开采，综合利用，防止浪费；对暂时不能综合开采，或者必须同时采出而暂时还不能综合利用的矿产，以及含有有用组分的尾矿，应当采取有效的保护措施，防止损失破坏。《矿产资源开采登记管理办法》第五条明确了申请办理采矿许可证时必须提交矿产资源开发利用方案的要求。

从这些法律法规的规定可以看出，开采矿产资源必须依法依规进行：一是开采矿产资源必须依法申请登记，经批准领取采矿许可证，取得采矿权；二是开采矿产资源必须在划定的矿区范围内进行；三是开采矿产资源必须按照批准的矿产资源开发利用方案进行，采取合理的开采顺序、开采方法和选矿工艺。违反上述规定开采属于违法开采矿产资源行为。

二、违法开采矿产资源的表现形式有哪些？

违法开采矿产资源主要有以下三种表现形式：

无证采矿，主要包括：未依法取得采矿许可证而擅自采矿；采矿许可证有效期已满未办理延续登记手续继续采矿；采矿许可证被依法注销、吊销后继续采矿；未按采矿许可证规定的矿种采矿（共生、伴生矿除外）；持勘查许可证采矿；非法转让采矿权的受让方未进行采矿权变更登记采矿；擅自进入国家规划矿区和对国民经济具有重要价值的矿区范围采矿；擅自开采国家规定实行保护性开采的特定矿种；其他未取得采矿许可证采矿的行为。

越界采矿，采矿权人擅自超出采矿许可证载明的矿区范围（含平面范围和开采深度）开采矿产资源的行为。

破坏性采矿，即采矿权人违反矿产资源开发利用方案，采取不合理的开采方法、开采顺序等破坏性的开采方法开采矿产资源，造成矿产资源破坏的行为。

三、对违法开采矿产资源行为有哪些行政处罚？

对于违法开采矿产资源应承担的法律责任，《矿产资源法》《矿产资源法实施细则》《矿产资源开采登记管理办法》等有明确规定。对违法开采行为应当给予行政处罚，构成犯罪的还应当追究刑事责任。

发现违法开采行为，县级以上国土资源主管部门应当及时制止，符合立案条件的，依法立案查处，应当给予行政处罚的，依法作出行政处罚决定。

对无证采矿的，《矿产资源法》第三十九条规定，违反本法规定，未取得采矿许可证擅自采矿的，擅自进入国家规划矿区、对国民经济具有重要价值的矿区范围采矿的，擅自开采国家规定实行保护性开采的特定矿种的，责令停止开采、赔偿损失，没收采出的矿产品和违法所得，可以并处罚款。《矿产资源法实施细则》第四十二条规定，依照《矿产资源法》第三十九条规定处以罚款的，按照下列规定执行：未取得采矿许可证擅自采矿的，擅自进入国家规划矿区、对国民经济具有重要价值的矿区和他人矿区范围采矿的，擅自开采国家规定实行保护性开采的特定矿种的，处以违法所得50%以下的罚款。《矿产资源开采登记管理办法》第十七条规定，任何单位和个人未领取采矿许可证擅自采矿的，擅自进入国家规划矿区和对国民经济具有重要价值的矿区范围采矿的，擅自开采国家规定实行保护性开采的特定矿种的，由登记管理机关依照有关法律、行政法规的规定予以处罚。

对越界采矿的，《矿产资源法》第四十条规定，超越批准的矿区范围采矿的，责令退回本矿区范围内开采、赔偿损失，没收越界开采的矿产品和违法所得，可以并处罚款；拒不退回本矿区范围内开采，造成矿产资源破坏的，吊销采矿许可证。《矿产资源法实施细则》第四十二条规定，依照《矿产资源法》第四十条规定处以罚款的，按照下列规定执行：超越批准的矿区范围采矿的，处以违法所得30%以下的罚款。《矿产资源开采登记管理办法》第十七条规定，任何单位和个人超越批准的矿区范围采矿的，由登记管理机关依照有关法律、行政法规的规定予以处罚。

对破坏性采矿的，《矿产资源法》第四十四条规定，违反本法规定，采取破坏性的开采方法开采矿产资源的，处以罚款，可以吊销采矿许可证。《矿产资源法实施细则》第四十二条规定，采取破坏性的开采方法开采矿产资源，造成矿产资源严重破坏的，处以相当于矿产资源损失价值50%以下的罚款。

四、如何追究违法开采矿产资源行为的刑事责任？

违法开采构成犯罪的，应当依法追究刑事责任。《矿产资源法》第三十九条、四十条、第四十四条分别规定了无证开采拒不停止开采、越界开采拒不退回本矿区范围内开采和采取破坏性的开采方法开采，造成矿产资源破坏的三种行为，都应当依照《刑法》第三百四十三条的规定对直接责任人员追究刑事责任。

《刑法》第三百四十三条明确规定，违反《矿产资源法》的规定，未取得采矿许可证擅自采矿，擅自进入国家规划矿区、对国民经济具有重要价值的矿区和他人矿区范围采矿，或者擅自开采国家规定实行保护性开采的特定矿种，情节严重的，处三年以下有期徒刑、拘役或者管制，并处或者单处罚金；情节特别严重的，处三年以上七年以下有期徒刑，并处罚金。违反《矿产资源法》的规定，采取破坏性的开采方法开采矿产资源，造成矿产资源严重破坏的，处五年以下有期徒刑或者拘役，并处罚金。

对于违法采矿是否构成犯罪，是否需要立案追诉，《最高人民检察院、公安部关于印发〈最高人民检察院、公安部关于公安机关管辖的刑事案件立案追诉标准的规定（一）〉的通知》规定，违反《矿产资源法》的规定，未取得采矿许可证擅自采矿的，或者擅自进入国家规划矿区、对国民经济具有重要价值的矿区和他人矿区范围采矿的，或者擅自开采国家规定实行保护性开采的特定矿种，经责令停止开采后拒不停止开采，造成矿产资源破坏的价值数额在五万至十万元以上的，应予立案追诉。违反《矿产资源法》的规定，采取破坏性的开采方法开采矿产资源，造成矿产资源严重破坏，价值在三十万至五十万元以上的，应予立案追诉。《最高人民法院关于审理非法采矿、破坏性采矿具体应用法律若干问题的解释》明确规定，具有下列情形之一的，属于造成矿产资源破坏或严重破坏，依照刑法第三百四十三条的规定，以非法采矿罪定罪处罚。（一）非法采矿造成矿产资源破坏的价值，数额在五万元以上的，属于刑法第三百四十三条第一款规定的“造成矿产资源破坏”；（二）非法采矿造成矿产资源破坏的价值，数额在三十万元以上的，破坏性采矿造成矿产资源破坏的价值，数额在三十万元以上的，属于刑法第三百四十三条第一款规定的“造成矿产资源严重破坏”；（三）多次非法开采或者破坏性采矿构成犯罪，依法应当追诉的，或者一年内多次非法开采或者破坏性采矿未经处理的，造成矿产资源破坏的数额累积计算。

五、需要特别注意的事项

擅自改变开采矿种（共生、伴生除外）或者探矿权人持勘查许可证采矿的，按照无证开采予以处罚。

对破坏性采矿的处罚，根据《矿产资源法》第四十五条的规定，由省、自治区、直辖市人民政府地质矿产主管部门决定。

对开采中违法行为的处罚，市（地）县（市）级国土资源主管部门按照《矿产资源法》《矿产资源开采登记管理办法》《矿产资源补偿费征收管理规定》的规定，对发生在本行政区的下列违法开采行为实施行政处罚：（一）未取得采矿许可证擅自开采的；擅自进入国家规划矿区、对国民经济具有重要价值的矿区和他人矿区范围开采的，擅自开采国家实行保护性开采特定矿种的；（二）超越批准的矿区范围采矿的。

对越界开采但未采出矿产品的处罚是责令退回其合法矿区范围。

对仅井巷工程在批准的矿区范围外但未在批准的矿区范围外实施开采的，不属于越界开采。

建设单位因工程施工而动用砂、石、土，但不将其投入流通领域以获取矿产品营利的，或者就地采挖砂、石、土用于公益性建设的，不认定为无证采矿。

对开采类违法行为实施处罚，对情节严重需要吊销采矿许可证的，处罚机关在作出除吊销采矿许可证以外的其他处罚决定的同时，应当向原发证机关提出建议，由原发证机关决定。

（国土资源部执法监察局　岳晓武
国土资源部不动产登记中心　尚晓萍）

解读18

违法转让矿业权的表现形式与法律责任

国土资源违法案件查处过程中，办案人员完成调查取证后，应当依据调查取证取得的证据和认定的违法事实，对照国土资源法律法规规定，确定案件的违法性质、适用的法条及应当承担的法律责任。违法转让矿业权是主要的国土资源违法类型之一，《国土资源违法行为查处工作规程》对违法转让矿业权判定的法律依据、表现形式和相应的法律责任等进行了明确。

一、违法转让矿业权的概念与判定依据

违法转让矿业权是探矿权人、采矿权人违反法律法规规定，擅自转让探矿权、采矿权或以承包等方式擅自将采矿权转让给他人采矿的行为。

《矿产资源法》《矿产资源法实施细则》《探矿权采矿权转让管理办法》等法律法规，明确了转让矿业权的条件和程序，这些规定是判定是否构成违法转让矿业权的法律依据。比如，《矿产资源法》第六条和《探矿权采矿权转让管理办法》第三条、第五条、第六条、第七条明确了探矿权、采矿权转让的范围、方式和条件，明确禁止将探矿权、采矿权倒卖牟利。《探矿权采矿权转让管理办法》第四条明确了探矿权、采矿权转让的审批机关。《探矿权采矿权转让管理办法》第八条、第九条、第十条、第十一条明确了探矿权、采矿权转让审批的程序和标准。违反上述规定擅自转让矿业权的行为即属于违法转让矿业权。

二、违法转让矿业权的表现形式与法律责任

违法转让矿业权行为有以下三种主要的表现形式：

（一）违反规定将探矿权、采矿权倒卖牟利；

（二）未经批准，违反规定擅自转让探矿权、采矿权；

（三）违反规定以承包等方式擅自将采矿权转让给他人采矿。

违法转让矿业权的。违法转让矿业权应当承担相应的法律责任，《矿产资源法》《矿产资源法实施细则》《探矿权采矿权转让管理办法》等明确规定，县级以上国土资源主管部门应当及时立案查处违法转让矿业权行为，依法给予相应的行政处罚。

对违反规定将探矿权、采矿权倒卖牟利的。《矿产资源法》第四十二条规定：吊销勘查许可证、采矿权许可证，没收违法所得，处以罚款。《矿产资源法实施细则》第四十二条规定：买卖、出租采矿权的，对卖方、出租方处以违法所得一倍以下的罚款。

对未经批准，违反规定擅自转让探矿权、采矿权的。《探矿权采矿权转让管理办法》第十四条规定：未经审批管理机关批准，擅自转让探矿权、采矿权的，由登记管理机关责令改正，没收违法所得，处10万元以下的罚款；情节严重的，由原发证机关吊销勘查许可证、采矿许可证。

对违反规定以承包等方式擅自将采矿权转给他人进行采矿的。《探矿权采矿权转让管理办法》第十五条规定：由县级以上人民政府负责地质矿产管理工作的部门按照国务院地质矿产主管部门规定的权限，责令改正，没收违法所得，处10万元以下的罚款；情节严重的，由原发证机关吊销采矿许可证。

三、需要特别注意的事项

一是认定违法转让矿业权行为不能仅凭签订转让合同或者协议、支付转让价款，还应当确认受让方是否实际接收、控制矿山。只是签订转让合同、协议、支付价款等而没实际交接矿山的，不能确认矿业权转让。

二是矿山企业单纯将采掘工程对外承包，属于工程施工承包，不属于以承包方式转让采矿权。

三是转让矿业公司股权一般不能认定转让矿业权。股权是公司股东对公司一定程度的财产支配参与权与收益分配权，而不是某个特定财产的拥有权，股权转让是虚拟资本的转让，是公司股东的行为而非公司行为，受《公司法》调整，不能认定为任何特定实体资产的转让。矿业权转让，则是公司实体资产的转让，受《矿

产资源法》《矿产资源法实施条例》《探矿权采矿权转让管理办法》等调整，与公司股权转让有本质区别。股权转让和矿业权转让的主体、构成要件、转让条件、适用法律、发生的税费等都不相同，尽管股权转让中涵盖了包括矿业权等在内的资产支配权的转移，但不能说股权转让就是矿业权转让。

四是依照《国务院关于全面整顿和规范矿产资源开发秩序的通知》的规定，对违法转让探矿权采矿权的受让方，可以按无证勘查开采予以处罚。

五是对违法转让矿业权实施处罚时，情节严重需要吊销勘查许可证或者采矿许可证的，处罚机关在作出除吊销勘查许可证或者采矿许可证以外的其他处罚决定的同时，应当向原发证机关提出建议，由原发证机关作出决定。

（国土资源部执法监察局　岳晓武
国土资源部不动产登记中心　尚晓萍）

解读 19
河北省邯郸市肥乡县政府、旧店乡政府及有关部门失职渎职案分析

一、案件基本情况

邯郸市泓昊昌养殖有限公司无公害饲料加工项目是肥乡县旧店乡引进的农业产业化经营项目。2014 年 5 月 30 日，肥乡县发展改革局通过该项目备案。项目选址肥乡县旧店乡西马寨村，规划占地 100 亩，涉及村民 81 户。2014 年 6 月，西马寨村委会与 78 户村民签订占地补偿协议，按肥乡县区片地价补偿，补偿标准每亩 3.45 万元，每年再给 1200 元/人的生活补偿，补偿款由企业经乡政府向村委会提供。2014 年 7 月 29 日，邯郸市泓昊昌养殖有限公司未经用地批准即动工建设，在 100 亩土地上圈建了围墙，其中厂房基础建设占地 45 亩，其余 55 亩尚未建设占用。圈占的 100 亩土地均为耕地，符合土地利用总体规划。

2014 年 8 月 2 日，肥乡县国土资源局执法监察人员巡查发现该公司违法占地后，

立即予以口头制止。8 月 7 日，县国土资源局下达《责令停止违法行为通知书》；8 月 8 日，对违法占地行为立案查处；8 月 21 日，作出行政处罚决定：责令退还违法占用的土地，没收违法占用土地上新建建筑物和其他设施，并处罚款 99.996 万元。

行政处罚决定生效后，邯郸市泓昊昌养殖有限公司未履行处罚决定，也未申请行政复议。11 月 4 日，县国土资源局安排旧店国土资源所将邯郸市泓昊昌养殖有限公司违法占地案申请强制执行材料以快递方式邮寄到县法院。次日，县法院将申请强制执行材料退回国土资源所。

2015 年 3 月，国土资源部根据群众信访反映，对该案进行了督办。3 月 2 日，县国土资源局再次申请法院强制执行；当日，县法院立案登记。3 月 12 日，县国土资源局没收了违法占地上新建的建筑物。3 月 13 日，县国土资源局将案件移送县公安局。3 月 15 日，县公安局受理县国土资源局案件移送。3 月 26 日，县国土资源局联合旧店乡政府对 55 亩尚未建设占用土地上的围墙实施了拆除。

二、责任人责任认定和处理情况

河北省邯郸市、肥乡县纪检监察部门调查认定，肥乡县政府、旧店乡政府及有关部门对邯郸市泓昊昌养殖有限公司违法圈占耕地建厂房行为履职不到位、查处不力，致使企业违法占地行为长期得不到纠正，45 亩耕地因建厂房遭到破坏。

肥乡县政府副县长王运成作为负责国土资源工作的副县长，对邯郸市泓昊昌养殖有限公司违法占地案查处不力问题，负有一定的领导责任。

肥乡县国土资源局在查处邯郸市泓昊昌养殖有限公司违法占地案过程中，没有按规定及时将案件移送县公安局、没有协调相关部门采取停水停电等措施，致使该项目在查处期间继续施工，造成了较坏影响，构成了不履行职责行为。对此，局长陶冲负重要领导责任，主管副局长尹少泽负主要领导责任，旧店国土资源所所长王延龙负直接责任。

旧店乡政府、西马寨村“两委”在邯郸市泓昊昌养殖有限公司违法占地案查处过程中，监管不力，制止措施不到位，致使该项目继续施工，造成了较坏影响，构成了不履行职责行为。对此，旧店乡党委委员、副书记、政府乡长李继彬负重要领导责任，乡党委委员、政府副乡长敬海英负主要领导责任，西马寨村党支部书记王春玉负直接责任。

肥乡县人民法院审判委员会专职委员（行政庭负责人）高会臣，在既没有查看县国土资源局邮寄给县法院行政庭申请强制执行邯郸市泓昊昌养殖有限公司违法占地材料的快递件内容，也没有明确告知县国土资源局如何办理申请强制执行的情况下，以立审分离为由拒收县国土资源局申请强制执行材料，影响了申请执行案件办理，造成了不良影响，构成了不履行职责行为。

旧店国土资源所所长王延龙在收到县法院拒收的县国土资源局申请强制执行该公司违法占地材料退件后，既没有向肥乡县国土资源局局领导汇报，也没有主动与县法院相关科室沟通协商如何申请强制执行，直至2015年3月2日局领导过问，才将申请强制执行材料送至法院，致使案件未能按法律程序及时进行立案，造成了较坏影响，构成不履行职责行为。

邯郸市监察局已给予肥乡县政府副县长王运成行政警告处分；邯郸市国土资源局已给予肥乡县国土资源局局长陶冲行政记过处分、主管执法监察副局长尹少泽行政记大过处分；邯郸市中级人民法院已给予肥乡县人民法院审判委员会（行政庭负责人）高会臣行政记过处分；肥乡县监察局已给予旧店国土资源所所长王延龙撤销行政职务处分；旧店乡党委委员、副书记、政府乡长李继彬行政记过处分，乡党委委员、政府副乡长敬海英行政记大过处分；肥乡县纪委已给予西马寨村党支部书记王春玉党内严重警告处分。

三、案例分析

本案是监察部曝光的行政机关履职不到位、慢作为而造成失职渎职的典型案例。分析本案，肥乡县国土资源主管部门在履行查处职责方面，主要存在以下问题：

1. 虽然对违法行为进行了口头和书面制止，但制止无效时，未按规定充分采取报告、抄告、通报等措施进行制止。按照《土地管理法》及《国务院办公厅关于严格执行有关农村集体建设用地法律和政策的通知》（国办发〔2007〕71号）、《国务院关于促进节约集约用地的通知》（国发〔2008〕3号）、《国土资源部办公厅关于印发〈关于进一步加强和规范对违反国土资源管理法律法规行为报告工作的意见〉的通知》（国土资厅发〔2010〕58号）、《国土资源部关于进一步加强对违反国土资源管理法律法规行为发现、制止、报告和查处工作的通知》（国土资电发〔2010〕78号）等文件的规定，对正在实施的违法行为，国土资源主管部门应当及时向违法当事人下达《责令停止违法行为通知书》；书面制止无效、当事人拒不停止违法行为的，国土资源主管部门应当及时将违法事实书面报告同级人民政府和上一级国土资源主管部门；可以根据情况将涉嫌违法的事实及制止违法行为的情况抄告发展改革、规划、建设、环保、市政、电力、金融、工商、安监、公安等相关部门，提请相关部门按照共同责任机制的要求履行部门职责，采取相关措施，共同制止违法行为；必要时，可以将有关情况向社会通报。

本案中，肥乡县国土资源局发现邯郸市泓昊昌养殖有限公司违法用地行为后，进行了口头制止，也下达了《责令停止违法行为通知书》，但在制止无效时，没有按照规定将违法情况书面报告肥乡县人民政府和邯郸市国土资源局，也没有进一步采取抄告、通报等其他措施进行制止。

2. 虽然向人民法院申请了强制执行，但未按规定的程序、期限、方式等申请法院强制执行；法院退件后，也未及时报告、沟通协调等。国土资源主管部门依法没有强制执行权，根据《行政强制法》的规定，当事人在法定期限内不申请行政复议或者提起行政诉讼，又不履行行政处罚决定的，国土资源主管部门可以自期限届满之日起三个月内，申请人民法院强制执行。国土资源主管部门申请人民法院强制执行前，应当履行催告程序，催告当事人履行义务，催告书送达当事人十日后仍未履行行政处罚决定的，国土资源主管部门才可以申请人民法院强制执行。按照《行政处罚法》《民事诉讼法》等规定，行政执法法律文书的送达应当首先采用直接送达方式，无法直接送达的，才可以采取其他方式。

本案中，肥乡县国土资源局申请人民法院强制执行前，未按规定对当事人进行催告；8 月 21 日作出行政处罚决定，11 月 4 日即向人民法院申请强制执行，仅考虑了当事人申请行政复议的期限，未考虑当事人申请行政诉讼期限（3 个月）；未与法院先行沟通，即责成旧店国土资源所直接以邮寄方式递交强制执行申请，肥乡县国土资源局申请法院强制执行的程序、期限、文书送达方式都不符合法律规定。此外，正如纪检监察部门认定的，旧店国土资源所收到法院退件后，未及时向肥乡县国土资源局报告或者沟通协调有关情况，对申请强制执行事项的办理造成一定影响。

3. 虽然将案件移送公安机关追究刑事责任，但未能按规定及时移送。按照《行政处罚法》《国土资源部、最高人民检察院、公安部关于国土资源行政主管部门移送涉嫌国土资源犯罪案件的若干意见》（国土资发〔2008〕203 号）、《最高人民法院、最高人民检察院、公安部、国土资源部关于在查处国土资源违法犯罪工作中加强协作配合的若干意见》（国土资发〔2008〕204 号）等的规定，国土资源主管部门查处违法行为过程中，发现违法行为达到刑事追诉标准、涉嫌犯罪的，在调查终结后，应当依法及时将案件移送公安机关。国土资源主管部门决定移送的，应当制作《涉嫌犯罪案件移送书》，附具案件调查报告、涉案物品清单、有关鉴定结论、鉴定意见或者检验报告及其他有关涉嫌犯罪的材料，在移送决定批准后 24 小时内办理移送手续。

本案中，企业违法建设占用45亩耕地，明显达到刑事追诉标准，但肥乡县国土资源局调查终结后，迟迟未将案件移送公安机关，而是在国土资源部督办后才移送案件。

此外，肥乡县国土资源局的调查取证工作不够细致。邯郸市泓昊昌养殖有限公司为旧店乡招商引资来的企业，项目建设占用土地由西马寨村委会与村民签订占地补偿协议，补偿价款由企业经旧店乡政府向村委会提供。肥乡县国土资源局未对企业占用土地的征地、占地决策过程进行详细调查取证，旧店乡政府和西马寨村委会在征地、占地过程中起到什么作用、是否存在违法征地和违法批准占用土地等关键性问题未能明确，致使案件基本事实不清、定性存疑。如果存在违法征地、违法批准占用土地问题，肥乡县国土资源局对企业以违法占地进行处罚即为错案。

肥乡县国土资源主管部门有关人员未能依法依规依程序履行查处职责，或者履职不到位，受到了责任追究。本案警示我们，国土资源主管部门和党员干部要依法行政、正确履职、敢于担当，有权必有责，用权受监督，失职要追究。

（国土资源部执法监察局）

解读20

浙江省奉化市莼湖镇政府及有关部门失职、渎职案分析

一、案件基本情况

2011年10月20日，缪家村村委会为缪盛锵、缪千益、缪明达3户村民建房向莼湖镇政府提出书面申请；10月29日，3户村民在未取得合法用地手续的情况下，擅自动工建房；11月3日，奉化市国土资源局莼湖国土资源所巡查发现违法行为，下达《责令停止违法行为通知书》，但村民继续施工，莼湖国土资源所执法组多次进行制止，拆除部分墙体，于11月6日将违法用地情况报告莼湖镇政府，建议镇政府牵头制止违法，拆除违法建筑物。但莼湖镇政府考虑到缪家村已列为旧村改造试点、奉化市政府正在研究出台规范农村宅基地管理实施意见，违法建设的房屋在

旧村改造规划范围内，决定对3户村民违法建房暂缓处理；11月14日，莼湖镇政府在村民建房申请上签字盖章，要求有关部门给予支持。2012年3月，3户村民违法建设的3幢房屋建成，占地面积分别为100平方米、130平方米、100平方米，均为集体建设用地，符合土地利用总体规划和村庄建设规划。

2012年3月，奉化市国土资源局对3户村民违法建房立案查处；8月6日，作出行政处罚决定，责令15日内拆除在违法占用土地上新建的房屋。3户村民在法定期限内未申请行政复议和提起行政诉讼，也未履行行政处罚决定。2013年1月，奉化市国土资源局向奉化市人民法院申请强制执行。同年5月，奉化市人民法院以奉化市国土资源局未依法穷尽行政强制措施为由退回强制执行申请。

二、责任人责任认定和处理情况

浙江省奉化市纪检监察机关调查认定，莼湖镇政府及国土资源主管部门对群众反映违规建房的举报敷衍推脱，对违建行为放任不管，执法不到位，举报人3年多来辗转多个部门反映，违建房屋仍于2012年建成并一直未能拆除。

莼湖镇政府在该违法行为发生时，仅考虑3户违法建筑符合村庄整体规划，没有正确认识到违法建设行为的严重性，主观上持放纵默认态度，致使违法建筑既成事实。时任莼湖镇副镇长邬春茂明知村民违法建房，未及时组织实施拆除，还指示其分管的镇城建办在建房申请报告上签署意见，要求有关部门给予支持，致使违法建筑建成，造成了不良社会影响，邬春茂对村民违法建房行为监管不力，行为已严重违纪。

奉化市国土资源局莼湖国土资源所虽及时发现违法建设行为，但未能有效阻止该违建行为的发生，未穷尽行政处理手段，未对继续抢建部分进行强制拆除，致使违法建筑既成事实，在社会上造成不良影响。时任莼湖国土资源所副所长张海忠未正确履行职责，监管不力，行为已严重违纪。

缪家村村委会对3户村民违法建房未采取有效措施阻止，主观上放纵违建行为的发生，致使违法建筑既成事实，负有失职责任。缪家村党支部书记缪静锬、村委会主任缪建创对村民违法建房监管不力，造成不良社会影响，严重违反党的纪律。

奉化市监察局已给予时任莼湖镇副镇长邬春茂行政记过处分，奉化市国土资源局已给予时任莼湖国土资源所副所长张海忠警告处分，莼湖镇纪委已给予缪家村党支部书记缪静锬党内严重警告处分、村委会主任缪建创党内警告处分。

三、案例分析

本案是监察部曝光的行政机关履职不到位、慢作为而造成失职渎职的典型案例。分析本案，奉化市国土资源主管部门在履行查处职责方面，主要存在以下问题：

1. 虽然对违法行为进行了多次制止和拆除部分违法建筑，也向镇政府提出建议，但制止无效时，未按规定充分采取报告、抄告、通报等措施进行制止。按照《土地管理法》及《国务院办公厅关于严格执行有关农村集体建设用地法律和政策的通知》（国办发〔2007〕71号）、《国务院关于促进节约集约用地的通知》（国发〔2008〕3号）、《国土资源部办公厅关于印发〈关于进一步加强和规范对违反国土资源管理法律法规行为报告工作的意见〉的通知》（国土资厅发〔2010〕58号）、《国土资源部关于进一步加强对违反国土资源管理法律法规行为发现、制止、报告和查处工作的通知》（国土资电发〔2010〕78号）等文件的规定，对正在实施的违法行为，国土资源主管部门应当及时向违法当事人下达《责令停止违法行为通知书》；书面制止无效、当事人拒不停止违法行为的，国土资源主管部门应当及时将违法事实书面报告同级人民政府和上一级国土资源主管部门；可以根据情况将涉嫌违法的事实及制止违法行为的情况抄告发展改革、规划、建设、环保、市政、电力、金融、工商、安监、公安等相关部门，提请相关部门按照共同责任机制的要求履行部门职责，采取相关措施，共同制止违法行为；必要时，可以将有关情况向社会通报。

本案中，奉化市国土资源局莼湖国土资源所巡查发现违法行为后，下达了《责令停止违法行为通知书》，还多次进行现场制止，拆除了部分违法建筑，向莼湖镇政府报告并建议其牵头制止违法，但没有按规定及时报告奉化市国土资源局，也没有进一步采取抄告、通报等其他措施进行制止。

2. 虽然对违法行为立案查处，但不够及时。2011年11月发现违法行为，至2012年3月违建房屋建成，奉化市国土资源局才立案查处。村民违法建房问题，案情比较简单，奉化市国土资源局历时5个月才作出行政处罚，查处工作拖拉迟缓。

3. 虽然拆除了部分违法建筑物，但未按照《浙江省土地监察条例》的规定对继续违法抢建部分的建筑物进行拆除。浙江省人大常委会制定的《浙江省土地监察条例》（1996年制定，2001年修订）第二十四条规定：当事人接到《责令停止土地违法行为通知书》后，应立即停止违法行为；拒不停止违法行为的，土地管理部门有权予以制止；对继续违法抢建部分的建筑物和其他设施有权予以拆除，拆除费用由违法行为人承担，并可查封用于施工的工具、设备、建筑材料。

按照浙江省地方性法规的规定，浙江省国土资源主管部门对继续违法抢建部分的建筑物和其他设施有权予以拆除。本案中，依据《浙江省土地监察条例》，奉化市人民法院以国土资源主管部门未依法穷尽行政强制措施为由退回了强制执行申请，纪检监察部门追究了奉化市国土资源局莼湖国土资源所有关人员的责任。

需要指出的是，此案有两个问题值得商榷：

一是国土资源主管部门对违法抢建部分的建筑物是否真的有强制执行权。《土地管理法》第八十三条规定：依照本法规定，责令限期拆除在非法占用的土地上新建的建筑物和其他设施的，建设单位或者个人必须立即停止施工，自行拆除；对继续施工的，作出处罚决定的机关有权制止。建设单位或者个人对责令限期拆除的行政处罚决定不服的，可以在接到责令限期拆除决定之日起十五日内，向人民法院起诉；期满不起诉又不自行拆除的，由作出处罚决定的机关依法申请人民法院强制执行，费用由违法者承担。2012 年 1 月 1 日施行的《行政强制法》第十一条规定：法律对行政强制措施的对象、条件、种类作了规定的，行政法规、地方性法规不得作出扩大规定。法律中未设定行政强制措施的，行政法规、地方性法规不得设定行政强制措施。第十三条规定：行政强制执行由法律设定。法律没有规定行政机关强制执行的，作出行政决定的行政机关应当申请人民法院强制执行。可见，按照法律的规定，国土资源主管部门无强制执行权，对违法抢建部分的建筑物无权拆除。《浙江省土地监察条例》作为地方性法规，设定行政强制措施、赋予国土资源主管部门强制拆除权，是与《土地管理法》《行政强制法》的规定相抵触的。按照《立法法》第七十三条的规定，在国家制定的法律或者行政法规生效后，地方性法规同法律或者行政法规相抵触的规定无效，制定机关应当及时予以修改或者废止。浙江省人大常委会应当及时对《浙江省土地监察条例》与《行政强制法》规定相抵触的内容及时予以修正或者废止，否则，浙江省国土资源主管部门还将面临因未拆除违法抢建部分的建筑物而被追究责任的风险。

二是国土资源所是否负有查处国土资源违法行为的法定职责。根据《土地管理法》的规定，县级以上国土资源主管部门对违反土地管理法律、法规的行为进行监督检查。国土资源主管部门有法定的国土资源行政执法权，是国土资源违法行为查处工作的实施主体，全面负责组织实施查处工作，并以其名义作出处理决定。国土资源所一般为县级国土资源局的派出机构，其没有查处国土资源违法行为的法定职责。县级国土资源主管部门可以根据需要依法明确国土资源所承担相应的国土资源执法监察工作。本案中，奉化市国土资源局依法应当是案件查处的主体，对查处工作不力也应负有一定的责任。

国土资源执法实践中，有一些案件，即使穷尽行政手段也难以消除违法状态，有体制机制方面的问题，也有法律制度自身不完善的问题，但这不能成为失职渎职、置群众诉求于不顾、置法律法规于不顾的借口和理由。本案警示我们，国土资源主管部门必须“在其位谋其政，任其职尽其责”，增强责任意识和危机意识，依法行政、正确履职、敢于担当，有权必有责，用权受监督，失职要追究。

（国土资源部执法监察局）

附　　录

一、国家文件

中共中央、国务院关于进一步推进农垦改革发展的意见（节选）

（2015 年 11 月 27 日）

（十三）创新土地管理方式。土地是农垦最重要的生产资料，是农垦存在与发展的基础。要从强化农业基础地位、切实保护国有土地资源、实现可持续发展的高度，深化农垦土地管理制度改革。严禁擅自收回农垦国有土地使用权，确需收回的要经原批准用地的政府批准，并按照有关规定予以补偿，妥善解决职工生产生活困难，依法安排社会保障费用。加强土地利用总体规划及年度计划管理，严格执行土地用途管制制度，对农垦土地严格实行分类管理，禁止擅自将农用地转为建设用地。切实落实耕地占补平衡制度，加快划定永久基本农田。强化农垦土地权益保护，严肃查处擅自改变农垦土地用途和非法侵占农垦土地行为。用 3 年左右时间，基本完成农垦国有土地使用权确权登记发证任务，工作经费由中央财政、地方财政和国有农场共同负担。推进农垦土地资源资产化和资本化，创新农垦土地资产配置方式。对农垦企业改革改制中涉及的国有划拨建设用地和农用地，可按需要采取国有土地使用权出让、租赁、作价出资（入股）和保留划拨用地等方式处置。省级以上政府批准实行国有资产授权经营的国有独资企业、国有独资公司等农垦企业，其使用的原生产经营性国有划拨建设用地和农用地，经批准可以采取作价出资（入股）、授权经营方式处置。有序开展农垦国有农用地使用权抵押、担保试点。保障农垦产业发展和城镇化建设合理用地需求。农垦现有划拨建设用地，经批准办理有偿使用手续后，可以转让、出租、抵押或改变用途，需办理出让手续的，可以采取协议方式。农垦土地被依法收回后再出让的，其出让收入实行收支两条线管理，市县分成的相应土地出让收入要按规定积极用于农垦农业土地开发、农田水利建设以及公益性基础设施建设。

全国人民代表大会常务委员会关于授权国务院在北京市大兴区等三十三个试点县（市、区）行政区域暂时调整实施有关法律规定的决定

（2015年2月27日第十二届全国人民代表大会常务委员会第十三次会议通过）

为了改革完善农村土地制度，为推进中国特色农业现代化和新型城镇化提供实践经验，第十二届全国人民代表大会常务委员会第十三次会议决定：授权国务院在北京市大兴区等三十三个试点县（市、区）行政区域，暂时调整实施《中华人民共和国土地管理法》、《中华人民共和国城市房地产管理法》关于农村土地征收、集体经营性建设用地入市、宅基地管理制度的有关规定。上述调整在2017年12月31日前试行。暂时调整实施有关法律规定，必须坚守土地公有制性质不改变、耕地红线不突破、农民利益不受损的底线，坚持从实际出发，因地制宜。国务院及其国土资源主管部门要加强对试点工作的整体指导和统筹协调、监督管理，按程序、分步骤审慎稳妥推进，及时总结试点工作经验，并就暂时调整实施有关法律规定的情况向全国人民代表大会常务委员会作出报告。对实践证明可行的，修改完善有关法律；对实践证明不宜调整的，恢复施行有关法律规定。

三十三个试点县（市、区）名单和暂时调整实施有关法律规定目录附后。

本决定自公布之日起施行。

三十三个试点县（市、区）名单

北京市大兴区、天津市蓟县、河北省定州市、山西省泽州县、内蒙古自治区和林格尔县、辽宁省海城市、吉林省长春市九台区、黑龙江省安达市、上海市松江区、江苏省常州市武进区、浙江省义乌市、浙江省德清县、安徽省金寨县、福建省晋江市、江西省余江县、山东省禹城市、河南省长垣县、湖北省宜城市、湖南省浏阳市、广东省佛山市南海区、广西壮族自治区北流市、海南省文昌市、重庆市大足区、四川省郫县、四川省泸县、贵州省湄潭县、云南省大理市、西藏自治区曲水县、陕西省西安市高陵区、甘肃省陇西县、青海省湟源县、宁夏回族自治区平罗县、新疆维吾尔自治区伊宁市。

授权国务院在北京市大兴区等三十三个试点县（市、区）行政区域暂时调整实施有关法律规定目录

序号：1. 法律规定：《中华人民共和国土地管理法》第四十三条第一款：“任何单位和个人进行建设，需要使用土地的，必须依法申请使用国有土地；但是，兴办乡镇企业和村民建设住宅经依法批准使用本集体经济组织农民集体所有的土地的，

或者乡（镇）村公共设施和公益事业建设经依法批准使用农民集体所有的土地的除外。”

《中华人民共和国土地管理法》第六十三条：“农民集体所有的土地的使用权不得出让、转让或者出租用于非农业建设；但是，符合土地利用总体规划并依法取得建设用地的企业，因破产、兼并等情形致使土地使用权依法发生转移的除外。”

《中华人民共和国城市房地产管理法》第九条：“城市规划区内的集体所有的土地，经依法征收转为国有土地后，该幅国有土地的使用权方可有偿出让。”内容：暂时调整实施集体建设用地使用权不得出让等的规定。在符合规划、用途管制和依法取得的前提下，允许存量农村集体经营性建设用地使用权出让、租赁、入股，实行与国有建设用地使用权同等入市、同权同价。

序号：2. 法律规定：《中华人民共和国土地管理法》第四十四条第三款、第四款：“在土地利用总体规划确定的城市和村庄、集镇建设用地规模范围内，为实施该规划而将农用地转为建设用地的，按土地利用年度计划分批次由原批准土地利用总体规划的机关批准。在已批准的农用地转用范围内，具体建设项目用地可以由市、县人民政府批准。

“本条第二款、第三款规定以外的建设项目占用土地，涉及农用地转为建设用地的，由省、自治区、直辖市人民政府批准。”

《中华人民共和国土地管理法》第六十二条第三款：“农村村民住宅用地，经乡（镇）人民政府审核，由县级人民政府批准；其中，涉及占用农用地的，依照本法第四十四条的规定办理审批手续。”内容：暂时调整实施宅基地审批权限的规定。使用存量建设用地的，下放至乡（镇）人民政府审批；使用新增建设用地的，下放至县级人民政府审批。

序号：3. 法律规定：《中华人民共和国土地管理法》第四十七条第一款至第四款、第六款：“征收土地的，按照被征收土地的原用途给予补偿。

“征收耕地的补偿费用包括土地补偿费、安置补助费以及地上附着物和青苗的补偿费。征收耕地的土地补偿费，为该耕地被征收前三年平均年产值的六至十倍。征收耕地的安置补助费，按照需要安置的农业人口数计算。需要安置的农业人口数，按照被征收的耕地数量除以征地前被征收单位平均每人占有耕地的数量计算。每一个需要安置的农业人口的安置补助费标准，为该耕地被征收前三年平均年产值的四至六倍。但是，每公顷被征收耕地的安置补助费，最高不得超过被征收前三年平均年产值的十五倍。

“征收其他土地的土地补偿费和安置补助费标准，由省、自治区、直辖市参照征收耕地的土地补偿费和安置补助费的标准规定。

“被征收土地上的附着物和青苗的补偿标准，由省、自治区、直辖市规定。”

“依照本条第二款的规定支付土地补偿费和安置补助费，尚不能使需要安置的农民保持原有生活水平的，经省、自治区、直辖市人民政府批准，可以增加安置补助费。但是，土地补偿费和安置补助费的总和不得超过土地被征收前三年平均年产值的三十倍。”内容：暂时调整实施征收集体土地补偿的规定。综合考虑土地用途和区位、经济发展水平、人均收入等情况，合理确定土地征收补偿标准，安排被征地农民住房、社会保障；加大就业培训力度，符合条件的被征地农民全部纳入养老、医疗等城镇社会保障体系；有条件的地方可采取留地、留物业等多种方式，由农村集体经济组织经营。

全国人大常委会关于授权国务院在北京市大兴区等232个试点县（市、区）、天津市蓟县等59个试点县（市、区）行政区域分别暂时调整实施有关法律规定的决定

（2015年12月27日第十二届全国人民代表大会常务委员会第十八次会议通过）

为了落实农村土地的用益物权，赋予农民更多财产权利，深化农村金融改革创新，有效盘活农村资源、资金、资产，为稳步推进农村土地制度改革提供经验和模式，第十二届全国人民代表大会常务委员会第十八次会议决定：授权国务院在北京市大兴区等232个试点县（市、区）行政区域，暂时调整实施《中华人民共和国物权法》、《中华人民共和国担保法》关于集体所有的耕地使用权不得抵押的规定；在天津市蓟县等59个试点县（市、区）行政区域暂时调整实施《中华人民共和国物权法》、《中华人民共和国担保法》关于集体所有的宅基地使用权不得抵押的规定。上述调整在2017年12月31日前试行。暂时调整实施有关法律规定，必须坚守土地公有制性质不改变、耕地红线不突破、农民利益不受损的底线，坚持从实际出发，因地制宜。国务院及其有关部门要完善配套制度，加强对试点工作的整体指导和统筹协调、监督管理，按程序、分步骤审慎稳妥推进，防范各种风险，及时总结试点工作经验，并就暂时调整实施有关法律规定的情况向全国人民代表大会常务委员会作出报告。

试点县（市、区）名单和暂时调整实施有关法律规定目录附后。

本决定自2015年12月28日起施行。

关于引导农村土地经营权有序流转发展农业适度规模经营的意见

（中办发〔2014〕61号）

伴随我国工业化、信息化、城镇化和农业现代化进程，农村劳动力大量转移，农业物质技术装备水平不断提高，农户承

包土地的经营权流转明显加快，发展适度规模经营已成为必然趋势。实践证明，土地流转和适度规模经营是发展现代农业的必由之路，有利于优化土地资源配置和提高劳动生产率，有利于保障粮食安全和主要农产品供给，有利于促进农业技术推广应用和农业增效、农民增收，应从我国人多地少、农村情况千差万别的实际出发，积极稳妥地推进。为引导农村土地（指承包耕地）经营权有序流转、发展农业适度规模经营，现提出如下意见。

一、总体要求

（一）指导思想。全面理解、准确把握中央关于全面深化农村改革的精神，按照加快构建以农户家庭经营为基础、合作与联合为纽带、社会化服务为支撑的立体式复合型现代农业经营体系和走生产技术先进、经营规模适度、市场竞争力强、生态环境可持续的中国特色新型农业现代化道路的要求，以保障国家粮食安全、促进农业增效和农民增收为目标，坚持农村土地集体所有，实现所有权、承包权、经营权三权分置，引导土地经营权有序流转，坚持家庭经营的基础性地位，积极培育新型经营主体，发展多种形式的适度规模经营，巩固和完善农村基本经营制度。改革的方向要明，步子要稳，既要加大政策扶持力度，加强典型示范引导，鼓励创新农业经营体制机制，又要因地制宜、循序渐进，不能搞大跃进，不能搞强迫命令，不能搞行政瞎指挥，使农业适度规模经营发展与城镇化进程和农村劳动力转移规模相适应，与农业科技进步和生产手段改进程度相适应，与农业社会化服务水平提高相适应，让农民成为土地流转和规模经营的积极参与者和真正受益者，避免走弯路。

（二）基本原则

——坚持农村土地集体所有权，稳定农户承包权，放活土地经营权，以家庭承包经营为基础，推进家庭经营、集体经营、合作经营、企业经营等多种经营方式共同发展。

——坚持以改革为动力，充分发挥农民首创精神，鼓励创新，支持基层先行先试，靠改革破解发展难题。

——坚持依法、自愿、有偿，以农民为主体，政府扶持引导，市场配置资源，土地经营权流转不得违背承包农户意愿、不得损害农民权益、不得改变土地用途、不得破坏农业综合生产能力和农业生态环境。

——坚持经营规模适度，既要注重提升土地经营规模，又要防止土地过度集中，兼顾效率与公平，不断提高劳动生产率、土地产出率和资源利用率，确保农地农用，重点支持发展粮食规模化生产。

二、稳定完善农村土地承包关系

（三）健全土地承包经营权登记制度。建立健全承包合同取得权利、登记记载权利、证书证明权利的土地承包经营权登记制度，是稳定农村土地承包关系、促进土地经营权流转、发展适度规模经营的重要基础性工作。完善承包合同，健全登记簿，颁发权属证书，强化土地承包经营权物权保护，为开展土地流转、调处土地纠纷、完善补贴政策、进行征地补偿和抵押担保提供重要依据。建立健全土地承包经营权信息应用平台，方便群众查询，利于服务管理。土地承包经营权确权登记原则上确权到户到地，在尊重农民意愿的前提下，也可以确权确股不确地。切实维护妇女的土地承包权益。

（四）推进土地承包经营权确权登记颁证工作。按照中央统一部署、地方全面负责的要求，在稳步扩大试点的基础上，用5年左右时间基本完成土地承包经营权确权登记颁证工作，妥善解决农户承包地块面积不准、四至不清等问题。在工作中，各地要保持承包关系稳定，以现有承包台账、合同、证书为依据确认承包地归属；坚持依法规范操作，严格执行政策，按照规定内容和程序开展工作；充分调动农民群众积极性，依靠村民民主协商，自主解决矛盾纠纷；从实际出发，以农村集体土地所有权确权为基础，以第二次全国土地调查成果为依据，采用符合标准规范、农民群众认可的技术方法；坚持分级负责，强化县乡两级的责任，建立健全党委和政府统一领导、部门密切协作、群众广泛参与的工作机制；科学制定工作方案，明确时间表和路线图，确保工作质量。有关部门要加强调查研究，有针对性地提出操作性政策建议和具体工作指导意见。土地承包经营权确权登记颁证工作经费纳入地方财政预算，中央财政给予补助。

三、规范引导农村土地经营权有序流转

（五）鼓励创新土地流转形式。鼓励承包农户依法采取转包、出租、互换、转让及入股等方式流转承包地。鼓励有条件的地方制定扶持政策，引导农户长期流转承包地并促进其转移就业。鼓励农民在自愿前提下采取互换并地方式解决承包地细碎化问题。在同等条件下，本集体经济组织成员享有土地流转优先权。以转让方式流转承包地的，原则上应在本集体经济组织成员之间进行，且需经发包方同意。以其他形式流转的，应当依法报发包方备案。抓紧研究探索集体所有权、农户承包权、土地经营权在土地流转中的相互权利关系和具体实现形式。按照全国统一安排，稳步推进土地经营权抵押、担保试点，研究制定统一规范的实施办法，探索建立抵押资产处置机制。

（六）严格规范土地流转行为。土地承包经营权属于农民家庭，土地是否流转、价格如何确定、形式如何选择，应由承包农户自主决定，流转收益应归承包农户所有。流转期限应由流转双方在法律规定的范围内协商确定。没有农户的书面委托，农村基层组织无权以任何方式决定流转农户的承包地，更不能以少数服从多数的名义，将整村整组农户承包地集中对外招商经营。防止少数基层干部私相授受，谋取私利。严禁通过定任务、下指标或将流转面积、流转比例纳入绩效考核等方式推动土地流转。

（七）加强土地流转管理和服务。有关部门要研究制定流转市场运行规范，加快发展多种形式的土地经营权流转市场。依托农村经营管理机构健全土地流转服务平台，完善县乡村三级服务和管理网络，建立土地流转监测制度，为流转双方提供信息发布、政策咨询等服务。土地流转服务主体可以开展信息沟通、委托流转等服务，但禁止层层转包从中牟利。土地流转给非本村（组）集体成员或村（组）集体受农户委托统一组织流转并利用集体资金改良土壤、提高地力的，可向本集体经济组织以外的流入方收取基础设施使用费和土地流转管理服务费，用于农田基本建设或其他公益性支出。引导承包农户与流入方签订书面流转合同，并使用统一的省级合同示范文本。依法保护流入方的土地经营权益，流转合同到期后流入方可在同等条件下优先续约。加强农村土地承包经营纠纷调解仲裁体系建设，健全纠纷调处机制，妥善化解土地承包经营流转纠纷。

（八）合理确定土地经营规模。各地要依据自然经济条件、农村劳动力转移情况、农业机械化水平等因素，研究确定本地区土地规模经营的适宜标准。防止脱离实际、违背农民意愿，片面追求超大规模经营的倾向。现阶段，对土地经营规模相当于当地户均承包地面积 10 至 15 倍、务农收入相当于当地二三产业务工收入的，应当给予重点扶持。创新规模经营方式，在引导土地资源适度集聚的同时，通过农民的合作与联合、开展社会化服务等多种形式，提升农业规模化经营水平。

（九）扶持粮食规模化生产。加大粮食生产支持力度，原有粮食直接补贴、良种补贴、农资综合补贴归属由承包农户与流入方协商确定，新增部分应向粮食生产规模经营主体倾斜。在有条件的地方开展按照实际粮食播种面积或产量对生产者补贴试点。对从事粮食规模化生产的农民合作社、家庭农场等经营主体，符合申报农机购置补贴条件的，要优先安排。探索选择运行规范的粮食生产规模经营主体开展目标价格保险试点。抓紧开展粮食生产规模经营主体营销贷款试点，允许用粮食作物、生产及配套辅助设施进行抵押融资。粮食品种保险要逐步实现粮食生产规模经营主体愿保尽保，并适当提高对产粮大县稻谷、小麦、玉米三大粮食品种保险的保费补贴比例。各地区各有关部门要研究制定相应配套办法，更好地为粮食生产规模经营主体提供支持服务。

（十）加强土地流转用途管制。坚持最严格的耕地保护制度，切实保护基本农田。严禁借土地流转之名违规搞非农建设。严禁在流转农地上建设或变相建设旅游度假村、高尔夫球场、别墅、私人会所等。严禁占用基本农田挖塘栽树及其他毁坏种植条件的行为。严禁破坏、污染、圈占闲置耕地和损毁农田基础设施。坚决查处通过“以租代征”违法违规进行非农建设的行为，坚决禁止擅自将耕地“非农化”。利用规划和标准引导设施农业发展，强化设施农用地的用途监管。采取措施保证流转土地用于农业生产，可以通过停发粮食直接补贴、良种补贴、农资综合补贴等办法遏制撂荒耕地的行为。在粮食主产区、粮食生产功能区、高产创建项目实施区，不符合产业规划的经营行为不再享受相关农业生产扶持政策。合理引导粮田流转价格，降低粮食生产成本，稳定粮食种植面积。

四、加快培育新型农业经营主体

（十一）发挥家庭经营的基础作用。在今后相当长时期内，普通农户仍占大多数，要继续重视和扶持其发展农业生产。重点培育以家庭成员为主要劳动力、以农业为主要收入来源，从事专业化、集约化农业生产的家庭农场，使之成为引领适度规模经营、发展现代农业的有生力量。分级建立示范家庭农场名录，健全管理服务制度，加强示范引导。鼓励各地整合涉农资金建设连片高标准农田，并优先流向家庭农场、专业大户等规模经营农户。

（十二）探索新的集体经营方式。集体经济组织要积极为承包农户开展多种形式的生产服务，通过统一服务降低生产成本、提高生产效率。有条件的地方根据农民意愿，可以统一连片整理耕地，将土地折股量化、确权到户，经营所得收益按股分配，也可以引导农民以承包地入股组建土地股份合作组织，通过自营或委托经营等方式发展农业规模经营。各地要结合实际不断探索和丰富集体经营的实现形式。

（十三）加快发展农户间的合作经营。鼓励承包农户通过共同使用农业机械、开展联合营销等方式发展联户经营。鼓励发展多种形式的农民合作组织，深入推进示范社创建活动，促进农民合作社规范发展。在管理民主、运行规范、带动力强的农民合作社和供销合作社基础上，培育发展农村合作金融。引导发展农民专业合作社联合社，支持农民合作社开展农社对接。允许农民以承包经营权入股发展农业产业化经营。探索建立农户入股土地生产性能评价制度，按照耕地数量质量、参照当地土地经营权流转价格计价折股。

（十四）鼓励发展适合企业化经营的现代种养业。鼓励农业产业化龙头企业等涉农企业重点从事农产品加工流通和农业社会化服务，带动农户和农民合作社发展规模经营。引导工商资本发展良种种苗繁育、高标准设施农业、规模化养殖等适合企业化经营的现代种养业，开发农村“四荒”资源发展多种经营。支持农业企业与农户、农民合作社建立紧密的利益联结机制，实现合理分工、互利共赢。支持经济发达地区通过农业示范园区引导各类经营主体共同出资、相互持股，发展多种形式的农业混合所有制经济。

（十五）加大对新型农业经营主体的扶持力度。鼓励地方扩大对家庭农场、专业大户、农民合作社、龙头企业、农业社会化服务组织的扶持资金规模。支持符合条件的新型农业经营主体优先承担涉农项目，新增农业补贴向新型农业经营主体倾斜。加快建立财政项目资金直接投向符合条件的合作社、财政补助形成的资产转交合作社持有和管护的管理制度。各省（自治区、直辖市）根据实际情况，在年度建设用地指标中可单列一定比例专门用于新型农业经营主体建设配套辅助设施，并按规定减免相关税费。综合运用货币和财税政策工具，引导金融机构建立健全针对新型农业经营主体的信贷、保险支持机制，创新金融产品和服务，加大信贷支持力度，分散规模经营风险。鼓励符合条件的农业产业化龙头企业通过发行短期融资券、中期票据、中小企业集合票据等多种方式，拓宽融资渠道。鼓励融资担保机构为新型农业经营主体提供融资担保服务，鼓励有条件的地方通过设立融资担保专项资金、担保风险补偿基金等加大扶持力度。落实和完善相关税收优惠政策，支持农民合作社发展农产品加工流通。

（十六）加强对工商企业租赁农户承包地的监管和风险防范。各地对工商企业长时间、大面积租赁农户承包地要有明确的上限控制，建立健全资格审查、项目审核、风险保障金制度，对租地条件、经营范围和违规处罚等作出规定。工商企业租赁农户承包地要按面积实行分级备案，严格准入门槛，加强事中事后监管，防止浪费农地资源、损害农民土地权益，防范承包农户因流入方违约或经营不善遭受损失。定期对租赁土地企业的农业经营能力、土地用途和风险防范能力等开展监督检查，查验土地利用、合同履行等情况，及时查处纠正违法违规行为，对符合要求的可给予政策扶持。有关部门要抓紧制定管理办法，并加强对各地落实情况的监督检查。

五、建立健全农业社会化服务体系

（十七）培育多元社会化服务组织。巩固乡镇涉农公共服务机构基础条件建设成果。鼓励农技推广、动植物防疫、农产品质量安全监管等公共服务机构围绕发展农业适度规模经营拓展服务范围。大力培育各类经营性服务组织，积极发展良种种苗繁育、统防统治、测土配方施肥、粪污集中处理等农业生产性服务业，大力发展农产品电子商务等现代流通服务业，支持建设粮食烘干、农机场库棚和仓储物流等配套基础设施。农产品初加工和农业灌溉用电执行农业生产用电价格。鼓励以县为单位开展农业社会化服务示范创建活动。开展政府购买农业公益性服务试点，鼓励向经营性服务组织购买易监管、可量化的公益性服务。研究制定政府购买农业公益性服务的指导性目录，建立健全购买服务的标准合同、规范程序和监督机制。积极推广既不改变农户承包关系，又保证地有人种的托管服务模式，鼓励种粮大户、农机大户和农机合作社开展全程托管或主要生产环节托管，实现统一耕作，规模化生产。

（十八）开展新型职业农民教育培训。制定专门规划和政策，壮大新型职业农民队伍。整合教育培训资源，改善农业职业学校和其他学校涉农专业办学条件，加快发展农业职业教育，大力发展现代农业远程教育。实施新型职业农民培育工程，围绕主导产业开展农业技能和经营能力培养培训，扩大农村实用人才带头人示范培养培训规模，加大对专业大户、家庭农场经营者、农民合作社带头人、农业企业经营管理人员、农业社会化服务人员和返乡农民工的培养培训力度，把青年农民纳入国家实用人才培养计划。努力构建新型职业农民和农村实用人才培养、认定、扶持体系，建立公益性农民培养培训制度，探索建立培育新型职业农民制度。

（十九）发挥供销合作社的优势和作用。扎实推进供销合作社综合改革试点，按照改造自我、服务农民的要求，把供销合作社打造成服务农民生产生活的生力军和综合平台。利用供销合作社农资经营渠道，深化行业合作，推进技物结合，为新型农业经营主体提供服务。推动供销合作社农产品流通企业、农副产品批发市场、网络终端与新型农业经营主体对接，开展农产品生产、加工、流通服务。鼓励基层供销合作社针对农业生产重要环节，与农民签订服务协议，开展合作式、订单式服务，提高服务规模化水平。

土地问题涉及亿万农民切身利益，事关全局。各级党委和政府要充分认识引导农村土地经营权有序流转、发展农业适度规模经营的重要性、复杂性和长期性，切实加强组织领导，严格按照中央政策和国家法律法规办事，及时查处违纪违法行为。坚持从实际出发，加强调查研究，搞好分类指导，充分利用农村改革试验区、现代农业示范区等开展试点试验，认真总结基层和农民群众创造的好经验好做法。加大政策宣传力度，牢固树立政策观念，准确把握政策要求，营造良好的改革发展环境。加强农村经营管理体系建设，明确相应机构承担农村经管工作职责，确保事有人干、责有人负。各有关部门要按照职责分工，抓紧修订完善相关法律法规，建立工作指导和检查监督制度，健全齐抓共管的工作机制，引导农村土地经营权有序流转，促进农业适度规模经营健康发展。

国务院关于开展农村承包土地的经营权和农民住房财产权抵押贷款试点的指导意见

（2015年8月10日　国发〔2015〕45号）

各省、自治区、直辖市人民政府，国务院各部委、各直属机构：

为进一步深化农村金融改革创新，加大对“三农”的金融支持力度，引导农村土地经营权有序流转，慎重稳妥推进农民住房财产权抵押、担保、转让试点，做好农村承包土地（指耕地）的经营权和农民住房财产权（以下统称“两权”）抵押贷款试点工作，现提出以下意见。

一、总体要求

（一）指导思想。

全面贯彻党的十八大和十八届三中、四中全会精神，深入落实党中央、国务院决策部署，按照所有权、承包权、经营权三权分置和经营权流转有关要求，以落实农村土地的用益物权、赋予农民更多财产权利为出发点，深化农村金融改革创新，稳妥有序开展“两权”抵押贷款业务，有效盘活农村资源、资金、资产，增加农业生产中长期和规模化经营的资金投入，为稳步推进农村土地制度改革提供经验和模式，促进农民增收致富和农业现代化加快发展。

（二）基本原则。

一是依法有序。“两权”抵押贷款试点要坚持于法有据，遵守土地管理法、城市房地产管理法等有关法律法规和政策要求，先在批准范围内开展，待试点积累经验后再稳步推广。涉及被突破的相关法律条款，应提请全国人大常委会授权在试点地区暂停执行。

二是自主自愿。切实尊重农民意愿，“两权”抵押贷款由农户等农业经营主体自愿申请，确保农民群众成为真正的知情者、参与者和受益者。流转土地的经营权抵押需经承包农户同意，抵押仅限于流转期内的收益。金融机构要在财务可持续基础上，按照有关规定自主开展“两权”抵押贷款业务。

三是稳妥推进。在维护农民合法权益前提下，妥善处理好农民、农村集体经济组织、金融机构、政府之间的关系，慎重稳妥推进农村承包土地的经营权抵押贷款试点和农民住房财产权抵押、担保、转让试点工作。

四是风险可控。坚守土地公有制性质不改变、耕地红线不突破、农民利益不受损的底线。完善试点地区确权登记颁证、流转平台搭建、风险补偿和抵押物处置机制等配套政策，防范、控制和化解风险，确保试点工作顺利平稳实施。

二、试点任务

（一）赋予“两权”抵押融资功能，维护农民土地权益。在防范风险、遵守有关法律法规和农村土地制度改革等政策基础上，稳妥有序开展“两权”抵押贷款试点。加强制度建设，引导和督促金融机构始终把维护好、实现好、发展好农民土地权益作为改革试点的出发点和落脚点，落实“两权”抵押融资功能，明确贷款对象、贷款用途、产品设计、抵押价值评估、抵押物处置等业务要点，盘活农民土地用益物权的财产属性，加大金融对“三农”的支持力度。

（二）推进农村金融产品和服务方式创新，加强农村金融服务。金融机构要结合“两权”的权能属性，在贷款利率、期限、额度、担保、风险控制等方面加大创新支持力度，简化贷款管理流程，扎实推进“两权”抵押贷款业务，切实满足农户等农业经营主体对金融服务的有效需求。鼓励金融机构在农村承包土地的经营权剩余使用期限内发放中长期贷款，有效增加农业生产的中长期信贷投入。鼓励对经营规模适度的农业经营主体发放贷款。

（三）建立抵押物处置机制，做好风险保障。因借款人不履行到期债务或者发生当事人约定的情形需要实现抵押权时，允许金融机构在保证农户承包权和基本住房权利前提下，依法采取多种方式处置抵押物。完善抵押物处置措施，确保当借款人不履行到期债务或者发生当事人约定的情形时，承贷银行能顺利实现抵押权。农民住房财产权（含宅基地使用权）抵押贷款的抵押物处置应与商品住房制定差别化规定。探索农民住房财产权抵押担保中宅基地权益的实现方式和途径，保障抵押权人合法权益。对农民住房财产权抵押贷款的抵押物处置，受让人原则上应限制在相关法律法规和国务院规定的范围内。

（四）完善配套措施，提供基础支撑。试点地区要加快推进农村土地承包经营权、宅基地使用权和农民住房所有权确权登记颁证，探索对通过流转取得的农村承包土地的经营权进行确权登记颁证。农民住房财产权设立抵押的，需将宅基地使用权与住房所有权一并抵押。按照党中央、国务院确定的宅基地制度改革试点工作部署，探索建立宅基地使用权有偿转让机制。依托相关主管部门建立完善多级联网的农村土地产权交易平台，建立“两权”抵押、流转、评估的专业化服务机制，支持以各种合法方式流转的农村承包土地的经营权用于抵押。建立健全农村信用体系，有效调动和增强金融机构支农的积极性。

（五）加大扶持和协调配合力度，增强试点效果。人民银行要支持金融机构积极稳妥参与试点，对符合条件的农村金融机构加大支农再贷款支持力度。银行业监督管理机构要研究差异化监管政策，合理确定资本充足率、贷款分类等方面的计算规则和激励政策，支持金融机构开展“两权”抵押贷款业务。试点地区要结合实际，采取利息补贴、发展政府支持的担保公司、利用农村土地产权交易平台提供担保、设立风险补偿基金等方式，建立“两权”抵押贷款风险缓释及补偿机制。保险监督管理机构要进一步完善农业保险制度，大力推进农业保险和农民住房保险工作，扩大保险覆盖范围，充分发挥保险的风险保障作用。

三、组织实施

（一）加强组织领导。人民银行会同中央农办、发展改革委、财政部、国土资源部、住房城乡建设部、农业部、税务总局、林业局、法制办、银监会、保监会等单位，按职责分工成立农村承包土地的经营权抵押贷款试点工作指导小组和农民住房财产权抵押贷款试点工作指导小组（以下统称指导小组），切实落实党中央、国务院对“两权”抵押贷款试点工作的各项要求，按照本意见指导地方人民政府开展试点，并做好专项统计、跟踪指导、评估总结等相关工作。指导小组办公室设在人民银行。

（二）选择试点地区。“两权”抵押贷款试点以县（市、区）行政区域为单位。农村承包土地的经营权抵押贷款试点主要在农村改革试验区、现代农业示范区等农村土地经营权流转较好的地区开展；农民住房财产权抵押贷款试点原则上选择国土资源部牵头确定的宅基地制度改革试点地区开展。省级人民政府按照封闭运行、风险可控原则向指导小组办公室推荐试点县

（市、区），经指导小组审定后开展试点。各省（区、市）可根据当地实际，分别或同时申请开展农村承包土地的经营权抵押贷款试点和农民住房财产权抵押贷款试点。

（三）严格试点条件。“两权”抵押贷款试点地区应满足以下条件：一是农村土地承包经营权、宅基地使用权和农民住房所有权确权登记颁证率高，农村产权流转交易市场健全，交易行为公开规范，具备较好基础和支撑条件；二是农户土地流转意愿较强，农业适度规模经营势头良好，具备规模经济效益；三是农村信用环境较好，配套政策较为健全。

（四）规范试点运行。人民银行、银监会会同相关单位，根据本意见出台农村承包土地的经营权抵押贷款试点管理办法和农民住房财产权抵押贷款试点管理办法。银行业金融机构根据本意见和金融管理部门制定的“两权”抵押贷款试点管理办法，建立相应的信贷管理制度并制定实施细则。试点地区成立试点工作小组，严格落实试点条件，制定具体实施意见、支持政策，经省级人民政府审核后，送指导小组备案。集体林地经营权抵押贷款和草地经营权抵押贷款业务可参照本意见执行。

（五）做好评估总结。认真总结试点经验，及时提出制定修改相关法律法规、政策的建议，加快推动修改完善相关法律法规。人民银行牵头负责对试点工作进行跟踪、监督和指导，开展年度评估。试点县（市、区）应提交总结报告和政策建议，由省级人民政府送指导小组。指导小组形成全国试点工作报告，提出相关政策建议。全部试点工作于2017年底前完成。

（六）取得法律授权。试点涉及突破《中华人民共和国物权法》第一百八十四条、《中华人民共和国担保法》第三十七条等相关法律条款，由国务院按程序提请全国人大常委会授权，允许试点地区在试点期间暂停执行相关法律条款。

二、行政法规

不动产登记暂行条例

（2014 年 11 月 24 日中华人民共和国国务院令第 656 号公布　自 2015 年 3 月 1 日起施行）

第一章　总　　则

第一条　为整合不动产登记职责，规范登记行为，方便群众申请登记，保护权利人合法权益，根据《中华人民共和国物权法》等法律，制定本条例。

第二条　本条例所称不动产登记，是指不动产登记机构依法将不动产权利归属和其他法定事项记载于不动产登记簿的行为。

本条例所称不动产，是指土地、海域以及房屋、林木等定着物。

第三条　不动产首次登记、变更登记、转移登记、注销登记、更正登记、异议登记、预告登记、查封登记等，适用本条例。

第四条　国家实行不动产统一登记制度。

不动产登记遵循严格管理、稳定连续、方便群众的原则。

不动产权利人已经依法享有的不动产权利，不因登记机构和登记程序的改变而受到影响。

第五条　下列不动产权利，依照本条例的规定办理登记：

（一）集体土地所有权；

（二）房屋等建筑物、构筑物所有权；

（三）森林、林木所有权；

（四）耕地、林地、草地等土地承包经营权；

（五）建设用地使用权；

（六）宅基地使用权；

（七）海域使用权；

（八）地役权；

（九）抵押权；

（十）法律规定需要登记的其他不动产权利。

第六条　国务院国土资源主管部门负责指导、监督全国不动产登记工作。

县级以上地方人民政府应当确定一个部门为本行政区域的不动产登记机构，负责不动产登记工作，并接受上级人民政府不动产登记主管部门的指导、监督。

第七条 不动产登记由不动产所在地的县级人民政府不动产登记机构办理；直辖市、设区的市人民政府可以确定本级不动产登记机构统一办理所属各区的不动产登记。

跨县级行政区域的不动产登记，由所跨县级行政区域的不动产登记机构分别办理。不能分别办理的，由所跨县级行政区域的不动产登记机构协商办理；协商不成的，由共同的上一级人民政府不动产登记主管部门指定办理。

国务院确定的重点国有林区的森林、林木和林地，国务院批准项目用海、用岛，中央国家机关使用的国有土地等不动产登记，由国务院国土资源主管部门会同有关部门规定。

第二章 不动产登记簿

第八条 不动产以不动产单元为基本单位进行登记。不动产单元具有唯一编码。

不动产登记机构应当按照国务院国土资源主管部门的规定设立统一的不动产登记簿。

不动产登记簿应当记载以下事项：

（一）不动产的坐落、界址、空间界限、面积、用途等自然状况；

（二）不动产权利的主体、类型、内容、来源、期限、权利变化等权属状况；

（三）涉及不动产权利限制、提示的事项；

（四）其他相关事项。

第九条 不动产登记簿应当采用电子介质，暂不具备条件的，可以采用纸质介质。不动产登记机构应当明确不动产登记簿唯一、合法的介质形式。

不动产登记簿采用电子介质的，应当定期进行异地备份，并具有唯一、确定的纸质转化形式。

第十条 不动产登记机构应当依法将各类登记事项准确、完整、清晰地记载于不动产登记簿。任何人不得损毁不动产登记簿，除依法予以更正外不得修改登记事项。

第十一条 不动产登记工作人员应当具备与不动产登记工作相适应的专业知识和业务能力。

不动产登记机构应当加强对不动产登记工作人员的管理和专业技术培训。

第十二条 不动产登记机构应当指定专人负责不动产登记簿的保管，并建立健全相应的安全责任制度。

采用纸质介质不动产登记簿的，应当配备必要的防盗、防火、防渍、防有害生物等安全保护设施。

采用电子介质不动产登记簿的，应当配备专门的存储设施，并采取信息网络安全防护措施。

第十三条 不动产登记簿由不动产登记机构永久保存。不动产登记簿损毁、灭失的，不动产登记机构应当依据原有登记资料予以重建。

行政区域变更或者不动产登记机构职能调整的，应当及时将不动产登记簿移交相应的不动产登记机构。

第三章　登记程序

第十四条　因买卖、设定抵押权等申请不动产登记的，应当由当事人双方共同申请。

属于下列情形之一的，可以由当事人单方申请：

（一）尚未登记的不动产首次申请登记的；

（二）继承、接受遗赠取得不动产权利的；

（三）人民法院、仲裁委员会生效的法律文书或者人民政府生效的决定等设立、变更、转让、消灭不动产权利的；

（四）权利人姓名、名称或者自然状况发生变化，申请变更登记的；

（五）不动产灭失或者权利人放弃不动产权利，申请注销登记的；

（六）申请更正登记或者异议登记的；

（七）法律、行政法规规定可以由当事人单方申请的其他情形。

第十五条　当事人或者其代理人应当到不动产登记机构办公场所申请不动产登记。

不动产登记机构将申请登记事项记载于不动产登记簿前，申请人可以撤回登记申请。

第十六条　申请人应当提交下列材料，并对申请材料的真实性负责：

（一）登记申请书；

（二）申请人、代理人身份证明材料、授权委托书；

（三）相关的不动产权属来源证明材料、登记原因证明文件、不动产权属证书；

（四）不动产界址、空间界限、面积等材料；

（五）与他人利害关系的说明材料；

（六）法律、行政法规以及本条例实施细则规定的其他材料。

不动产登记机构应当在办公场所和门户网站公开申请登记所需材料目录和示范文本等信息。

第十七条　不动产登记机构收到不动产登记申请材料，应当分别按照下列情况办理：

（一）属于登记职责范围，申请材料齐全、符合法定形式，或者申请人按照要求提交全部补正申请材料的，应当受理并书面告知申请人；

（二）申请材料存在可以当场更正的错误的，应当告知申请人当场更正，申请人当场更正后，应当受理并书面告知申请人；

（三）申请材料不齐全或者不符合法定形式的，应当当场书面告知申请人不予受理并一次性告知需要补正的全部内容；

（四）申请登记的不动产不属于本机构登记范围的，应当当场书面告知申请人不予受理并告知申请人向有登记权的机构申请。

不动产登记机构未当场书面告知申请人不予受理的，视为受理。

第十八条　不动产登记机构受理不动产登记申请的，应当按照下列要求进行查验：

（一）不动产界址、空间界限、面积等材料与申请登记的不动产状况是否一致；

（二）有关证明材料、文件与申请登记的内容是否一致；

（三）登记申请是否违反法律、行政法规规定。

第十九条 属于下列情形之一的，不动产登记机构可以对申请登记的不动产进行实地查看：

（一）房屋等建筑物、构筑物所有权首次登记；

（二）在建建筑物抵押权登记；

（三）因不动产灭失导致的注销登记；

（四）不动产登记机构认为需要实地查看的其他情形。

对可能存在权属争议，或者可能涉及他人利害关系的登记申请，不动产登记机构可以向申请人、利害关系人或者有关单位进行调查。

不动产登记机构进行实地查看或者调查时，申请人、被调查人应当予以配合。

第二十条 不动产登记机构应当自受理登记申请之日起30个工作日内办结不动产登记手续，法律另有规定的除外。

第二十一条 登记事项自记载于不动产登记簿时完成登记。

不动产登记机构完成登记，应当依法向申请人核发不动产权属证书或者登记证明。

第二十二条 登记申请有下列情形之一的，不动产登记机构应当不予登记，并书面告知申请人：

（一）违反法律、行政法规规定的；

（二）存在尚未解决的权属争议的；

（三）申请登记的不动产权利超过规定期限的；

（四）法律、行政法规规定不予登记的其他情形。

第四章 登记信息共享与保护

第二十三条 国务院国土资源主管部门应当会同有关部门建立统一的不动产登记信息管理基础平台。

各级不动产登记机构登记的信息应当纳入统一的不动产登记信息管理基础平台，确保国家、省、市、县四级登记信息的实时共享。

第二十四条 不动产登记有关信息与住房城乡建设、农业、林业、海洋等部门审批信息、交易信息等应当实时互通共享。

不动产登记机构能够通过实时互通共享取得的信息，不得要求不动产登记申请人重复提交。

第二十五条 国土资源、公安、民政、财政、税务、工商、金融、审计、统计等部门应当加强不动产登记有关信息互通共享。

第二十六条 不动产登记机构、不动产登记信息共享单位及其工作人员应当对不动产登记信息保密；涉及国家秘密的不动产登记信息，应当依法采取必要的安全保密措施。

第二十七条 权利人、利害关系人可以依法查询、复制不动产登记资料，不动产登记机构应当提供。

有关国家机关可以依照法律、行政法规的规定查询、复制与调查处理事项有关的不动产登记资料。

第二十八条 查询不动产登记资料的单位、个人应当向不动产登记机构说明查询目的，不得将查询获得的不动产登记资料用于其他目的；未经权利人同意，不得泄露查询获得的不动产登记资料。

第五章 法律责任

第二十九条 不动产登记机构登记错误给他人造成损害，或者当事人提供虚假材料申请登记给他人造成损害的，依照《中华人民共和国物权法》的规定承担赔偿责任。

第三十条 不动产登记机构工作人员进行虚假登记，损毁、伪造不动产登记簿，擅自修改登记事项，或者有其他滥用职权、玩忽职守行为的，依法给予处分；给他人造成损害的，依法承担赔偿责任；构成犯罪的，依法追究刑事责任。

第三十一条 伪造、变造不动产权属证书、不动产登记证明，或者买卖、使用伪造、变造的不动产权属证书、不动产登记证明的，由不动产登记机构或者公安机关依法予以收缴；有违法所得的，没收违法所得；给他人造成损害的，依法承担赔偿责任；构成违反治安管理行为的，依法给予治安管理处罚；构成犯罪的，依法追究刑事责任。

第三十二条 不动产登记机构、不动产登记信息共享单位及其工作人员，查询不动产登记资料的单位或者个人违反国家规定，泄露不动产登记资料、登记信息，或者利用不动产登记资料、登记信息进行不正当活动，给他人造成损害的，依法承担赔偿责任；对有关责任人员依法给予处分；有关责任人员构成犯罪的，依法追究刑事责任。

第六章 附 则

第三十三条 本条例施行前依法颁发的各类不动产权属证书和制作的不动产登记簿继续有效。

不动产统一登记过渡期内，农村土地承包经营权的登记按照国家有关规定执行。

第三十四条 本条例实施细则由国务院国土资源主管部门会同有关部门制定。

第三十五条 本条例自 2015 年 3 月 1 日起施行。本条例施行前公布的行政法规有关不动产登记的规定与本条例规定不一致的，以本条例规定为准。

三、部门规章

国土资源部关于修改《地质灾害危险性评估单位资质管理办法》等5部规章的决定

（2015年5月11日国土资源部令第62号公布　自公布之日起施行）

为深入贯彻落实依法治国基本方略，维护法制统一，全面推进依法行政，国土资源部对2013年以来行政审批制度改革和注册资本登记制度改革等重点改革涉及的规章进行了清理。经清理，国土资源部决定：对《地质灾害危险性评估单位资质管理办法》等5部规章的部分条款予以修改。

一、删去《地质灾害危险性评估单位资质管理办法》（国土资源部令第29号）第七条第一项、第八条第一项、第九条第一项。

二、删去《地质灾害治理工程勘查设计施工单位资质管理办法》（国土资源部令第30号）第六条第一项中的“1. 注册资金或者开办资金人民币五百万元以上”，第二项中的“1. 注册资金或者开办资金人民币三百万元以上”，第三项中的“1. 注册资金或者开办资金人民币一百万元以上”。

删去第七条第一项中的“1. 注册资金或者开办资金人民币二百万元以上”，第二项中的“1. 注册资金或者开办资金人民币一百万元以上”，第三项中的“1. 注册资金或者开办资金人民币五十万元以上”。

删去第八条第一项中的“1. 注册资金人民币一千二百万元以上”，第二项中的“1. 注册资金人民币六百万元以上”，第三项中的“1. 注册资金人民币三百万元以上”。

三、删去《地质灾害治理工程监理单位资质管理办法》（国土资源部令第31号）第五条第一项中的“1. 注册资金或者开办资金人民币二百万元以上”，第二项中的“1. 注册资金或者开办资金人民币一百万元以上”，第三项中的“1. 注册资金或者开办资金人民币五十万元以上”。

四、将《矿山地质环境保护规定》

（国土资源部令第44号）第九条第二款修改为“省、自治区、直辖市国土资源行政主管部门依据全国矿山地质环境保护规划，结合本行政区域的矿山地质环境调查评价结果，编制省、自治区、直辖市的矿山地质环境保护规划，报省、自治区、直辖市人民政府批准实施。”

五、将《古生物化石保护条例实施办法》（国土资源部令第57号）第八条第三款修改为“重点保护古生物化石集中产地名录由国家古生物化石专家委员会拟定，由国土资源部公布。”

本决定自公布之日起施行。

《地质灾害危险性评估单位资质管理办法》、《地质灾害治理工程勘查设计施工单位资质管理办法》、《地质灾害治理工程监理单位资质管理办法》、《矿山地质环境保护规定》、《古生物化石保护条例实施办法》根据本决定作相应修改，重新公布。

不动产登记暂行条例实施细则

（国土资源部令63号）

《不动产登记暂行条例实施细则》已经2015年6月29日国土资源部第3次部务会议审议通过，现予公布，自公布之日起施行。

部长　姜大明

2016年1月1日

不动产登记暂行条例实施细则

（2015年6月29日国土资源部第3次部务会议通过）

第一章　总　　则

第一条　为规范不动产登记行为，细化不动产统一登记制度，方便人民群众办理不动产登记，保护权利人合法权益，根据《不动产登记暂行条例》（以下简称《条例》），制定本实施细则。

第二条　不动产登记应当依照当事人的申请进行，但法律、行政法规以及本实施细则另有规定的除外。

房屋等建筑物、构筑物和森林、林木等定着物应当与其所依附的土地、海域一并登记，保持权利主体一致。

第三条　不动产登记机构依照《条例》第七条第二款的规定，协商办理或者接受指定办理跨县级行政区域不动产登记的，应当在登记完毕后将不动产登记簿记载的不动产权利人以及不动产坐落、界址、面积、用途、权利类型等登记结果告知不动产所跨区域的其他不动产登记机构。

第四条　国务院确定的重点国有林区的森林、林木和林地，由国土资源部受理并会同有关部门办理，依法向权利人核发不动产权属证书。

国务院批准的项目用海、用岛的登记，由国土资源部受理，依法向权利人核发不动产权属证书。

中央国家机关使用的国有土地等不动产登记，依照国土资源部《在京中央国家机关用地土地登记办法》等规定办理。

第二章 不动产登记簿

第五条 《条例》第八条规定的不动产单元，是指权属界线封闭且具有独立使用价值的空间。

没有房屋等建筑物、构筑物以及森林、林木定着物的，以土地、海域权属界线封闭的空间为不动产单元。

有房屋等建筑物、构筑物以及森林、林木定着物的，以该房屋等建筑物、构筑物以及森林、林木定着物与土地、海域权属界线封闭的空间为不动产单元。

前款所称房屋，包括独立成幢、权属界线封闭的空间，以及区分套、层、间等可以独立使用、权属界线封闭的空间。

第六条 不动产登记簿以宗地或者宗海为单位编成，一宗地或者一宗海范围内的全部不动产单元编入一个不动产登记簿。

第七条 不动产登记机构应当配备专门的不动产登记电子存储设施，采取信息网络安全防护措施，保证电子数据安全。

任何单位和个人不得擅自复制或者篡改不动产登记簿信息。

第八条 承担不动产登记审核、登簿的不动产登记工作人员应当熟悉相关法律法规，具备与其岗位相适应的不动产登记等方面的专业知识。

国土资源部会同有关部门组织开展对承担不动产登记审核、登簿的不动产登记工作人员的考核培训。

第三章 登记程序

第九条 申请不动产登记的，申请人应当填写登记申请书，并提交身份证明以及相关申请材料。

申请材料应当提供原件。因特殊情况不能提供原件的，可以提供复印件，复印件应当与原件保持一致。

第十条 处分共有不动产申请登记的，应当经占份额三分之二以上的按份共有人或者全体共同共有人共同申请，但共有人另有约定的除外。

按份共有人转让其享有的不动产份额，应当与受让人共同申请转移登记。

建筑区划内依法属于全体业主共有的不动产申请登记，依照本实施细则第三十六条的规定办理。

第十一条 无民事行为能力人、限制民事行为能力人申请不动产登记的，应当由其监护人代为申请。

监护人代为申请登记的，应当提供监护人与被监护人的身份证或者户口簿、有关监护关系等材料；因处分不动产而申请登记的，还应当提供为被监护人利益的书面保证。

父母之外的监护人处分未成年人不动产的，有关监护关系材料可以是人民法院指定监护的法律文书、经过公证的对被监护人享有监护权的材料或者其他材料。

第十二条 当事人可以委托他人代为申请不动产登记。

代理申请不动产登记的，代理人应当向不动产登记机构提供被代理人签字或者盖章的授权委托书。

自然人处分不动产，委托代理人申请登记的，应当与代理人共同到不动产登记机构现场签订授权委托书，但授权委托书经公证的除外。

境外申请人委托他人办理处分不动产登记的，其授权委托书应当按照国家有关规定办理认证或者公证。

第十三条 申请登记的事项记载于不动产登记簿前，全体申请人提出撤回登记申请的，登记机构应当将登记申请书以及相关材料退还申请人。

第十四条 因继承、受遗赠取得不动产，当事人申请登记的，应当提交死亡证明材料、遗嘱或者全部法定继承人关于不动产分配的协议以及与被继承人的亲属关系材料等，也可以提交经公证的材料或者生效的法律文书。

第十五条 不动产登记机构受理不动产登记申请后，还应当对下列内容进行查验：

（一）申请人、委托代理人身份证明材料以及授权委托书与申请主体是否一致；

（二）权属来源材料或者登记原因文件与申请登记的内容是否一致；

（三）不动产界址、空间界限、面积等权籍调查成果是否完备，权属是否清楚、界址是否清晰、面积是否准确；

（四）法律、行政法规规定的完税或者缴费凭证是否齐全。

第十六条 不动产登记机构进行实地查看，重点查看下列情况：

（一）房屋等建筑物、构筑物所有权首次登记，查看房屋坐落及其建造完成等情况；

（二）在建建筑物抵押权登记，查看抵押的在建建筑物坐落及其建造等情况；

（三）因不动产灭失导致的注销登记，查看不动产灭失等情况。

第十七条 有下列情形之一的，不动产登记机构应当在登记事项记载于登记簿前进行公告，但涉及国家秘密的除外：

（一）政府组织的集体土地所有权登记；

（二）宅基地使用权及房屋所有权，集体建设用地使用权及建筑物、构筑物所有权，土地承包经营权等不动产权利的首次登记；

（三）依职权更正登记；

（四）依职权注销登记；

（五）法律、行政法规规定的其他情形。

公告应当在不动产登记机构门户网站以及不动产所在地等指定场所进行，公告期不少于15个工作日。公告所需时间不计算在登记办理期限内。公告期满无异议或者异议不成立的，应当及时记载于不动产登记簿。

第十八条 不动产登记公告的主要内容包括：

（一）拟予登记的不动产权利人的姓名或者名称；

（二）拟予登记的不动产坐落、面积、用途、权利类型等；

（三）提出异议的期限、方式和受理机构；

（四）需要公告的其他事项。

第十九条 当事人可以持人民法院、仲裁委员会的生效法律文书或者人民政府的生效决定单方申请不动产登记。

有下列情形之一的，不动产登记机构直接办理不动产登记：

（一）人民法院持生效法律文书和协助执行通知书要求不动产登记机构办理登记的；

（二）人民检察院、公安机关依据法律规定持协助查封通知书要求办理查封登记的；

（三）人民政府依法做出征收或者收回不动产权利决定生效后，要求不动产登记机构办理注销登记的；

（四）法律、行政法规规定的其他情形。

不动产登记机构认为登记事项存在异议的，应当依法向有关机关提出审查建议。

第二十条 不动产登记机构应当根据不动产登记簿，填写并核发不动产权属证书或者不动产登记证明。

除办理抵押权登记、地役权登记和预告登记、异议登记，向申请人核发不动产登记证明外，不动产登记机构应当依法向权利人核发不动产权属证书。

不动产权属证书和不动产登记证明，应当加盖不动产登记机构登记专用章。

不动产权属证书和不动产登记证明样式，由国土资源部统一规定。

第二十一条 申请共有不动产登记的，不动产登记机构向全体共有人合并发放一本不动产权属证书；共有人申请分别持证的，可以为共有人分别发放不动产权属证书。

共有不动产权属证书应当注明共有情况，并列明全体共有人。

第二十二条 不动产权属证书或者不动产登记证明污损、破损的，当事人可以向不动产登记机构申请换发。符合换发条件的，不动产登记机构应当予以换发，并收回原不动产权属证书或者不动产登记证明。

不动产权属证书或者不动产登记证明遗失、灭失，不动产权利人申请补发的，由不动产登记机构在其门户网站上刊发不动产权利人的遗失、灭失声明15个工作日后，予以补发。

不动产登记机构补发不动产权属证书或者不动产登记证明的，应当将补发不动产权属证书或者不动产登记证明的事项记载于不动产登记簿，并在不动产权属证书或者不动产登记证明上注明“补发”字样。

第二十三条 因不动产权利灭失等情形，不动产登记机构需要收回不动产权属证书或者不动产登记证明的，应当在不动产登记簿上将收回不动产权属证书或者不动产登记证明的事项予以注明；确实无法收回的，应当在不动产登记机构门户网站或者当地公开发行的报刊上公告作废。

第四章　不动产权利登记

第一节　一般规定

第二十四条　不动产首次登记，是指不动产权利第一次登记。

未办理不动产首次登记的，不得办理不动产其他类型登记，但法律、行政法规另有规定的除外。

第二十五条　市、县人民政府可以根据情况对本行政区域内未登记的不动产，组织开展集体土地所有权、宅基地使用权、集体建设用地使用权、土地承包经营权的首次登记。

依照前款规定办理首次登记所需的权属来源、调查等登记材料，由人民政府有关部门组织获取。

第二十六条　下列情形之一的，不动产权利人可以向不动产登记机构申请变更登记：

（一）权利人的姓名、名称、身份证明类型或者身份证明号码发生变更的；

（二）不动产的坐落、界址、用途、面积等状况变更的；

（三）不动产权利期限、来源等状况发生变化的；

（四）同一权利人分割或者合并不动产的；

（五）抵押担保的范围、主债权数额、债务履行期限、抵押权顺位发生变化的；

（六）最高额抵押担保的债权范围、最高债权额、债权确定期间等发生变化的；

（七）地役权的利用目的、方法等发生变化的；

（八）共有性质发生变更的；

（九）法律、行政法规规定的其他不涉及不动产权利转移的变更情形。

第二十七条　因下列情形导致不动产权利转移的，当事人可以向不动产登记机构申请转移登记：

（一）买卖、互换、赠与不动产的；

（二）以不动产作价出资（入股）的；

（三）法人或者其他组织因合并、分立等原因致使不动产权利发生转移的；

（四）不动产分割、合并导致权利发生转移的；

（五）继承、受遗赠导致权利发生转移的；

（六）共有人增加或者减少以及共有不动产份额变化的；

（七）因人民法院、仲裁委员会的生效法律文书导致不动产权利发生转移的；

（八）因主债权转移引起不动产抵押权转移的；

（九）因需役地不动产权利转移引起地役权转移的；

（十）法律、行政法规规定的其他不动产权利转移情形。

第二十八条　有下列情形之一的，当事人可以申请办理注销登记：

（一）不动产灭失的；

（二）权利人放弃不动产权利的；

（三）不动产被依法没收、征收或者收回的；

（四）人民法院、仲裁委员会的生效法律文书导致不动产权利消灭的；

（五）法律、行政法规规定的其他情形。

不动产上已经设立抵押权、地役权或者已经办理预告登记，所有权人、使用权人因放弃权利申请注销登记的，申请人应当提供抵押权人、地役权人、预告登记权利人同意的书面材料。

第二节　集体土地所有权登记

第二十九条　集体土地所有权登记，依照下列规定提出申请：

（一）土地属于村农民集体所有的，由村集体经济组织代为申请，没有集体经济组织的，由村民委员会代为申请；

（二）土地分别属于村内两个以上农民集体所有的，由村内各集体经济组织代为申请，没有集体经济组织的，由村民小组代为申请；

（三）土地属于乡（镇）农民集体所有的，由乡（镇）集体经济组织代为申请。

第三十条　申请集体土地所有权首次登记的，应当提交下列材料：

（一）土地权属来源材料；

（二）权籍调查表、宗地图以及宗地界址点坐标；

（三）其他必要材料。

第三十一条　农民集体因互换、土地调整等原因导致集体土地所有权转移，申请集体土地所有权转移登记的，应当提交下列材料：

（一）不动产权属证书；

（二）互换、调整协议等集体土地所有权转移的材料；

（三）本集体经济组织三分之二以上成员或者三分之二以上村民代表同意的材料；

（四）其他必要材料。

第三十二条　申请集体土地所有权变更、注销登记的，应当提交下列材料：

（一）不动产权属证书；

（二）集体土地所有权变更、消灭的材料；

（三）其他必要材料。

第三节　国有建设用地使用权及房屋所有权登记

第三十三条　依法取得国有建设用地使用权，可以单独申请国有建设用地使用权登记。

依法利用国有建设用地建造房屋的，可以申请国有建设用地使用权及房屋所有权登记。

第三十四条　申请国有建设用地使用权首次登记，应当提交下列材料：

（一）土地权属来源材料；

（二）权籍调查表、宗地图以及宗地界址点坐标；

（三）土地出让价款、土地租金、相

关税费等缴纳凭证；

（四）其他必要材料。

前款规定的土地权属来源材料，根据权利取得方式的不同，包括国有建设用地划拨决定书、国有建设用地使用权出让合同、国有建设用地使用权租赁合同以及国有建设用地使用权作价出资（入股）、授权经营批准文件。

申请在地上或者地下单独设立国有建设用地使用权登记的，按照本条规定办理。

第三十五条 申请国有建设用地使用权及房屋所有权首次登记的，应当提交下列材料：

（一）不动产权属证书或者土地权属来源材料；

（二）建设工程符合规划的材料；

（三）房屋已经竣工的材料；

（四）房地产调查或者测绘报告；

（五）相关税费缴纳凭证；

（六）其他必要材料。

第三十六条 办理房屋所有权首次登记时，申请人应当将建筑区划内依法属于业主共有的道路、绿地、其他公共场所、公用设施和物业服务用房及其占用范围内的建设用地使用权一并申请登记为业主共有。业主转让房屋所有权的，其对共有部分享有的权利依法一并转让。

第三十七条 申请国有建设用地使用权及房屋所有权变更登记的，应当根据不同情况，提交下列材料：

（一）不动产权属证书；

（二）发生变更的材料；

（三）有批准权的人民政府或者主管部门的批准文件；

（四）国有建设用地使用权出让合同或者补充协议；

（五）国有建设用地使用权出让价款、税费等缴纳凭证；

（六）其他必要材料。

第三十八条 申请国有建设用地使用权及房屋所有权转移登记的，应当根据不同情况，提交下列材料：

（一）不动产权属证书；

（二）买卖、互换、赠与合同；

（三）继承或者受遗赠的材料；

（四）分割、合并协议；

（五）人民法院或者仲裁委员会生效的法律文书；

（六）有批准权的人民政府或者主管部门的批准文件；

（七）相关税费缴纳凭证；

（八）其他必要材料。

不动产买卖合同依法应当备案的，申请人申请登记时须提交经备案的买卖合同。

第三十九条 具有独立利用价值的特定空间以及码头、油库等其他建筑物、构筑物所有权的登记，按照本实施细则中房屋所有权登记有关规定办理。

第四节 宅基地使用权及房屋所有权登记

第四十条 依法取得宅基地使用权，可以单独申请宅基地使用权登记。

依法利用宅基地建造住房及其附属设

施的，可以申请宅基地使用权及房屋所有权登记。

第四十一条 申请宅基地使用权及房屋所有权首次登记的，应当根据不同情况，提交下列材料：

（一）申请人身份证和户口簿；

（二）不动产权属证书或者有批准权的人民政府批准用地的文件等权属来源材料；

（三）房屋符合规划或者建设的相关材料；

（四）权籍调查表、宗地图、房屋平面图以及宗地界址点坐标等有关不动产界址、面积等材料；

（五）其他必要材料。

第四十二条 因依法继承、分家析产、集体经济组织内部互换房屋等导致宅基地使用权及房屋所有权发生转移申请登记的，申请人应当根据不同情况，提交下列材料：

（一）不动产权属证书或者其他权属来源材料；

（二）依法继承的材料；

（三）分家析产的协议或者材料；

（四）集体经济组织内部互换房屋的协议；

（五）其他必要材料。

第四十三条 申请宅基地等集体土地上的建筑物区分所有权登记的，参照国有建设用地使用权及建筑物区分所有权的规定办理登记。

第五节 集体建设用地使用权及建筑物、构筑物所有权登记

第四十四条 依法取得集体建设用地使用权，可以单独申请集体建设用地使用权登记。

依法利用集体建设用地兴办企业，建设公共设施，从事公益事业等的，可以申请集体建设用地使用权及地上建筑物、构筑物所有权登记。

第四十五条 申请集体建设用地使用权及建筑物、构筑物所有权首次登记的，申请人应当根据不同情况，提交下列材料：

（一）有批准权的人民政府批准用地的文件等土地权属来源材料；

（二）建设工程符合规划的材料；

（三）权籍调查表、宗地图、房屋平面图以及宗地界址点坐标等有关不动产界址、面积等材料；

（四）建设工程已竣工的材料；

（五）其他必要材料。

集体建设用地使用权首次登记完成后，申请人申请建筑物、构筑物所有权首次登记的，应当提交享有集体建设用地使用权的不动产权属证书。

第四十六条 申请集体建设用地使用权及建筑物、构筑物所有权变更登记、转移登记、注销登记的，申请人应当根据不同情况，提交下列材料：

（一）不动产权属证书；

（二）集体建设用地使用权及建筑物、

构筑物所有权变更、转移、消灭的材料；

（三）其他必要材料。

因企业兼并、破产等原因致使集体建设用地使用权及建筑物、构筑物所有权发生转移的，申请人应当持相关协议及有关部门的批准文件等相关材料，申请不动产转移登记。

第六节　土地承包经营权登记

第四十七条　承包农民集体所有的耕地、林地、草地、水域、滩涂以及荒山、荒沟、荒丘、荒滩等农用地，或者国家所有依法由农民集体使用的农用地从事种植业、林业、畜牧业、渔业等农业生产的，可以申请土地承包经营权登记；地上有森林、林木的，应当在申请土地承包经营权登记时一并申请登记。

第四十八条　依法以承包方式在土地上从事种植业或者养殖业生产活动的，可以申请土地承包经营权的首次登记。

以家庭承包方式取得的土地承包经营权的首次登记，由发包方持土地承包经营合同等材料申请。

以招标、拍卖、公开协商等方式承包农村土地的，由承包方持土地承包经营合同申请土地承包经营权首次登记。

第四十九条　已经登记的土地承包经营权有下列情形之一的，承包方应当持原不动产权属证书以及其他证实发生变更事实的材料，申请土地承包经营权变更登记：

（一）权利人的姓名或者名称等事项发生变化的；

（二）承包土地的坐落、名称、面积发生变化的；

（三）承包期限依法变更的；

（四）承包期限届满，土地承包经营权人按照国家有关规定继续承包的；

（五）退耕还林、退耕还湖、退耕还草导致土地用途改变的；

（六）森林、林木的种类等发生变化的；

（七）法律、行政法规规定的其他情形。

第五十条　已经登记的土地承包经营权发生下列情形之一的，当事人双方应当持互换协议、转让合同等材料，申请土地承包经营权的转移登记：

（一）互换；

（二）转让；

（三）因家庭关系、婚姻关系变化等原因导致土地承包经营权分割或者合并的；

（四）依法导致土地承包经营权转移的其他情形。

以家庭承包方式取得的土地承包经营权，采取转让方式流转的，还应当提供发包方同意的材料。

第五十一条　已经登记的土地承包经营权发生下列情形之一的，承包方应当持不动产权属证书、证实灭失的材料等，申请注销登记：

（一）承包经营的土地灭失的；

（二）承包经营的土地被依法转为建设用地的；

（三）承包经营权人丧失承包经营资

格或者放弃承包经营权的；

（四）法律、行政法规规定的其他情形。

第五十二条 以承包经营以外的合法方式使用国有农用地的国有农场、草场，以及使用国家所有的水域、滩涂等农用地进行农业生产，申请国有农用地的使用权登记的，参照本实施细则有关规定办理。

国有农场、草场申请国有未利用地登记的，依照前款规定办理。

第五十三条 国有林地使用权登记，应当提交有批准权的人民政府或者主管部门的批准文件，地上森林、林木一并登记。

第七节 海域使用权登记

第五十四条 依法取得海域使用权，可以单独申请海域使用权登记。

依法使用海域，在海域上建造建筑物、构筑物的，应当申请海域使用权及建筑物、构筑物所有权登记。

申请无居民海岛登记的，参照海域使用权登记有关规定办理。

第五十五条 申请海域使用权首次登记的，应当提交下列材料：

（一）项目用海批准文件或者海域使用权出让合同；

（二）宗海图以及界址点坐标；

（三）海域使用金缴纳或者减免凭证；

（四）其他必要材料。

第五十六条 有下列情形之一的，申请人应当持不动产权属证书、海域使用权变更的文件等材料，申请海域使用权变更登记：

（一）海域使用权人姓名或者名称改变的；

（二）海域坐落、名称发生变化的；

（三）改变海域使用位置、面积或者期限的；

（四）海域使用权续期的；

（五）共有性质变更的；

（六）法律、行政法规规定的其他情形。

第五十七条 有下列情形之一的，申请人可以申请海域使用权转移登记：

（一）因企业合并、分立或者与他人合资、合作经营、作价入股导致海域使用权转移的；

（二）依法转让、赠与、继承、受遗赠海域使用权的；

（三）因人民法院、仲裁委员会生效法律文书导致海域使用权转移的；

（四）法律、行政法规规定的其他情形。

第五十八条 申请海域使用权转移登记的，申请人应当提交下列材料：

（一）不动产权属证书；

（二）海域使用权转让合同、继承材料、生效法律文书等材料；

（三）转让批准取得的海域使用权，应当提交原批准用海的海洋行政主管部门批准转让的文件；

（四）依法需要补交海域使用金的，应当提交海域使用金缴纳的凭证；

（五）其他必要材料。

第五十九条 申请海域使用权注销登

记的，申请人应当提交下列材料：

（一）原不动产权属证书；

（二）海域使用权消灭的材料；

（三）其他必要材料。

因围填海造地等导致海域灭失的，申请人应当在围填海造地等工程竣工后，依照本实施细则规定申请国有土地使用权登记，并办理海域使用权注销登记。

第八节　地役权登记

第六十条　按照约定设定地役权，当事人可以持需役地和供役地的不动产权属证书、地役权合同以及其他必要文件，申请地役权首次登记。

第六十一条　经依法登记的地役权发生下列情形之一的，当事人应当持地役权合同、不动产登记证明和证实变更的材料等必要材料，申请地役权变更登记：

（一）地役权当事人的姓名或者名称等发生变化；

（二）共有性质变更的；

（三）需役地或者供役地自然状况发生变化；

（四）地役权内容变更的；

（五）法律、行政法规规定的其他情形。

供役地分割转让办理登记，转让部分涉及地役权的，应当由受让人与地役权人一并申请地役权变更登记。

第六十二条　已经登记的地役权因土地承包经营权、建设用地使用权转让发生转移的，当事人应当持不动产登记证明、地役权转移合同等必要材料，申请地役权转移登记。

申请需役地转移登记的，或者需役地分割转让，转让部分涉及已登记的地役权的，当事人应当一并申请地役权转移登记，但当事人另有约定的除外。当事人拒绝一并申请地役权转移登记的，应当出具书面材料。不动产登记机构办理转移登记时，应当同时办理地役权注销登记。

第六十三条　已经登记的地役权，有下列情形之一的，当事人可以持不动产登记证明、证实地役权发生消灭的材料等必要材料，申请地役权注销登记：

（一）地役权期限届满；

（二）供役地、需役地归于同一人；

（三）供役地或者需役地灭失；

（四）人民法院、仲裁委员会的生效法律文书导致地役权消灭；

（五）依法解除地役权合同；

（六）其他导致地役权消灭的事由。

第六十四条　地役权登记，不动产登记机构应当将登记事项分别记载于需役地和供役地登记簿。

供役地、需役地分属不同不动产登记机构管辖的，当事人应当向供役地所在地的不动产登记机构申请地役权登记。供役地所在地不动产登记机构完成登记后，应当将相关事项通知需役地所在地不动产登记机构，并由其记载于需役地登记簿。

地役权设立后，办理首次登记前发生变更、转移的，当事人应当提交相关材料，就已经变更或者转移的地役权，直接申请首次登记。

第九节 抵押权登记

第六十五条 对下列财产进行抵押的，可以申请办理不动产抵押登记：

（一）建设用地使用权；

（二）建筑物和其他土地附着物；

（三）海域使用权；

（四）以招标、拍卖、公开协商等方式取得的荒地等土地承包经营权；

（五）正在建造的建筑物；

（六）法律、行政法规未禁止抵押的其他不动产。

以建设用地使用权、海域使用权抵押的，该土地、海域上的建筑物、构筑物一并抵押；以建筑物、构筑物抵押的，该建筑物、构筑物占用范围内的建设用地使用权、海域使用权一并抵押。

第六十六条 自然人、法人或者其他组织为保障其债权的实现，依法以不动产设定抵押的，可以由当事人持不动产权属证书、抵押合同与主债权合同等必要材料，共同申请办理抵押登记。

抵押合同可以是单独订立的书面合同，也可以是主债权合同中的抵押条款。

第六十七条 同一不动产上设立多个抵押权的，不动产登记机构应当按照受理时间的先后顺序依次办理登记，并记载于不动产登记簿。当事人对抵押权顺位另有约定的，从其规定办理登记。

第六十八条 有下列情形之一的，当事人应当持不动产权属证书、不动产登记证明、抵押权变更等必要材料，申请抵押权变更登记：

（一）抵押人、抵押权人的姓名或者名称变更的；

（二）被担保的主债权数额变更的；

（三）债务履行期限变更的；

（四）抵押权顺位变更的；

（五）法律、行政法规规定的其他情形。

因被担保债权主债权的种类及数额、担保范围、债务履行期限、抵押权顺位发生变更申请抵押权变更登记时，如果该抵押权的变更将对其他抵押权人产生不利影响的，还应当提交其他抵押权人书面同意的材料与身份证或者户口簿等材料。

第六十九条 因主债权转让导致抵押权转让的，当事人可以持不动产权属证书、不动产登记证明、被担保主债权的转让协议、债权人已经通知债务人的材料等相关材料，申请抵押权的转移登记。

第七十条 有下列情形之一的，当事人可以持不动产登记证明、抵押权消灭的材料等必要材料，申请抵押权注销登记：

（一）主债权消灭；

（二）抵押权已经实现；

（三）抵押权人放弃抵押权；

（四）法律、行政法规规定抵押权消灭的其他情形。

第七十一条 设立最高额抵押权的，当事人应当持不动产权属证书、最高额抵押合同与一定期间内将要连续发生的债权的合同或者其他登记原因材料等必要材料，申请最高额抵押权首次登记。

当事人申请最高额抵押权首次登记时，同意将最高额抵押权设立前已经存在的债权转入最高额抵押担保的债权范围的，还应当提交已存在债权的合同以及当事人同意将该债权纳入最高额抵押权担保范围的书面材料。

第七十二条 有下列情形之一的，当事人应当持不动产登记证明、最高额抵押权发生变更的材料等必要材料，申请最高额抵押权变更登记：

（一）抵押人、抵押权人的姓名或者名称变更的；

（二）债权范围变更的；

（三）最高债权额变更的；

（四）债权确定的期间变更的；

（五）抵押权顺位变更的；

（六）法律、行政法规规定的其他情形。

因最高债权额、债权范围、债务履行期限、债权确定的期间发生变更申请最高额抵押权变更登记时，如果该变更将对其他抵押权人产生不利影响的，当事人还应当提交其他抵押权人的书面同意文件与身份证或者户口簿等。

第七十三条 当发生导致最高额抵押权担保的债权被确定的事由，从而使最高额抵押权转变为一般抵押权时，当事人应当持不动产登记证明、最高额抵押权担保的债权已确定的材料等必要材料，申请办理确定最高额抵押权的登记。

第七十四条 最高额抵押权发生转移的，应当持不动产登记证明、部分债权转移的材料、当事人约定最高额抵押权随同部分债权的转让而转移的材料等必要材料，申请办理最高额抵押权转移登记。

债权人转让部分债权，当事人约定最高额抵押权随同部分债权的转让而转移的，应当分别申请下列登记：

（一）当事人约定原抵押权人与受让人共同享有最高额抵押权的，应当申请最高额抵押权的转移登记；

（二）当事人约定受让人享有一般抵押权、原抵押权人就扣减已转移的债权数额后继续享有最高额抵押权的，应当申请一般抵押权的首次登记以及最高额抵押权的变更登记；

（三）当事人约定原抵押权人不再享有最高额抵押权的，应当一并申请最高额抵押权确定登记以及一般抵押权转移登记。

最高额抵押权担保的债权确定前，债权人转让部分债权的，除当事人另有约定外，不动产登记机构不得办理最高额抵押权转移登记。

第七十五条 以建设用地使用权以及全部或者部分在建建筑物设定抵押的，应当一并申请建设用地使用权以及在建建筑物抵押权的首次登记。

当事人申请在建建筑物抵押权首次登记时，抵押财产不包括已经办理预告登记的预购商品房和已经办理预售备案的商品房。

前款规定的在建建筑物，是指正在建

造、尚未办理所有权首次登记的房屋等建筑物。

第七十六条 申请在建建筑物抵押权首次登记的，当事人应当提交下列材料：

（一）抵押合同与主债权合同；

（二）享有建设用地使用权的不动产权属证书；

（三）建设工程规划许可证；

（四）其他必要材料。

第七十七条 在建建筑物抵押权变更、转移或者消灭的，当事人应当提交下列材料，申请变更登记、转移登记、注销登记：

（一）不动产登记证明；

（二）在建建筑物抵押权发生变更、转移或者消灭的材料；

（三）其他必要材料。

在建建筑物竣工，办理建筑物所有权首次登记时，当事人应当申请将在建建筑物抵押权登记转为建筑物抵押权登记。

第七十八条 申请预购商品房抵押登记，应当提交下列材料：

（一）抵押合同与主债权合同；

（二）预购商品房预告登记材料；

（三）其他必要材料。

预购商品房办理房屋所有权登记后，当事人应当申请将预购商品房抵押预告登记转为商品房抵押权首次登记。

第五章 其他登记

第一节 更正登记

第七十九条 权利人、利害关系人认为不动产登记簿记载的事项有错误，可以申请更正登记。

权利人申请更正登记的，应当提交下列材料：

（一）不动产权属证书；

（二）证实登记确有错误的材料；

（三）其他必要材料。

利害关系人申请更正登记的，应当提交利害关系材料、证实不动产登记簿记载错误的材料以及其他必要材料。

第八十条 不动产权利人或者利害关系人申请更正登记，不动产登记机构认为不动产登记簿记载确有错误的，应当予以更正；但在错误登记之后已经办理了涉及不动产权利处分的登记、预告登记和查封登记的除外。

不动产权属证书或者不动产登记证明填制错误以及不动产登记机构在办理更正登记中，需要更正不动产权属证书或者不动产登记证明内容的，应当书面通知权利人换发，并把换发不动产权属证书或者不动产登记证明的事项记载于登记簿。

不动产登记簿记载无误的，不动产登记机构不予更正，并书面通知申请人。

第八十一条 不动产登记机构发现不动产登记簿记载的事项错误，应当通知当事人在30个工作日内办理更正登记。当事人逾期不办理的，不动产登记机构应当在公告15个工作日后，依法予以更正；但在错误登记之后已经办理了涉及不动产权利处分的登记、预告登记和查封登记的除外。

第二节　异议登记

第八十二条　利害关系人认为不动产登记簿记载的事项错误，权利人不同意更正的，利害关系人可以申请异议登记。

利害关系人申请异议登记的，应当提交下列材料：

（一）证实对登记的不动产权利有利害关系的材料；

（二）证实不动产登记簿记载的事项错误的材料；

（三）其他必要材料。

第八十三条　不动产登记机构受理异议登记申请的，应当将异议事项记载于不动产登记簿，并向申请人出具异议登记证明。

异议登记申请人应当在异议登记之日起15日内，提交人民法院受理通知书、仲裁委员会受理通知书等提起诉讼、申请仲裁的材料；逾期不提交的，异议登记失效。

异议登记失效后，申请人就同一事项以同一理由再次申请异议登记的，不动产登记机构不予受理。

第八十四条　异议登记期间，不动产登记簿上记载的权利人以及第三人因处分权利申请登记的，不动产登记机构应当书面告知申请人该权利已经存在异议登记的有关事项。申请人申请继续办理的，应当予以办理，但申请人应当提供知悉异议登记存在并自担风险的书面承诺。

第三节　预告登记

第八十五条　有下列情形之一的，当事人可以按照约定申请不动产预告登记：

（一）商品房等不动产预售的；

（二）不动产买卖、抵押的；

（三）以预购商品房设定抵押权的；

（四）法律、行政法规规定的其他情形。

预告登记生效期间，未经预告登记的权利人书面同意，处分该不动产权利申请登记的，不动产登记机构应当不予办理。

预告登记后，债权未消灭且自能够进行相应的不动产登记之日起3个月内，当事人申请不动产登记的，不动产登记机构应当按照预告登记事项办理相应的登记。

第八十六条　申请预购商品房的预告登记，应当提交下列材料：

（一）已备案的商品房预售合同；

（二）当事人关于预告登记的约定；

（三）其他必要材料。

预售人和预购人订立商品房买卖合同后，预售人未按照约定与预购人申请预告登记，预购人可以单方申请预告登记。

预购人单方申请预购商品房预告登记，预售人与预购人在商品房预售合同中对预告登记附有条件和期限的，预购人应当提交相应材料。

申请预告登记的商品房已经办理在建建筑物抵押权首次登记的，当事人应当一并申请在建建筑物抵押权注销登记，并提交不动产权属转移材料、不动产登记证明。不动产登记机构应当先办理在建建筑物抵押权注销登记，再办理预告登记。

第八十七条　申请不动产转移预告登

记的，当事人应当提交下列材料：

（一）不动产转让合同；

（二）转让方的不动产权属证书；

（三）当事人关于预告登记的约定；

（四）其他必要材料。

第八十八条 抵押不动产，申请预告登记的，当事人应当提交下列材料：

（一）抵押合同与主债权合同；

（二）不动产权属证书；

（三）当事人关于预告登记的约定；

（四）其他必要材料。

第八十九条 预告登记未到期，有下列情形之一的，当事人可以持不动产登记证明、债权消灭或者权利人放弃预告登记的材料，以及法律、行政法规规定的其他必要材料申请注销预告登记：

（一）预告登记的权利人放弃预告登记的；

（二）债权消灭的；

（三）法律、行政法规规定的其他情形。

第四节 查封登记

第九十条 人民法院要求不动产登记机构办理查封登记的，应当提交下列材料：

（一）人民法院工作人员的工作证；

（二）协助执行通知书；

（三）其他必要材料。

第九十一条 两个以上人民法院查封同一不动产的，不动产登记机构应当为先送达协助执行通知书的人民法院办理查封登记，对后送达协助执行通知书的人民法院办理轮候查封登记。

轮候查封登记的顺序按照人民法院协助执行通知书送达不动产登记机构的时间先后进行排列。

第九十二条 查封期间，人民法院解除查封的，不动产登记机构应当及时根据人民法院协助执行通知书注销查封登记。

不动产查封期限届满，人民法院未续封的，查封登记失效。

第九十三条 人民检察院等其他国家有权机关依法要求不动产登记机构办理查封登记的，参照本节规定办理。

第六章 不动产登记资料的查询、保护和利用

第九十四条 不动产登记资料包括：

（一）不动产登记簿等不动产登记结果；

（二）不动产登记原始资料，包括不动产登记申请书、申请人身份材料、不动产权属来源、登记原因、不动产权籍调查成果等材料以及不动产登记机构审核材料。

不动产登记资料由不动产登记机构管理。不动产登记机构应当建立不动产登记资料管理制度以及信息安全保密制度，建设符合不动产登记资料安全保护标准的不动产登记资料存放场所。

不动产登记资料中属于归档范围的，按照相关法律、行政法规的规定进行归档管理，具体办法由国土资源部会同国家档案主管部门另行制定。

第九十五条 不动产登记机构应当加

强不动产登记信息化建设，按照统一的不动产登记信息管理基础平台建设要求和技术标准，做好数据整合、系统建设和信息服务等工作，加强不动产登记信息产品开发和技术创新，提高不动产登记的社会综合效益。

各级不动产登记机构应当采取措施保障不动产登记信息安全。任何单位和个人不得泄露不动产登记信息。

第九十六条 不动产登记机构、不动产交易机构建立不动产登记信息与交易信息互联共享机制，确保不动产登记与交易有序衔接。

不动产交易机构应当将不动产交易信息及时提供给不动产登记机构。不动产登记机构完成登记后，应当将登记信息及时提供给不动产交易机构。

第九十七条 国家实行不动产登记资料依法查询制度。

权利人、利害关系人按照《条例》第二十七条规定依法查询、复制不动产登记资料的，应当到具体办理不动产登记的不动产登记机构申请。

权利人可以查询、复制其不动产登记资料。

因不动产交易、继承、诉讼等涉及的利害关系人可以查询、复制不动产自然状况、权利人及其不动产查封、抵押、预告登记、异议登记等状况。

人民法院、人民检察院、国家安全机关、监察机关等可以依法查询、复制与调查和处理事项有关的不动产登记资料。

其他有关国家机关执行公务依法查询、复制不动产登记资料的，依照本条规定办理。

涉及国家秘密的不动产登记资料的查询，按照保守国家秘密法的有关规定执行。

第九十八条 权利人、利害关系人申请查询、复制不动产登记资料应当提交下列材料：

（一）查询申请书；

（二）查询目的的说明；

（三）申请人的身份材料；

（四）利害关系人查询的，提交证实存在利害关系的材料。

权利人、利害关系人委托他人代为查询的，还应当提交代理人的身份证明材料、授权委托书。权利人查询其不动产登记资料无需提供查询目的的说明。

有关国家机关查询的，应当提供本单位出具的协助查询材料、工作人员的工作证。

第九十九条 有下列情形之一的，不动产登记机构不予查询，并书面告知理由：

（一）申请查询的不动产不属于不动产登记机构管辖范围的；

（二）查询人提交的申请材料不符合规定的；

（三）申请查询的主体或者查询事项不符合规定的；

（四）申请查询的目的不合法的；

（五）法律、行政法规规定的其他情形。

第一百条 对符合本实施细则规定的

查询申请，不动产登记机构应当当场提供查询；因情况特殊，不能当场提供查询的，应当在5个工作日内提供查询。

第一百零一条 查询人查询不动产登记资料，应当在不动产登记机构设定的场所进行。

不动产登记原始资料不得带离设定的场所。

查询人在查询时应当保持不动产登记资料的完好，严禁遗失、拆散、调换、抽取、污损登记资料，也不得损坏查询设备。

第一百零二条 查询人可以查阅、抄录不动产登记资料。查询人要求复制不动产登记资料的，不动产登记机构应当提供复制。

查询人要求出具查询结果证明的，不动产登记机构应当出具查询结果证明。查询结果证明应注明查询目的及日期，并加盖不动产登记机构查询专用章。

第七章 法律责任

第一百零三条 不动产登记机构工作人员违反本实施细则规定，有下列行为之一，依法给予处分；构成犯罪的，依法追究刑事责任：

（一）对符合登记条件的登记申请不予登记，对不符合登记条件的登记申请予以登记；

（二）擅自复制、篡改、毁损、伪造不动产登记簿；

（三）泄露不动产登记资料、登记信息；

（四）无正当理由拒绝申请人查询、复制登记资料；

（五）强制要求权利人更换新的权属证书。

第一百零四条 当事人违反本实施细则规定，有下列行为之一，构成违反治安管理行为的，依法给予治安管理处罚；给他人造成损失的，依法承担赔偿责任；构成犯罪的，依法追究刑事责任：

（一）采用提供虚假材料等欺骗手段申请登记；

（二）采用欺骗手段申请查询、复制登记资料；

（三）违反国家规定，泄露不动产登记资料、登记信息；

（四）查询人遗失、拆散、调换、抽取、污损登记资料的；

（五）擅自将不动产登记资料带离查询场所、损坏查询设备的。

第八章 附 则

第一百零五条 本实施细则施行前，依法核发的各类不动产权属证书继续有效。不动产权利未发生变更、转移的，不动产登记机构不得强制要求不动产权利人更换不动产权属证书。

不动产登记过渡期内，农业部会同国土资源部等部门负责指导农村土地承包经营权的统一登记工作，按照农业部有关规定办理耕地的土地承包经营权登记。不动产登记过渡期后，由国土资源部负责指导农村土地承包经营权登记工作。

第一百零六条 不动产信托依法需要登记的，由国土资源部会同有关部门另行规定。

第一百零七条 军队不动产登记，其申请材料经军队不动产主管部门审核后，按照本实施细则规定办理。

第一百零八条 本实施细则自公布之日起施行。

国土资源部关于修改和废止部分规章的决定

（国土资源部令64号）

《国土资源部关于修改和废止部分规章的决定》已经2016年1月5日国土资源部第1次部务会议审议通过，现予以公布，自公布之日起施行。

部长 姜大明
2016年1月8日

国土资源部关于修改和废止部分规章的决定

（2016年1月5日国土资源部第1次部务会议通过）

为深入贯彻落实依法治国基本方略，依法推进行政审批制度改革和职能转变，根据国务院取消、下放行政审批项目等事项的决定和《中共国土资源部党组关于全面推进法治国土建设的意见》，国土资源部对国务院决定取消、下放行政审批项目等事项涉及的规章进行了清理。经清理，国土资源部决定：

一、对6部规章的部分条款予以修改

（一）删去《地质资料管理条例实施办法》（国土资源部令第16号）第十一条和第二十二条第二款。

（二）删去《矿山地质环境保护规定》（国土资源部令第44号）第十三条。

（三）将《土地调查条例实施办法》（国土资源部令第45号）第十五条修改为“县级以上地方国土资源行政主管部门应当会同同级有关部门，根据全国土地调查总体方案和上级土地调查实施方案的要求，拟定本行政区域的土地调查实施方案，报上一级人民政府国土资源行政主管部门备案。”

（四）将《古生物化石保护条例实施办法》（国土资源部令第57号）第三条第三项修改为“依据《条例》和省、自治区、直辖市有关规定确定的权限和程序，负责本行政区域内一般保护古生物化石发掘、进出境等相关事项的审批”。

将第四十条修改为“收藏单位不再收藏的一般保护古生物化石，可以依法流通。”

（五）将《中华人民共和国海洋石油勘探开发环境保护管理条例实施办法》（国家海洋局令第1号）第九条修改为“为防止和控制溢油污染，减少污染损害，从事海洋石油勘探开发的作业者，应根据油田开发规模、作业海域的自然环境和资源状况，制定溢油应急计划，报海区主管部门备案。”

删去第十一条。

将第二十五条第三款第一项修改为“不按规定备案溢油应急计划”。

（六）将《中华人民共和国海洋倾废管理条例实施办法》（国家海洋局令第2号）第十六条修改为“海区主管部门根据需要确定废弃物的检验项目，检验工作按已公布的部级以上（含部级）的方法进行检验。”

二、废止1部规章

废止《土地估价师资格考试管理办法》（国土资源部令第35号）。

本决定自公布之日起施行。

《地质资料管理条例实施办法》（国土资源部令第16号）、《矿山地质环境保护规定》（国土资源部令第44号）、《土地调查条例实施办法》（国土资源部令第45号）、《古生物化石保护条例实施办法》（国土资源部令第57号）、《中华人民共和国海洋石油勘探开发环境保护管理条例实施办法》（国家海洋局令第1号）、《中华人民共和国海洋倾废管理条例实施办法》（国家海洋局令第2号）根据本决定作相应修改，重新公布。

四、规范性文件

国土资源部关于印发《国土资源违法行为查处工作规程》的通知

（2014 年 9 月 10 日　国土资发〔2014〕117 号）

各省、自治区、直辖市国土资源主管部门，新疆生产建设兵团国土资源局，解放军土地管理局，部有关直属单位，各派驻地方的国家土地督察局，部机关各司局：

《国土资源违法行为查处工作规程》已经部长办公会议审议通过，现予以发布，自 2014 年 10 月 1 日起施行。

国土资源违法行为查处工作规程

为规范国土资源违法行为查处工作，明确查处工作程序和标准，提高执法水平，提升执法效能，根据《中华人民共和国土地管理法》、《中华人民共和国矿产资源法》、《中华人民共和国行政处罚法》等法律法规，制定本规程。

1　适用范围

县级以上人民政府国土资源主管部门查处国土资源违法行为，适用本规程，法律、法规、规章另有规定的除外。

2　引用的标准和文件

下列标准和文件所包含的条文，通过在本规程中引用而构成本规程的条文。本规程颁布时，所示版本均为有效。使用本规程的各方应当使用下列各标准和文件的最新版本。

GB/T 17228－1998　《地质矿产勘查测绘术语》

GB/T 17986－2000　《房产测量规范》

GB/T 18341－2001　《地质矿产勘查测量规范》

GB/T 18507－2001　《城镇土地分等定级规程》

GB/T 18508－2001　《城镇土地估价规程》

GB/T 19231－2003　《土地基本术语》

GB/T 21010－2007　《土地利用现状

分类》

GB/T 28407－2012 《农用地质量分等规程》

GB/T 28405－2012 《农用地定级规程》

GB/T 28406－2012 《农用地估价规程》

TD/T 1010－1999 《土地利用动态遥感监测规程》

TD/T 1008－2007 《土地勘测定界规程》

3 依据

（1）《中华人民共和国土地管理法》

（2）《中华人民共和国城市房地产管理法》

（3）《中华人民共和国城乡规划法》

（4）《中华人民共和国矿产资源法》

（5）《中华人民共和国行政处罚法》

（6）《中华人民共和国行政强制法》

（7）《中华人民共和国行政许可法》

（8）《中华人民共和国行政复议法》

（9）《中华人民共和国行政诉讼法》

（10）《中华人民共和国民法通则》

（11）《中华人民共和国物权法》

（12）《中华人民共和国刑法》

（13）《中华人民共和国民事诉讼法》

（14）《中华人民共和国城镇国有土地使用权出让和转让暂行条例》（国务院令第55号）

（15）《矿产资源补偿费征收管理规定》（国务院令第150号）

（16）《中华人民共和国矿产资源法实施细则》（国务院令第152号）

（17）《矿产资源勘查区块登记管理办法》（国务院令第240号）

（18）《矿产资源开采登记管理办法》（国务院令第241号）

（19）《探矿权采矿权转让管理办法》（国务院令第242号）

（20）《城市房地产开发经营管理条例》（国务院令第248号）

（21）《中华人民共和国土地管理法实施条例》（国务院令第256号）

（22）《基本农田保护条例》（国务院令第257号）

（23）《行政执法机关移送涉嫌犯罪案件的规定》（国务院令第310号）

（24）《国务院关于预防煤矿生产安全事故的特别规定》（国务院令第446号）

（25）《中华人民共和国行政复议法实施条例》（国务院令第499号）

（26）《土地调查条例》（国务院令第518号）

（27）《土地复垦条例》（国务院令第592号）

（28）《国务院关于坚决制止占用基本农田进行植树等行为的紧急通知》（国发明电〔2004〕1号）

（29）《国务院关于深化改革严格土地管理的决定》（国发〔2004〕28号）

（30）《国务院关于全面整顿和规范矿产资源开发秩序的通知》（国发〔2005〕28号）

（31）《国务院关于加强土地调控有关

问题的通知》（国发〔2006〕31号）

（32）《国务院办公厅关于规范国有土地使用权出让收支管理的通知》（国办发〔2006〕100号）

（33）《国务院办公厅关于严格执行有关农村集体建设用地法律和政策的通知》（国办发〔2007〕71号）

（34）《国务院关于促进节约集约用地的通知》（国发〔2008〕3号）

（35）《关于实行党政领导干部问责的暂行规定》（中办发〔2009〕25号）

（36）《中共中央办公厅 国务院办公厅转发国务院法制办等部门〈关于加强行政执法与刑事司法衔接工作的意见〉的通知》（中办发〔2011〕8号）

（37）《建设用地审查报批管理办法》（国土资源部令第3号）

（38）《划拨用地目录》（国土资源部令第9号）

（39）《违反土地管理规定行为处分办法》（监察部、人力资源和社会保障部、国土资源部令第15号）

（40）《协议出让国有土地使用权规定》（国土资源部令第21号）

（41）《国土资源听证规定》（国土资源部令第22号）

（42）《土地利用年度计划管理办法》（国土资源部令第37号）

（43）《招标拍卖挂牌出让国有建设用地使用权规定》（国土资源部令第39号）

（44）《土地登记办法》（国土资源部令第40号）

（45）《建设项目用地预审管理办法》（国土资源部令第42号）

（46）《土地利用总体规划编制审查办法》（国土资源部令第43号）

（47）《土地调查条例实施办法》（国土资源部令第45号）

（48）《闲置土地处置办法》（国土资源部令第53号）

（49）《土地复垦条例实施办法》（国土资源部令第56号）

（50）《国土资源行政处罚办法》（国土资源部令第60号）

（51）《节约集约利用土地规定》（国土资源部令第61号）

（52）《国土资源部关于加强地热、矿泉水勘查、开采管理的通知》（国土资发〔2000〕209号）

（53）《国土资源部关于印发矿业权出让转让管理暂行规定》的通知（国土资发〔2000〕309号）

（54）《国土资源部关于印发〈国土资源执法监察错案责任追究制度〉的通知》（国土资发〔2000〕431号）

（55）《国土资源部关于印发〈国土资源违法案件会审制度〉等三项制度的通知》（国土资发〔2001〕372号）

（56）《国土资源部关于印发〈市（地）县（市）级国土资源主管部门矿产资源监督管理暂行办法〉的通知》（国土资发〔2003〕17号）

（57）《监察部 国土资源部关于监察机关和国土资源部门在查处土地违法违纪案

件中加强协作配合的通知》（监发〔2005〕6号）

（58）《国土资源部关于印发〈非法采矿、破坏性采矿造成矿产资源破坏价值鉴定程序〉的通知》（国土资发〔2005〕175号）

（59）《国土资源部关于印发〈招标拍卖挂牌出让国有土地使用权规范〉（试行）和〈协议出让国有土地使用权规范〉（试行）的通知》（国土资发〔2006〕114号）

（60）《国土资源部 监察部关于落实工业用地招标拍卖挂牌出让制度有关问题的通知》（国土资发〔2007〕78号）

（61）《国土资源部关于建立健全土地执法监管长效机制的通知》（国土资发〔2008〕173号）

（62）《国土资源部 最高人民检察院 公安部关于国土资源主管部门移送涉嫌国土资源犯罪案件的若干意见》（国土资发〔2008〕203号）

（63）《最高人民法院 最高人民检察院 公安部 国土资源部关于在查处国土资源违法犯罪工作中加强协作配合的若干意见》（国土资发〔2008〕204号）

（64）《监察部 人力资源和社会保障部 国土资源部关于适用〈违反土地管理规定行为处分办法〉第三条有关问题的通知》（监发〔2009〕5号）

（65）《国土资源部 监察部关于进一步落实工业用地出让制度的通知》（国土资发〔2009〕101号）

（66）《国土资源部关于印发〈国土资源执法监察巡查工作规范〉（试行）的通知》（国土资发〔2009〕127号）

（67）《国土资源部关于进一步规范探矿权管理有关问题的通知》（国土资发〔2009〕200号）

（68）《国土资源部办公厅关于印发〈关于进一步加强和规范对违反国土资源管理法律法规行为报告工作的意见〉的通知》（国土资厅发〔2010〕58号）

（69）《国土资源部关于进一步加强对违反国土资源管理法律法规行为发现、制止、报告和查处工作的通知》（国土资电发〔2010〕78号）

（70）《国土资源部 住房和城乡建设部关于进一步加强房地产用地和建设管理调控的通知》（国土资发〔2010〕151号）

（71）《国土资源部 农业部关于完善设施农用地管理有关问题的通知》（国土资发〔2010〕155号）

（72）《国土资源部关于印发城乡建设用地增减挂钩试点和农村土地整治有关问题的处理意见的通知》（国土资发〔2011〕80号）

（73）《国土资源部 国家发展和改革委员会关于发布实施〈限制用地项目目录（2012年本）〉和〈禁止用地项目目录（2012年本）〉的通知》（国土资发〔2012〕98号）

（74）《国土资源部关于严格执行土地使用标准大力促进节约集约用地的通知》（国土资发〔2012〕132号）

（75）《国土资源部关于强化管控落实

最严格耕地保护制度的通知》（国土资发〔2014〕18号）

（76）《最高人民法院关于执行〈中华人民共和国行政诉讼法〉若干问题的解释》（法释〔2000〕8号）

（77）《关于审理破坏土地资源刑事案件具体应用法律若干问题的解释》（法释〔2000〕14号）

（78）《最高人民法院关于行政诉讼证据若干问题的规定》（法释〔2002〕21号）

（79）《关于审理非法采矿、破坏性采矿刑事案件具体应用法律若干问题的解释》（法释〔2003〕9号）

（80）《最高人民法院关于审理破坏林地资源刑事案件具体应用法律若干问题的解释》（法释〔2005〕15号）

（81）《最高人民法院关于审理破坏草原资源刑事案件应用法律若干问题的解释》（法释〔2012〕15号）

（82）《最高人民法院关于适用〈中华人民共和国民事诉讼法〉若干问题的意见》（法发〔1992〕22号）

（83）最高人民检察院等10部门《关于在查办渎职案件中加强协调配合建立案件移送制度的意见》（高检会〔1999〕3号）

（84）《最高人民法院 国土资源部 建设部关于依法规范人民法院执行和国土资源房地产管理部门协助执行若干问题的通知》（法发〔2004〕5号）

（85）《最高人民检察院 国土资源部关于印发〈关于人民检察院与国土资源主管部门在查处和预防渎职等职务犯罪工作中协作配合的若干规定（暂行）〉的通知》（高检会〔2007〕7号）

（86）《最高人民检察院 公安部关于印发〈最高人民检察院 公安部关于公安机关管辖的刑事案件立案追诉标准的规定（一）〉的通知》（公通字〔2008〕36号）

（87）《最高人民检察院 公安部关于印发〈最高人民检察院 公安部关于公安机关管辖的刑事案件立案追诉标准的规定（二）〉的通知》（公通字〔2010〕23号）

4 总则

4.1 查处国土资源违法行为的基本内容

查处国土资源违法行为，是指县级以上人民政府国土资源主管部门，依照法定职权和程序，对自然人、法人或者其他组织违反土地、矿产资源法律法规的行为，进行调查处理，实施法律制裁的具体行政执法行为。

4.2 查处国土资源违法行为的原则与要求

查处国土资源违法行为，应当遵循严格、规范、公正、文明的原则，做到事实清楚、证据确凿、定性准确、依据正确、程序合法、处罚适当。

4.3 查处国土资源违法行为的实施主体

县级以上人民政府国土资源主管部门组织实施国土资源违法行为查处工作，具体工作依法由其执法监察工作机构和其他业务职能工作机构按照职责分工承担。

本规程所称国土资源执法监察工作机构是指履行执法监察职责的县级以上人民政府国土资源主管部门执法监察机构、队伍，包括执法监察局、处、科、股和执法监察总队、支队、大队等。

县级人民政府国土资源主管部门可以根据需要依法明确国土资源管理所、执法监察中队承担相应的国土资源执法监察工作。

4.4 国土资源执法监察人员

国土资源执法监察人员应当熟悉土地、矿产资源等法律法规，经过培训，考核合格，取得《国土资源执法监察证》。

执法监察人员在查处国土资源违法行为过程中，应当出示《国土资源执法监察证》，向当事人或者相关人员表明身份。

在国土资源违法行为查处过程中涉及国家秘密、商业秘密或者个人隐私的，执法监察人员应当保守秘密。

4.5 查处国土资源违法行为的工作保障

县级以上人民政府国土资源主管部门应当将执法监察工作经费纳入年度部门预算，提供必要的工作保障。

国土资源主管部门可以为执法监察人员办理人身意外伤害保险。

4.6 查处国土资源违法行为的基本流程

（1）违法线索发现

（2）线索核查与违法行为制止

（3）立案

（4）调查取证

（5）案情分析与调查报告起草

（6）案件审理

（7）作出处理决定（行政处罚决定或者行政处理决定）

（8）执行

（9）结案

（10）立卷归档

涉及需要移送公安、检察、监察、任免机关追究刑事责任、行政纪律责任的，应当依照有关规定移送。

4.7 规范实施行政处罚自由裁量权

省级人民政府国土资源主管部门应当依据法律法规规定的违法行为和相应法律责任，结合当地社会经济发展的实际情况，制定规范行政处罚自由裁量权适用的标准和办法，规定行政处罚自由裁量权适用的条件、种类、幅度、方式和时限等。市（地）级、县级人民政府国土资源主管部门可以根据省级规范行政处罚自由裁量权适用标准和办法，制定实施细则。

县级以上人民政府国土资源主管部门在对国土资源违法行为的调查、形成处理意见、审理、决定等查处过程中应当依照行政处罚自由裁量权标准规范进行。

4.8 地方补充规定

县级以上地方人民政府国土资源主管部门可以依据本规程制定实施细则或者补充规定，报上一级人民政府国土资源主管部门备案。

5 违法线索发现

5.1 违法线索发现渠道

（1）举报发现。通过12336举报电话、举报信件、网络举报等发现的国土资源违法线索。

（2）巡查发现。按照巡查工作计划确定的时间、路线、频率，巡查发现的国土资源违法线索。

（3）卫片执法监督检查发现。利用卫星遥感监测或者土地变更调查成果发现的国土资源违法线索。

（4）媒体反映。通过报刊、广播电视、网络等媒体发现的国土资源违法线索。

（5）上级交办、国家土地督察机构督办或者其他部门移送、转办的国土资源违法线索。

（6）其他渠道发现的国土资源违法线索。

5.2　违法线索处置

对于有明确违法行为发生地和基本违法事实的国土资源违法线索，应当填写《违法线索登记表》，载明线索来源、联系人基本情况、线索内容等，并提出初步处置建议，报执法监察工作机构负责人签批。

执法监察工作机构负责人认为需要对违法线索进行核查的，应当及时安排人员进行核查。

6　线索核查与违法行为制止

6.1　线索核查的主要内容

涉嫌违法当事人的基本情况；

涉嫌违法的基本事实；

（3）违反国土资源管理法律法规的情况；

（4）是否属于本级本部门管辖。

核查过程中，可以采取拍照、询问、复印资料等方式收集相关证据。

6.2　违法行为制止

发现存在国土资源违法行为，执法监察人员应当向违法当事人宣传国土资源法律法规和政策，告知其行为违法及可能承担的法律责任，采取措施予以制止。

6.2.1　责令停止违法行为

对正在实施的违法行为，国土资源主管部门应当依法及时下达《责令停止违法行为通知书》。

《责令停止违法行为通知书》应当记载下列内容：

违法当事人的姓名或者名称；

简要违法事实和法律依据；

责令停止违法行为的要求；

其他应当记载的事项。

6.2.2　其他制止措施

对国土资源违法行为书面制止无效、当事人拒不停止违法行为的，国土资源主管部门应当及时将违法事实书面报告同级人民政府和上一级国土资源主管部门；可以根据情况将涉嫌违法的事实及制止违法行为的情况抄告发展改革、规划、建设、环保、市政、电力、金融、工商、安监、公安等相关部门，提请相关部门按照共同责任机制的要求履行部门职责，采取相关措施，共同制止违法行为；必要时，可以将有关情况向社会通报。

6.3　核查结果处置

核查结束后，核查人员应当提交核查报告，提出立案或者不予立案的建议。

7　立案

7.1　案件管辖

7.1.1　地域管辖

国土资源违法案件由土地、矿产资源所在地的县级以上人民政府国土资源主管部门管辖，法律法规另有规定的除外。

7.1.2　级别管辖

县级人民政府国土资源主管部门管辖本行政区域内发生的国土资源违法案件。

市级、省级人民政府国土资源主管部门管辖本行政区域内重大、复杂和法律法规规定应当由其管辖的国土资源违法案件。

国土资源部管辖全国范围内重大、复杂和法律法规规定应当由其管辖的国土资源违法案件。

有下列情形之一的，上级国土资源主管部门有权管辖下级国土资源主管部门管辖的案件：

（1）下级国土资源主管部门应当立案调查而不予立案调查的；

（2）案情复杂，情节恶劣，有重大影响的；

（3）上级国土资源主管部门认为应当由其管辖的。

必要时，上级国土资源主管部门可以将本机关管辖的案件交由下级国土资源主管部门立案调查，但是法律法规规定应当由其管辖的除外。

7.1.3　指定管辖

有管辖权的国土资源主管部门由于特殊原因不能行使管辖权的，可以报请上一级国土资源主管部门指定管辖；国土资源主管部门之间因管辖权发生争议的，报请共同的上一级国土资源主管部门指定管辖。上一级国土资源主管部门应当在接到指定管辖申请之日起七个工作日内，作出管辖决定。

国土资源主管部门与其他部门之间因管辖权发生争议，经协商无法达成一致意见的，应当报请同级人民政府指定管辖。

7.1.4　移送管辖

国土资源主管部门发现违法行为不属于本级或者本部门管辖时，应当移送有管辖权的国土资源主管部门或者其他部门。受移送的国土资源主管部门对管辖权有异议的，应当报请上一级国土资源主管部门指定管辖，不得再自行移送。

7.2　立案条件

符合下列条件的，国土资源主管部门应当予以立案：

（1）有明确的行为人；

（2）有违反国土资源管理法律法规的事实；

（3）依照国土资源管理法律法规应当追究法律责任；

（4）属于本级本部门管辖；

（5）违法行为没有超过追诉时效。

违法行为轻微并及时纠正，没有造成危害后果，或者立案前违法状态已经消除的，可以不予立案。

7.3　立案呈批

核查后，执法监察工作机构认为符合立案条件的，应当填写《立案呈批表》，报国土资源主管部门负责人审批。符合立案条件的，国土资源主管部门应当在十个工作日内予以立案。

《立案呈批表》应当载明案件来源、当事人基本情况、涉嫌违法事实、相关建议等内容，必要时，一并提出暂停办理与案件相关的国土资源审批、登记等手续的建议。

7.4　确定承办人员

批准立案后，执法监察工作机构应当确定案件承办人员，承办人员不得少于二人。

承办人员具体组织实施案件调查取证，起草相关法律文书，提出处理建议，撰写案件调查报告等。

7.5　回避

承办人员与案件有利害关系或者可能影响公正处理的，应当主动申请回避。当事人认为承办人员应当回避而没有回避的，可以申请承办人员回避。

承办人员的回避，由执法监察工作机构负责人决定；涉及执法监察工作机构负责人的回避，由国土资源主管部门负责人决定。决定回避的，应当对之前的调查行为是否有效一并决定。决定回避前，被要求回避的承办人员不停止对案件的调查。

其他与案件有利害关系或者可能影响公正处理的人员，不得参与案件的调查、讨论、审理和决定。

8　调查取证

办案人员应当对违法事实进行调查，并收集相关证据。调查取证时，应当不少于二人，并应当向被调查人出示执法证件。

8.1　调查措施

8.1.1　一般调查措施

调查取证时，办案人员有权采取下列措施：

（1）下达《接受调查通知书》，要求被调查的单位或者个人提供有关文件和资料，并就与案件有关的问题作出说明；

（2）询问当事人以及相关人员，进入违法现场进行检查、勘测、拍照、录音、摄像，查阅和复印相关材料；

（3）责令当事人停止违法行为；

（4）根据需要可以对有关证据先行登记保存；

（5）依法可以采取的其他措施。

8.1.2　调查遇阻措施

被调查人员拒绝、逃避调查取证或者采取暴力、威胁等方式阻碍调查取证时，可以采取下列措施：

（1）商请当事人所在单位或者违法行为发生地所在基层组织协助调查；

（2）向上一级国土资源主管部门和本级人民政府报告；

（3）提请公安机关、检察机关、监察机关或者相关部门协助；

（4）向社会通报违法信息。

8.2　调查实施与证据收集

8.2.1　调查前期准备

（1）研究确定调查的主要内容、方法、步骤及拟收集的证据清单等；

（2）收集内业资料；

（3）准备调查装备、设备。

8.2.2　证据种类

（1）书证；

（2）物证；

（3）视听资料；

（4）证人证言；

（5）当事人的陈述；

（6）询问笔录；

（7）现场勘测笔录；

（8）鉴定结论、鉴定意见或者检验报告；

（9）其他。

8.2.3 证据范围

8.2.3.1 土地违法案件证据范围

（1）当事人身份证明材料；

（2）询问笔录；

（3）地类及权属证明材料；

（4）土地利用现状图、土地利用总体规划图等；

（5）现场勘测材料，包括勘测笔录、勘测定界图、勘测报告等；

（6）违法地块现状材料，包括现场照片、视听资料等；

（7）土地来源资料，包括土地征收、农用地转用、预审、先行用地、供地等相关审批材料、土地取得协议或者合同、骗取批准的证明材料等；

（8）项目立项、规划、环评、建设等审批资料；

（9）破坏耕地等农用地涉嫌犯罪的相关鉴定材料；

（10）违法转让的证明材料，包括转让协议、实际交付价款凭证、土地已实际交付证明材料、违法所得认定材料；

（11）违法批地的证明资料，包括批准用地的文件、协议、会议纪要、记录等；

（12）需要收集的其他材料。

8.2.3.2 矿产资源违法案件证据范围

（1）当事人身份证明材料；

（2）询问笔录；

（3）勘查、开采审批登记相关资料；

（4）证明矿产品种类、开采量、品位、价格等的资料；

（5）违法所得证据及认定材料，包括生产记录、销售凭据等；

（6）违法勘查、开采的证明材料，包括现场勘测笔录、现场照片、视听资料等；

（7）违法转让（出租、承包）矿产资源、矿业权的证明材料，包括协议、转让价款凭证、往来账目等；

（8）违法采矿、破坏性采矿涉嫌犯罪的相关鉴定结论、鉴定意见或者检验报告；

（9）需要收集的其他材料。

8.2.4 证据要求

8.2.4.1 书证、物证

书证和物证为原件原物的，制作证据交接单，注明证据名称（品名）、编号（型号）、数量等内容。经核对无误后，双方签字，一式二份，各持一份。

书证为复印件的，应当由保管书证原件的单位或者个人在复印件上注明出处和“本复印件与原件一致”等字样，签名、盖章，并签署时间。单项书证较多的，加盖骑缝章。

收集物证原物确有困难的，可以收集与原物核对无误的复制件或者证明该物证的照片、录像等其他证据。

8.2.4.2　视听资料

录音、录像或者计算机数据等视听资料应当符合下列要求：

（1）收集有关资料的原始载体。收集原始载体确有困难的，可以收集复制件；

（2）注明制作方法、制作时间、制作人和证明对象等；

（3）声音资料应当附有该声音内容的文字记录。

8.2.4.3　证人证言

证人证言应当符合下列要求：

（1）写明证人的姓名、年龄、性别、职业、住址、联系方式等基本情况；

（2）有与案件相关的事实；

（3）有证人签名，证人不能签名的，应当以盖章等方式证明；

（4）注明出具日期；

（5）附有身份证复印件等证明证人身份的文件。

8.2.4.4　当事人的陈述

当事人请求自行提供陈述材料的，应当准许。当事人应当在其提供的书面材料上签名、按手印或者盖章。

8.2.4.5　询问笔录

对当事人、证人等询问时，应当个别进行，并制作《询问笔录》。《询问笔录》包括基本情况和询问记录等内容。

基本情况包括：询问时间、询问地点、询问人、记录人、被询问人基本信息等。

询问记录包括：询问告知情况、案件相关事实和被询问人补充内容。

（1）询问开始时，办案人员应当表明身份，出示执法证件，并告知被询问人诚实作证和配合调查的法律义务，隐瞒事实、作伪证的法律责任以及申请办案人员回避的权利。

（2）案件相关事实包括：时间、地点、原貌与现状、地类、面积、权属、矿种、采出量、违法所得、实施主体、实施目的、实施过程、后果、相关手续办理情况、其他单位或者部门处理情况、相关资料保存情况以及其他需要询问的内容。

询问结束，应当将《询问笔录》交被询问人核对。被询问人阅读有困难的，应当向其宣读。笔录如有差错、遗漏，应当允许被询问人更正或者补充，涂改部分应当由被询问人按手印。经核对无误后，由被询问人在《询问笔录》上逐页签名、按手印，在尾页空白处写明“以上笔录经本人核对无异议”等被询问人认可性语言，签署姓名和时间，并按手印。《询问笔录》应当注明总页数和页码。

被询问人拒绝签名的，办案人员应当在《询问笔录》中注明。有其他见证人在场的，可以由见证人签名。

询问时，在文字记录的同时，根据需要可以在告知被询问人后录音、录像。

8.2.4.6　现场勘测笔录

现场勘测应当告知当事人参加。当事人拒绝参加的，不影响勘测进行，但可以邀请案件发生地村（居）委会等基层组织相关人员作为见证人参加。必要时，可以采取拍照、录像等方式记录现场勘测情况。

现场勘测应当制作《现场勘测笔录》。

《现场勘测笔录》应当记载当事人、案由、勘测内容、勘测时间、勘测地点、勘测人、勘测情况等内容，并附勘测图。《现场勘测笔录》应当由勘测人员、办案人员、当事人或者见证人签名。当事人拒绝签名或者不能签名的，应当注明原因。

8.2.4.7 鉴定结论、鉴定意见或者检验报告

需要对案件涉及的耕地等农用地破坏程度和违法采矿、破坏性采矿造成的矿产资源破坏价值等进行鉴定或者检验的，应当按照有关规定，由市（地）级或者省级人民政府国土资源主管部门组织实施；也可以委托有资质的机构进行，出具相应的鉴定结论、鉴定意见或者检验报告。

8.2.5 证据先行登记保存

调查中发现证据可能灭失或者以后难以取得的情况下，经国土资源主管部门负责人批准，可以先行登记保存，并应当在七日内及时作出处理决定。证据先行登记保存期间，任何人不得销毁或者转移证据。

证据先行登记保存，应当制作《证据先行登记保存通知书》，附具《证据保存清单》，向当事人下达。制作《证据保存清单》，应当有当事人在场，当事人不在场可以邀请其他见证人参加，并由当事人或者见证人核对，确定无误后签字。

先行登记保存的证据，可以交由当事人自己保存，也可以由国土资源主管部门或者其指定单位保存。证据在原地保存可能妨害公共秩序、公共安全或者对证据保存不利的，也可以异地保存。

国土资源主管部门应当自发出《证据先行登记保存通知书》之日起七日内，根据情况分别作出如下处理决定：

（1）采取记录、复制、复印、拍照、录像等方式收集证据；

（2）送交具有资质的专门机构进行鉴定、认定等；

（3）违法事实不成立的，解除证据先行登记保存；

（4）其他应当作出的决定。

8.3 调查中止

有下列情形之一的，办案人员应当填写《中止调查决定呈批表》，报国土资源主管部门负责人批准后，中止调查。

（1）因不可抗力或者意外事件，致使案件暂时无法调查的；

（2）涉及法律适用问题，需要有权机关作出解释或者确认的；

（3）需要公安、检察机关、其他行政机关、组织的决定或者结论作为前提，但尚无定论的；

（4）当事人下落不明致使调查证据不足的；

（5）需要中止调查的其他情形。

案件中止调查的情形消除后，应当及时恢复调查。

8.4 调查终止

有下列情形之一的，办案人员应当填写《终止调查决定呈批表》并提出处理建议，报国土资源主管部门负责人批准后，终止调查。

（1）调查过程中，发现违法事实不成

立的；

（2）违法行为已过行政处罚追诉时效的；

（3）不属本部门管辖，需要向其他部门移送的；

（4）因不可抗力致使案件无法调查处理的；

（5）需要终止调查的其他情形。

9 案情分析与调查报告起草

在调查取证的基础上，办案人员应当对收集的证据、案件事实进行认定，确定违法的性质和法律适用，研究提出处理建议，并起草调查报告。

9.1 证据认定

9.1.1 证据审查

办案人员应当对证据的真实性、合法性和关联性进行审查。

（1）真实性审查主要审查证据是否为原件、原物，复制件、复制品是否符合要求等。

（2）合法性审查主要审查证据取得程序及相关手续是否合法等。

（3）关联性审查主要审查证据与案件的待证事实之间是否具有内在的联系，证据之间能否互相支撑形成证据链等。

9.1.2 证据的证明效力认定

认定各类证据的证明效力应当遵循以下原则：

（1）国家机关以及其他职能部门依职权制作的公文文书优于其他书证；

（2）鉴定结论、鉴定意见或者检验报告、现场勘测笔录、档案材料以及经过公证或者登记的书证优于其他书证、视听资料和证人证言；

（3）原件、原物优于复制件、复制品；

（4）法定鉴定部门的鉴定结论、鉴定意见或者检验报告优于其他鉴定部门的鉴定结论、鉴定意见或者检验报告；

（5）原始证据优于传来证据；

（6）其他证人证言优于与当事人有亲属关系或者其他密切关系的证人提供的对该当事人有利的证言；

（7）数个种类不同、内容一致的证据优于一个孤立的证据。

9.1.3 辅助证据

下列证据不能单独作为认定案件事实的依据，但可以作为辅助证据。

（1）未成年人的证言；

（2）与当事人有亲属关系或者其他密切关系的证人所作的对该当事人有利的证言，或者与当事人有不利关系的证人所作的对该当事人不利的证言；

（3）难以识别是否经过修改的视听资料；

（4）无法与原件、原物核对的复制件或者复制品；

（5）其他不能单独作为定案依据的证据材料。

9.2 事实认定

9.2.1 违法责任主体认定

违法责任主体应当是实施违法行为并且能够独立承担法律责任的自然人、法人或者其他组织。

（1）当事人是自然人的，该自然人为

违法责任主体。

（2）当事人是法人的（企业法人、机关法人、事业单位法人、社会团体法人等），该法人为违法责任主体；不具有独立法人资格的分公司、内设机构、派出机构、临时机构等实施违法行为的，设立该分公司、内设机构、派出机构、临时机构的法人为违法责任主体。

（3）当事人是其他组织的，能够独立承担法律责任的，该组织为违法责任主体；不能独立承担法律责任的，创办该组织的单位或者个人为违法责任主体。

（4）受委托或者雇佣的自然人、法人或者其他组织在受委托或者雇佣的工作范围内，实施国土资源违法行为，并且能够证明委托或者雇佣关系及委托或者雇佣工作范围的，应当认定委托人或者雇佣人为违法责任主体。

（5）同一违法行为有两个以上当事人的，应当认定为共同违法责任主体。

9.2.2 违法用地占用地类认定

判定违法用地占用地类，应当将违法用地的界址范围或者勘测定界坐标数据套合到违法用地行为发生上一年度土地利用现状图或者土地利用现状数据库上，对照标示的现状地类进行判定。违法用地发生时，该用地已经批准转为建设用地的，应当按照建设用地判定。

执法监察工作机构可以提请地籍管理工作机构进行认定。

9.2.3 是否符合土地利用总体规划的认定

判定违法用地是否符合土地利用总体规划，应当将违法用地的界址范围（或者界址坐标）与乡（镇）土地利用总体规划纸质图件（或者数据库矢量图件）套合比对、对照，将项目名称与土地利用总体规划文本对照。

与乡（镇）土地利用总体规划纸质图件（或者数据库矢量图件）进行套合比对，违法用地位于规划城乡建设用地区域的，应当判定为符合土地利用总体规划；与乡（镇）土地利用总体规划纸质图件（或者数据库矢量图件）进行对照，违法用地位于土地利用总体规划确定的交通廊道内、独立工矿用地区域的，应当判定为符合土地利用总体规划；与土地利用总体规划文本进行对照，用地项目已列入土地利用总体规划重点建设项目清单的，应当判定为符合土地利用总体规划。

在作出处罚决定前，土地利用总体规划依法作出了重大调整，违法用地的规划土地用途发生重大变更的，可以按照从轻原则判定是否符合土地利用总体规划。

执法监察工作机构可以提请国土资源规划管理工作机构进行认定。

9.2.4 占用基本农田的认定

判定违法用地是否占用基本农田，应当将违法用地的界址范围（或者界址坐标）与乡（镇）土地利用总体规划纸质图件（或者数据库矢量图件）进行套合比对，对照所标示的基本农田保护地块范围进行判定。

违法用地位于土地利用总体规划图上

标示的基本农田保护地块范围的，应当判定为占用基本农田。但已列入土地利用总体规划确定的交通廊道或者已列入土地利用总体规划重点建设项目清单的民生、环保等特殊项目，在未超出规划多划基本农田面积额度的前提下，占用规划多划的基本农田时，按照占用一般耕地进行判定，不视为占用基本农田。

执法监察工作机构可以提请国土资源规划管理和耕地保护工作机构进行认定。

9.2.5 违法勘查开采数量和价值认定

违法开采的矿产品数量认定，可以采取计重或者测算体积等方式得出。对于找不到现场堆放的矿产品的，可以通过测量采空区计算或者通过查阅违法当事人销售矿产品的相关台账计算。

违法开采矿产品的价值认定，可以根据违法当事人违法开采的矿产品数量，结合违法行为发生时当地的矿产品价格计算，也可以通过查阅违法当事人销售矿产品的相关台账计算。

9.2.6 违法所得认定

9.2.6.1 违法转让土地使用权的违法所得认定

依法取得的土地使用权违法转让的，违法所得为当事人转让全部所得扣除当事人依法取得土地使用权的成本和对土地的合法投入；违法取得的土地使用权违法转让的，违法所得为当事人转让全部所得。

转让全部所得数额按照转让合同及交易凭据所列价款确定。没有转让合同及交易凭据、当事人拒不提供或者提供的转让合同及交易凭据所列价款明显不符合实际的，可以按照评估价认定。

对土地的合法投入包括土地开发、新建建筑物和构筑物的建设投入等，但是违法新建建筑物和构筑物的建设投入除外。

9.2.6.2 矿产资源违法所得的认定

对无证开采和越界开采的，违法所得数额应当按照销售凭据确定；没有销售凭据的，按照违法行为发生时当地原矿的市场价格计算，不扣除开采成本。

对买卖、出租和转让矿产资源的，违法所得数额应当为买卖、出租和转让的全部所得。

9.3 法律适用和处理建议

办案人员应当依据调查掌握的证据和认定的违法事实，确定违法的性质和适用的法律法规，对照行政处罚自由裁量权标准和办法，研究提出处理建议。

国土资源违法行为主要类型、法律依据与法律责任参照附录A、附录B。

9.3.1 不予处罚、从轻或者减轻处罚

办案人员应当依照法律法规规定，根据违法事实、性质、情节、社会危害程度以及是否主动消除违法行为后果等因素，对照行政处罚自由裁量权标准和办法，研究提出处理建议。

国土资源违法行为情节轻微并及时纠正，没有造成危害性后果，或者行政处罚告知书下发前主动消除违法状态的，可以不予行政处罚。

有下列情形之一的，应当从轻或者减轻处罚：

（1）行政处罚决定下达前，主动采取措施减轻违法后果的；

（2）积极主动配合调查处理且未造成严重后果的；

（3）其他依法应当从轻或者减轻处罚的情形。

9.3.2 提出处理建议

办案人员应当在证据认定和事实认定的基础上，综合研究提出处理建议：

（1）事实清楚、证据确凿、属于本级本部门管辖的，应当提出明确的处理建议。其中，对于依法应当给予行政处罚的，明确行政处罚的具体内容；对依法可以不予行政处罚的，明确不予行政处罚的理由；对于单位、个人违法批准征收、使用土地或者违法批准勘查、开采矿产资源的，应当提出确认相关批准文件、协议、纪要、批示等无效及撤销批准文件、废止违法内容、依法收回土地等建议；

（2）依法需要追究当事人及有关责任人员行政纪律责任的，应当提出移送监察、任免机关处理的建议；

（3）涉嫌犯罪，依法需要追究刑事责任的，应当提出将案件向公安、检察机关移送追究刑事责任的建议；

（4）经批准终止调查的，应当提出撤案或者结案的建议。对于违法事实不成立、违法行为已过行政处罚追诉时效的，建议撤案；对不属本部门管辖、因不可抗力致使案件无法调查处理的，建议结案；

（5）案件调查中，发现案件发生地国土资源管理秩序混乱或者国土资源管理方面存在问题的，提出限期整改、加强监管或者改进管理和完善政策的建议；

（6）其他处理建议。

9.4 调查报告起草

案件调查结束后，承办人员应当起草《国土资源违法案件调查报告》。

《国土资源违法案件调查报告》包括首部、正文、尾部和证据清单。

9.4.1 首部

首部应当包括案由、调查机关、办案人员、调查时间、当事人基本情况等内容。

9.4.2 正文

正文应当包括调查情况、基本事实、案件定性、责任认定、处理建议等。

9.4.2.1 调查情况

简要介绍案件来源，立案及调查工作开展情况。

9.4.2.2 基本事实

基本事实应当包括违法行为当事人、发生时间、地点、违法行为事实及造成的后果。叙述一般应当按照事件发生的时间顺序客观、全面、真实地反映案情，要注意重点，详细表述主要情节、证据和关联关系。对可能影响量罚的不予处罚、从轻或者减轻处罚的事实，应当作出具体说明。

（1）土地违法案件基本要素：违法主体、违法行为发生、发现、制止及立案查处的时间、用地及建设情况、占用地类、规划用途、相关审批情况、征地补偿安置标准、程序、支付情况等。

（2）矿产资源违法案件基本要素：违法主体、勘查开采地点、勘查开采时间、矿区范围、勘查开采方式、矿种、数量、矿产品价值、违法所得、鉴定结论、鉴定意见或者检验报告、已批准勘查、开采以及登记发证情况等。

9.4.2.3 案件定性

认定调查发现存在的主要问题，对案件的法律适用进行分析，明确认定当事人违法的法律依据以及违反的具体法律法规，提出认定违法行为性质的结论。

9.4.2.4 处理建议

根据法律法规的有关规定，认定相关责任，并提出处理建议。

9.4.3 尾部

承办人员签名，并注明时间。

9.4.4 证据清单

列明案件调查报告涉及的证据。清单所列证据作为调查报告的附件。

10 案件审理

10.1 审理基本要求

承办人员提交《国土资源违法案件调查报告》后，执法监察工作机构或者国土资源主管部门应当组织审理人员对案件调查报告和证据等相关材料进行审理。审理人员不能为同一案件的承办人员。

10.2 审理内容

审理内容包括：

（1）是否符合立案条件；

（2）违法主体是否认定准确；

（3）事实是否清楚，证据是否合法、确实、充分；

（4）定性是否准确，理由是否充分；

（5）适用法律法规是否正确；

（6）程序是否合法；

（7）拟定的处理建议是否适当，行政处罚是否符合自由裁量权标准；

（8）其他需要审理的内容和事项。

10.3 审理方式

一般案件由执法监察内设审理机构或者审理人员负责组织，采用书面或者会议方式进行审理，提出审理意见。

重大、疑难案件由执法监察工作机构负责人组织会审，并提出会审意见。有下列情形之一的，应当由国土资源主管部门负责人召集有关职能机构负责人及其他有关人员进行会审。

（1）依法需要向公安、检察机关移送的；

（2）经过行政复议或者行政诉讼，需要重新作出行政处罚的；

（3）经过听证程序，需要对拟定的行政处罚决定作出实质性修改的；

（4）案情复杂，难以定性的；

（5）国土资源主管部门主要负责人认为应当进行会审的。

10.4 审理程序

（1）承办人员提交案件调查报告和证据等相关材料，并作出说明；

（2）审理人员进行审理，就有关问题提问；

（3）承办人员解答问题，进行补充说明；

（4）审理人员形成审理意见。以会议方式审理的，应当制作《违法案件审理记录》。

10.5 审理意见

根据审理情况，分别提出以下审理意见：

（1）违法主体认定准确、事实清楚、证据合法确实充分、定性准确、适用法律正确、程序合法、处理建议适当的，同意处理建议。

（2）有下列情形之一的，应当提出明确的修改、纠正意见，要求办案人员重新调查或者补充调查：

①不符合立案条件的；

②违法主体认定不准确的；

③案件事实不清楚，证据不确实充分的；

④定性不准确，理由不充分的；

⑤适用法律法规不正确的；

⑥程序不合法的；

⑦处理建议不适当、行政处罚不符合自由裁量权标准的。

承办人员应当按照审理意见进行修改、纠正，并重新提请审理。

承办人员对审理意见有异议的，可以提出理由，连同调查报告、审理意见及证据等相关材料报执法监察工作机构负责人决定。

11 处理决定

11.1 作出处理决定

案件经审理通过的，承办人员应当填写《违法案件处理决定呈批表》，附具《国土资源违法案件调查报告》和案件审理意见，报国土资源主管部门负责人审查，根据不同情况，分别作出如下处理决定：

（1）确有应当予以行政处罚的违法行为的，根据情节轻重及具体情况，作出行政处罚决定；

（2）对于单位、个人违法批准征收、使用土地或者违法批准勘查、开采矿产资源的，应当根据情节轻重及具体情况，作出行政处理决定；

（3）违法行为轻微，依法可以不予行政处罚或者行政处理的，作出不予行政处罚或者行政处理决定，予以结案；

（4）不属于本级本部门管辖的，移送有管辖权的机关，予以结案；

（5）因不可抗力终止调查的，予以结案；

（6）对于违法事实不成立、违法行为已过行政处罚追诉时效的，予以撤案；

（7）依法需要追究当事人及有关责任人行政纪律责任的，移送监察、任免机关；

（8）涉嫌犯罪，依法需要追究刑事责任的，移送公安、检察机关；

（9）对国土资源管理秩序混乱的，作出限期整改、加强监管的具体决定；对国土资源管理方面存在的问题，提出改进管理和完善政策的具体要求。

对情节复杂或者重大违法行为给予较重的行政处罚，国土资源主管部门的负责人应当集体讨论决定。

11.2 实施处理决定

（1）决定给予行政处罚的，按照本规程12的规定办理。

（2）决定给予行政处理的，应当明确违法批准征收、使用土地或者违法批准勘查、开采矿产资源的相关文件无效，提出撤销批准文件、废止违法内容、依法收回土地等具体要求和追究行政纪律责任的建议。有关当事人拒不归还土地的，以违法占用土地论处。

（3）决定撤销案件的，填写《撤销立案决定呈批表》，报国土资源主管部门负责人批准后，予以撤案。

（4）决定移送案件的，按照本规程 15 的规定办理。

（5）决定结案的，按照本规程 16 的规定办理。

（6）决定限期整改、加强监管的，书面通知整改地区的人民政府和国土资源主管部门。

12 行政处罚

12.1 国土资源行政处罚的种类

国土资源行政处罚主要包括以下种类：

（1）警告；

（2）罚款；

（3）没收违法所得、没收非法财物；

（4）限期拆除；

（5）吊销勘查许可证、采矿许可证；

（6）法律法规规定的其他行政处罚。

12.2 告知

作出行政处罚之前，国土资源主管部门应当制作《行政处罚告知书》，按照本规程 13 规定的方式，送达当事人，当事人有权进行陈述和申辩。

《行政处罚告知书》应当载明作出行政处罚的事实、理由、依据和处罚内容，并告知当事人依法享有的陈述和申辩权利。陈述和申辩应当由当事人在收到《行政处罚告知书》后三个工作日内提出。口头形式提出的，应当制作笔录。

国土资源主管部门对当事人提出的事实、理由和证据应当进行复核。当事人提出的事实、理由或者证据成立的，应当予以采纳。

国土资源主管部门不得因当事人的申辩而加重处罚。

12.3 听证

国土资源主管部门在作出以下行政处罚决定前，应当制作《行政处罚听证告知书》，按照本规程 13 规定的方式，送达当事人。听证告知和处罚告知可以一并下达或者合并下达。

（1）较大数额罚款；

（2）没收违法用地上的新建建筑物和其他设施；

（3）限期拆除违法用地上的新建建筑物和其他设施，恢复土地原状；

（4）吊销勘查许可证、采矿许可证。

《行政处罚听证告知书》应当载明作出行政处罚的事实、理由、依据和处罚内容，并告知当事人有要求举行听证的权利。

当事人要求听证的，应当在收到《行政处罚听证告知书》后三个工作日内提出申请，口头提出的，应当制作笔录。

国土资源行政处罚听证适用《国土资源听证规定》。

12.4 行政处罚决定

当事人未在规定时间内陈述、申辩、要求听证的，或者陈述、申辩、听证中提出的事实、理由或者证据不成立的，国土资源主管部门应当依法制作《行政处罚决定书》；陈述、申辩或者听证中提出的事实、理由或者证据成立，需要修改拟作出的处理决定的，国土资源主管部门应当按照本规程11.1的规定，调整或者重新作出处理决定，依法制作《行政处罚决定书》。《行政处罚决定书》应当按照本规程13规定的方式送达当事人。

法律法规规定的责令改正或者责令限期改正，可以与行政处罚决定一并作出，也可以在作出行政处罚决定之前单独作出。

12.4.1 《行政处罚决定书》的内容

（1）国土资源主管部门名称、文书标题及文号；

（2）当事人的姓名或者名称、地址等基本情况；

（3）违反法律、法规或者规章的事实和证据；

（4）告知、听证的情况；

（5）行政处罚的具体依据和内容；

（6）履行方式和期限；

（7）不服行政处罚决定，申请行政复议或者提起行政诉讼的途径和期限；

（8）拒不执行行政处罚决定的法律后果；

（9）作出决定的日期及印章。

12.4.2 制作《行政处罚决定书》的注意事项

（1）《行政处罚决定书》应当由具有行政处罚权的县级以上国土资源主管部门制作并加盖其印章，派出机构、内设机构不能以自己的名义制作。

（2）认定的违法事实应当客观真实，明确违法行为的性质。列举的证据应当全面具体，充分支撑所认定的违法事实。有从轻或者减轻情节的，应当一并说明。

（3）行政处罚前的告知、听证情况应当包括告知、听证程序的履行情况和当事人意见采纳情况。

（4）行政处罚的依据应当结合具体违法事实，分别说明定性和处罚适用的具体法律条款；引用法律条款应当根据条、款、项、目的顺序写明。

（5）行政处罚的内容应当明确、具体，有明确的履行方式和期限。

①责令退还、交还违法占用土地的，应当写明退还、交还土地的对象、范围、期限等。

②责令当事人限期履行的，应当写明履行的具体内容和期限。责令限期改正的，应当表述为“责令限××日内改正××行为”；责令限期拆除、恢复土地原状的，应当写明拆除地上建筑物和其他设施的范围、内容，恢复场地平整或者耕地种植条件，并明确履行的具体期限。

③责令缴纳复垦费、处以罚款、没收违法所得的，应当写明违法所得的金额和币种、交款的期限、指定银行账户等。

④没收地上建筑物和其他设施的，应当写明没收建筑物的范围、内容等。

⑤吊销勘查许可证、采矿许可证的，应当写明矿业权人、勘查许可证或者采矿许可证的证号等。

⑥没收矿产品的，应当写明矿产品的种类、数量和堆放地点等。

申请行政复议或者提起行政诉讼的途径和期限，应当具体明确。当事人申请行政复议的时限为自收到《行政处罚决定书》之日起六十日内，复议机关为作出行政处罚决定的同级人民政府或者上一级国土资源主管部门。当事人提起行政诉讼的时限一般为自收到《行政处罚决定书》之日起三个月内，对责令限期拆除处罚决定不服的，提起行政诉讼的时限为自收到《行政处罚决定书》之日起十五日内，诉讼机关为有管辖权的人民法院。

当事人有两个以上国土资源违法行为的，国土资源主管部门可以制作一份《行政处罚决定书》，合并执行。《行政处罚决定书》中应当明确对每个违法行为的处罚内容和合并执行的内容。

国土资源违法行为有两个以上当事人的，可以分别作出行政处罚决定，制作一式多份《行政处罚决定书》，分别送达当事人。

（9）有条件的地方，可以使用说理式《行政处罚决定书》。

12.5　作出行政处罚决定的期限

作出行政处罚决定的期限一般为立案之日起六十日内。案情复杂不能在规定期限内作出行政处罚决定的，报本级国土资源主管部门负责人批准，可以适当延长，但延长期限原则上不超过三十日，案情特别复杂的除外。

案件查处过程中的鉴定、听证、委托其他部门的认定、公告、邮递在途等时间不计入前款规定的期限；涉嫌犯罪移送的，等待公安机关、检察机关作出决定的时间，不计入前款规定的期限。

13　送达

《责令停止违法行为通知书》、《行政处罚决定书》等国土资源法律文书作出后，应当及时送达当事人，并制作《法律文书送达回证》，送达人应当为两人以上。

国土资源法律文书一经送达，即发生法律效力。

国土资源法律文书应当采用直接送达方式。直接送达有困难的，可以采用留置送达、委托送达、传真或者电子信息送达、委托或者邮寄送达、转交送达和公告送达等方式。

13.1　直接送达

直接送达的应当直接送交受送达人。受送达人是自然人的，本人不在交其同住成年家属签收；受送达人是法人或者其他组织的，应当由法人的法定代表人、其他组织的主要负责人或者该法人、组织负责收件的人签收；受送达人有代理人的，可以送交其代理人签收；受送达人已向国土资源主管部门指定代收人的，送交代收人签收。

送达回证上签收的日期为送达日期。

13.2　留置送达

受送达人或者其同住成年家属拒绝接收法律文书的，送达人可以邀请有关基层组织或者所在单位的代表到场，说明情况，在送达回证上记明拒收事由和日期，由送达人、见证人签名或者盖章，把法律文书留在受送达人的住所或者张贴在违法用地现场，并采用拍照、录像等方式记录送达过程，即视为送达。

影像中应当体现送达文书内容、明确的送达日期、当事人住所等现场情况。

送达回证上记明的日期为送达日期。

13.3　传真或者电子信息送达

经当事人同意，可以采用传真、电子邮件、手机信息等能够确认其收悉的方式送达法律文书，但《行政处罚决定书》除外。

传真、电子邮件、手机信息等到达当事人特定系统的日期为送达日期。

13.4　委托或者邮寄送达

直接送达法律文书有困难的，可以委托其他国土资源主管部门或者其他机关代为送达，或者邮寄送达。

委托送达，以受送达人在送达回证上签收的日期为送达日期。邮寄送达，应当附有送达回证，回执上注明的收件日期与送达回证上注明的收件日期不一致的，或者送达回证没有寄回的，以回执上注明的收件日期为送达日期。

13.5　转交送达

当事人是军人的，通过其所在部队团以上单位的政治机关转交；当事人被监禁的，通过其所在监所转交，以在送达回证上的签收日期为送达日期。

13.6　公告送达

当事人下落不明或者上述方式无法送达的，可以公告送达。公告送达，可以在当地主要媒体上予以公告或者在本部门公告栏、当事人所在基层组织公告栏、当事人住所地等地张贴公告并拍照，并在本部门或者本系统门户网站上公告。

自发出公告之日起，经过六十日，即视为送达。公告送达，应当在案卷中记明原因和经过，并应保存公告的有关材料。

14　执行

行政处罚决定、行政处理决定生效后，除涉及国家秘密外，国土资源主管部门可以将其内容在门户网站公开，督促违法当事人自觉履行，接受社会监督。

14.1　当事人履行

当事人收到行政处罚决定后，应当在行政处罚决定规定的期限内自行履行。

14.2　督促履行

行政处罚决定生效后，当事人逾期不履行的，国土资源主管部门可以采取以下措施督促其履行：

（1）向本级人民政府和上一级国土资源主管部门报告；

（2）向当事人所在单位或者其上级主管部门通报；

（3）向社会公开通报；

（4）停止办理或者告知相关部门停止办理当事人与本案有关的许可、审批、登记等手续。

14.3　催告履行

国土资源主管部门申请人民法院强制执行前，应当制作《履行行政处罚决定催告书》送达当事人，催告其履行义务。

14.4　申请人民法院强制执行

《履行行政处罚决定催告书》送达十日后，当事人仍未履行行政处罚决定的，国土资源主管部门可以向土地、矿产资源所在地有管辖权的人民法院申请强制执行。

当事人在法定期限内不申请行政复议或者提起行政诉讼，又不履行行政处罚决定的，国土资源主管部门可以自期限届满之日起三个月内，申请人民法院强制执行。

14.4.1　申请程序

申请人民法院强制执行，应当填写《强制执行申请书》，由国土资源主管部门负责人签名，加盖国土资源主管部门印章，注明日期，并附下列材料：

（1）《行政处罚决定书》及作出决定的事实、理由和依据；

（2）当事人意见及催告情况；

（3）申请强制执行标的情况；

（4）法律法规规定的其他材料。

递交《强制执行申请书》时，应当取得人民法院接收人员签字或者盖章的回执；接收人员拒收或者拒绝签字、盖章的，应当记录申请书是否递交、拒收或者拒签情形。

人民法院裁定不予受理强制执行申请或者受理后裁定不予执行，国土资源主管部门对裁定有异议的，可以自收到裁定之日起十五日内向上一级人民法院申请复议；对裁定无异议或者有异议但经复议维持原裁定的，国土资源主管部门应当纠正存在的问题。

14.4.2　财产保全

国土资源主管部门申请人民法院强制执行前，有充分理由认为被执行人可能逃避执行的，可以依法申请人民法院采取财产保全措施。

14.5　执行要求

（1）给予没收违法所得、罚款处罚的，罚没款足额缴入指定的银行账户，并取得缴款凭证。

当事人确有经济困难，需要延期或者分期缴纳罚款的，当事人应当提出申请，报国土资源主管部门主管负责人批准后，可以暂缓或者分期缴纳。

（2）给予拆除新建建筑物和其他设施、恢复土地原状处罚的，新建建筑物和其他设施已拆除，恢复场地平整或者耕地种植条件。

（3）给予没收新建建筑物和其他设施、矿产品或者其他实物处罚的，作出行政处罚决定的国土资源主管部门填写《非法财物移交书》，连同《行政处罚决定书》移交县级以上人民政府或者其指定的部门处理。涉及没收新建建筑物和其他设施的，移交不动产所在地县级以上人民政府或者其指定的部门。对没收后的地上建筑物和其他设施处置，不动产所在地县级以上人民政府可以根据情况决定拆除或保留。

（4）责令退还、交还土地的，将土地退还、交还至土地权利人或者管理人。

（5）责令限期履行义务，治理、改正、采取补救措施的，当事人在限定期限内履行义务、改正违法行为或者达到治理要求、采取相应的补救措施。

（6）给予吊销勘查许可证、采矿许可

证处罚的，国土资源主管部门予以吊销，并公告。

（7）给予行政处理的，撤销或者废止违法批准征收、使用土地或者违法批准勘查、开采矿产资源的相关文件，依法收回土地，向有关单位提出对责任人的处理建议。

当事人对行政处罚决定不服申请行政复议或者提起行政诉讼的，在行政复议或者行政诉讼期间，行政处罚决定不停止执行，法律另有规定的除外。

14.6　终结执行

有下列情形之一的，终结执行：

（1）自然人死亡，无遗产可供执行，又无义务承受人的；

（2）法人或者其他组织终止，无财产可供执行，又无义务承受人的；

（3）执行标的灭失的；

（4）据以执行的行政处罚决定被撤销的；

（5）需要终结执行的其他情形。

14.7　执行记录

国土资源主管部门应当根据执行情况制作《行政处罚决定执行记录》。

《行政处罚决定执行记录》中应当载明案由、当事人、行政处罚事项、行政处罚内容的执行方式、执行结果等情况。其中，申请人民法院强制执行的，应当记录申请、受理、裁定执行情况等。

15　移送

国土资源主管部门在查处违法行为过程中，发现违法行为涉嫌犯罪依法应当追究刑事责任的，或者当事人及有关责任人员违规违纪应当追究行政纪律责任的，应当依照有关规定移送有关机关。

15.1　移送公安、检察机关

15.1.1　移送情形

国土资源主管部门在依法查处违法行为过程中，发现单位或者个人违法转让倒卖土地使用权、违法占用农用地、违法采矿、破坏性采矿等行为，达到刑事追诉标准、涉嫌犯罪的，在调查终结后，应当依法及时将案件移送公安机关。

国土资源主管部门在依法查处违法行为过程中，发现国家机关工作人员有违法批准、占用土地、违法低价出让国有土地使用权以及其他贪污贿赂、渎职等行为，达到刑事追诉标准、涉嫌犯罪的，在调查终结后，应当依法及时将案件移送检察机关。

15.1.2　移送程序

（1）依法需要移送公安、检察机关追究刑事责任的，办案人员应当制作《违法案件处理决定呈批表》，提出移送公安、检察机关的建议。

（2）国土资源主管部门负责人收到《违法案件处理决定呈批表》后，应当在三个工作日内作出是否批准移送的决定。决定不移送的，应当写明不予批准的理由。

（3）决定移送的，应当制作《涉嫌犯罪案件移送书》，附具案件调查报告、涉案物品清单、有关鉴定结论、鉴定意见或者检验报告及其他有关涉嫌犯罪的材料，在移送决定批准后24小时内办理移送手续。

国土资源主管部门在移送案件时已经作出行政处罚决定的，应当同时移送《行政处罚决定书》和作出行政处罚决定的证据材料。

向公安机关移送的案件，应当同时将《涉嫌犯罪案件移送书》及相关材料目录抄送同级人民检察院备案。

（4）公安机关对移送的案件决定不予立案，国土资源主管部门有异议的，可以在收到不予立案通知之日起三个工作日内，提请作出决定的公安机关复议。

检察机关对移送的案件决定不予立案，国土资源主管部门有异议的，可以在收到不予立案通知之日起五个工作日内，提请作出决定的检察机关复议。

（5）移送时，国土资源主管部门未作出行政处罚或者行政处理决定，人民法院判决后，违法状态仍未消除的，国土资源主管部门应当依法作出行政处罚或者行政处理，其中，人民法院已给予罚金处罚的，不再给予罚款的行政处罚。

15.2　移送监察、任免机关

15.2.1　移送情形

国土资源主管部门在依法查处违法行为的过程中，发现依法需要追究当事人及有关责任人员行政纪律责任，本部门无权处理的，在作出行政处罚决定或者行政处理决定后，应当依法及时将有关案件材料移送监察、任免机关。

由监察机关或者任免机关按照管理权限依法处分的人员主要包括：行政机关公务人员，法律、法规授权的具有公共事务管理职能的事业单位中经批准参照《公务员法》管理的工作人员，行政机关依法委托的组织中除工勤人员以外的工作人员，企业、事业单位中由行政机关任命的人员，法律、行政法规、国务院决定和国务院监察机关、国务院人力资源和社会保障部门制定的处分规章规定应当给予处分的人员。

15.2.2　移送程序

（1）需要移送监察、任免机关追究责任的，办案人员应当制作《违法案件处理决定呈批表》，提出移送监察、任免机关的建议。

（2）国土资源主管部门负责人收到《违法案件处理决定呈批表》后，应当作出是否批准移送的决定。决定不移送的，应当写明不予批准的理由。

（3）决定移送的，应当在作出行政处罚决定或者其他处理决定后十个工作日内，制作《行政处分建议书》，附具案件来源及立案材料、案件调查报告、处罚或者处理决定、有关证据材料及其他需要移送的材料。

15.3　移送送达回证

国土资源主管部门向有关机关移送案件，应当制作《法律文书送达回证》。受送达人接受移送的案件材料，并在送达回证上签字、盖章。受送达人拒收或者拒签的，送达人详细填写送达回证中的拒收、拒签的情况和理由。

16　结案

16.1　结案条件

符合下列条件之一的，可以结案：

（1）案件已经移送管辖的；

（2）终止调查的；

（3）决定不予行政处罚或者行政处理的；

（4）行政处罚决定或者行政处理决定执行完毕的；

（5）行政处罚决定终结执行的；

（6）已经依法申请人民法院强制执行的。

涉及需要移送有关部门追究刑事责任、行政纪律责任的，结案前应当已经依法移送。

16.2　结案呈批

符合结案条件的，承办人员应当填写《结案呈批表》，报国土资源主管部门负责人批准后结案。

《结案呈批表》应当载明案由、立案时间、立案编号、调查时间、当事人、主要违法事实、执行情况、相关建议等内容。

对终止调查或者终结执行但地上违法新建建筑物或者其他设施尚未处置的，结案呈批时，可以建议将有关情况报告或者函告地上违法新建建筑物或者其他设施所在地政府，由其依法妥善处置。

16.3　后续工作

结案后，有关部门开展与本案相关的强制执行、刑事责任、行政纪律责任追究等工作，需要国土资源主管部门配合的，国土资源主管部门应当予以配合。

17　立卷归档

办案人员应当将办案过程中形成的全部材料，及时整理装订成卷，并按照规定归档。

17.1　归档材料

卷宗内的归档材料应当包括：

（1）封面、目录；

（2）案件来源材料；

（3）责令停止违法行为通知书、责令履行法定义务通知书、责令改正违法行为通知书及送达回证；

（4）立案呈批表；

（5）证据材料；

（6）调查报告；

（7）审理记录；

（8）案件处理决定呈批表；

（9）行政处罚告知书及送达回证；

（10）当事人陈述申辩材料、复核意见书；

（11）行政处罚听证告知书、听证通知书、听证笔录、听证意见书、违法案件陈述、申辩、听证复核意见书等；

（12）《行政处罚决定书》或者行政处理决定及送达回证；

（13）行政处分决定、行政处分建议书、刑事判决书、涉嫌犯罪案件移送书、案件管辖移送书；

（14）有关法律文书送达回证；

（15）履行处罚决定催告书及送达回证；

（16）强制执行申请书及送达回证、申请送达情况记录；

（17）行政处罚决定执行记录、罚没收据、缴纳相关费用收据、暂缓或者分期缴纳罚款的审批材料、吊销采矿许可证或者勘查许可证公告、非法财物移交书、非法财物清单、退地证明、证明拆除和恢复土地原状的图像资料、撤销批准文件的决定及相关材料；

（18）经行政复议机关复议的应当附具行政复议决定书、经人民法院审理的应当附具人民法院判决书副本；

（19）案件结案呈批表；

（20）其他需要归档的材料。

17.2　归档要求

（1）所有归档的材料，应当合法、完整、真实、准确，文字清楚，日期完备。应当保证归档材料之间的有机联系，同一案件形成的档案应当作为一个整体统一归档，不得分散归档，案卷较厚的可分卷归档。案卷应当标注总页码和分页码，加盖档号章。

（2）卷内各类材料的排列，应当按照结论、决定、裁决性文件在前，依据性材料在后的原则，即批复在前、请示在后，正文在前、附件在后，印件在前、草稿在后的顺序组卷。

（3）案卷资料归档应当按照档案管理要求统一归档保存或者交本部门档案室保存。

18　监督与责任追究

18.1　监督

国土资源主管部门应当通过定期或者不定期检查等方式，加强对本级和下级国土资源主管部门查处工作的监督，及时发现、纠正存在的问题。

县级以上人民政府国土资源主管部门发现作出的行政处罚、行政处理有错误的，应当主动改正。

国土资源主管部门应当建立重大违法案件挂牌督办制度，明确提出办理要求，公开督促下级国土资源主管部门限期办理并接受社会监督。

国土资源主管部门应当建立重大违法案件公开通报制度，将案情和处理结果向社会公开通报并接受社会监督。

18.2　责任追究

国土资源主管部门直接负责的主管人员和其他直接责任人员有下列情形之一，致使自然人、法人或者其他组织的合法权益、公共利益和社会秩序遭受损害的，应当依法追究责任：

（1）对发现的违法行为未依法制止的；

（2）应当依法立案查处，无正当理由未依法立案查处的；

（3）在制止以及查处违法案件中受阻，依照有关规定应当向本级人民政府或者上级国土资源主管部门报告而未报告的；

（4）应当依法给予行政处罚而未依法处罚的；

（5）应当依法申请强制执行、提出行政处分建议或者移送有权机关追究行政纪律或者刑事责任，而未依法申请强制执行、提出行政处分建议、移送有权机关的；

（6）其他徇私枉法、滥用职权、玩忽职守的情形。

国土资源执法监察工作机构和人员已经按照规定履行相应查处职责的，不得以玩忽职守、渎职等名义追究责任。

19　附则

19.1　期间

期间以时、日、月、年计算。期间开始的时和日不计算在期间内。工作日不包括法定节假日。

期间届满的最后一日是节假日的，以节假日后的第一日为期间届满的日期。

期间不包括在途时间。法律文书在期满前交邮的，不算过期。

19.2　数量关系的规范

本规程中的“以上”、“以下”、“内”、“前”，均包括本数；“后”不包括本数。

19.3　行政处罚追诉时效

国土资源违法行为在两年内未被发现的，不再给予行政处罚。法律另有规定的除外。

前款规定的期限，从违法行为发生之日起计算；违法行为有连续或者继续状态的，从行为终了之日起计算。

违法占用土地的行为，恢复土地原状前，应当视为具有继续状态。

19.4　解释机关

本规程由国土资源部负责解释。

附录 A　主要土地违法行为、法律依据与法律责任（略）

附录 B　主要矿产资源违法行为、法律依据与法律责任（略）

附录 C　国土资源违法行为查处法律文书参考格式（略）

国土资源部、农业部关于进一步支持设施农业健康发展的通知

（2014 年 9 月 29 日　国土资发〔2014〕127 号）

各省、自治区、直辖市国土资源主管部门，农业（农牧、农村经济、农机、畜牧、兽医、农垦、加工、渔业厅（局、委、办），新疆生产建设兵团国土资源局、农业局：

为适应现代农业发展需要，促进设施农业健康有序发展，2010 年，国土资源部、农业部下发《关于完善设施农用地管理有关问题的通知》（国土资发〔2010〕155 号），明确了设施农用地管理有关要求和支持政策。但随着现代农业和土地规模化经营不断发展，需要进一步完善现行的设施农用地政策，规范用地管理。现就有关问题通知如下：

一、合理界定设施农用地范围

根据现代农业生产特点，从有利于支持设施农业和规模化粮食生产发展、规范用地管理出发，将设施农用地具体划分为生产设施用地、附属设施用地以及配套设施用地。

（一）进一步明确生产设施用地。生产设施用地是指在设施农业项目区域内，直接用于农产品生产的设施用地。包括：

1. 工厂化作物栽培中有钢架结构的玻璃或 PC 板连栋温室用地等；

2. 规模化养殖中畜禽舍（含场区内通道）、畜禽有机物处置等生产设施及绿化隔离带用地；

3. 水产养殖池塘、工厂化养殖池和进排水渠道等水产养殖的生产设施用地；

4. 育种育苗场所、简易的生产看护房（单层，小于15平方米）用地等。

（二）合理确定附属设施用地。附属设施用地是指直接用于设施农业项目的辅助生产的设施用地。包括：

1. 设施农业生产中必需配套的检验检疫监测、动植物疫病虫害防控等技术设施以及必要管理用房用地；

2. 设施农业生产中必需配套的畜禽养殖粪便、污水等废弃物收集、存储、处理等环保设施用地，生物质（有机）肥料生产设施用地；

3. 设施农业生产中所必需的设备、原料、农产品临时存储、分拣包装场所用地，符合“农村道路”规定的场内道路等用地。

（三）严格确定配套设施用地。配套设施用地是指由农业专业大户、家庭农场、农民合作社、农业企业等，从事规模化粮食生产所必需的配套设施用地。包括：晾晒场、粮食烘干设施、粮食和农资临时存放场所、大型农机具临时存放场所等用地。

各地应严格掌握上述要求，严禁随意扩大设施农用地范围，以下用地必须依法依规按建设用地进行管理：经营性粮食存储、加工和农机农资存放、维修场所；以农业为依托的休闲观光度假场所、各类庄园、酒庄、农家乐；以及各类农业园区中涉及建设永久性餐饮、住宿、会议、大型停车场、工厂化农产品加工、展销等用地。

二、积极支持设施农业发展用地

（一）设施农业用地按农用地管理。生产设施、附属设施和配套设施用地直接用于或者服务于农业生产，其性质属于农用地，按农用地管理，不需办理农用地转用审批手续。生产结束后，经营者应按相关规定进行土地复垦，占用耕地的应复垦为耕地。

非农建设占用设施农用地的，应依法办理农用地转用审批手续，农业设施兴建之前为耕地的，非农建设单位还应依法履行耕地占补平衡义务。

（二）合理控制附属设施和配套设施用地规模。进行工厂化作物栽培的，附属设施用地规模原则上控制在项目用地规模5%以内，但最多不超过10亩；规模化畜禽养殖的附属设施用地规模原则上控制在项目用地规模7%以内（其中，规模化养牛、养羊的附属设施用地规模比例控制在10%以内），但最多不超过15亩；水产养殖的附属设施用地规模原则上控制在项目用地规模7%以内，但最多不超过10亩。

根据规模化粮食生产需要合理确定配套设施用地规模。南方从事规模化粮食生产种植面积500亩、北方1000亩以内的，配套设施用地控制在3亩以内；超过上述种植面积规模的，配套设施用地可适当扩大，但最多不得超过10亩。

（三）引导设施建设合理选址。各地

要依据农业发展规划和土地利用总体规划，在保护耕地、合理利用土地的前提下，积极引导设施农业和规模化粮食生产发展。设施建设应尽量利用荒山荒坡、滩涂等未利用地和低效闲置的土地，不占或少占耕地。确需占用耕地的，应尽量占用劣质耕地，避免滥占优质耕地，同时通过耕作层土壤剥离利用等工程技术等措施，尽量减少对耕作层的破坏。

对于平原地区从事规模化粮食生产涉及的配套设施建设，选址确实难以安排在其他地类上、无法避开基本农田的，经县级国土资源主管部门会同农业部门组织论证确需占用的，可占用基本农田。占用基本农田的，必须按数量相等、质量相当的原则和有关要求予以补划。各类畜禽养殖、水产养殖、工厂化作物栽培等设施建设禁止占用基本农田。

（四）鼓励集中兴建公用设施。县级农业部门、国土资源主管部门应从本地实际出发，因地制宜引导和鼓励农业专业大户、家庭农场、农民合作社、农业企业在设施农业和规模化粮食生产发展过程中，相互联合或者与农村集体经济组织共同兴建粮食仓储烘干、晾晒场、农机库棚等设施，提高农业设施使用效率，促进土地节约集约利用。

三、规范设施农用地使用

从事设施农业建设的，应通过经营者与土地所有权人约定用地条件，并发挥乡级政府的管理作用，规范用地行为。

（一）签订用地协议。设施农用地使用前，经营者应拟定设施建设方案，内容包括：项目名称、建设地点、设施类型和用途、数量、标准和用地规模等，并与乡镇政府和农村集体经济组织协商土地使用年限、土地用途、土地复垦要求及时限、土地交还和违约责任等有关土地使用条件。协商一致后，建设方案和土地使用条件通过乡镇、村组政务公开等形式向社会予以公告，公告时间不少于10天；公告期结束无异议的，乡镇政府、农村集体经济组织和经营者三方签订用地协议。

涉及土地承包经营权流转的，经营者应依法先行与承包农户签订流转合同，征得承包农户同意。

（二）用地协议备案。用地协议签订后，乡镇政府应按要求及时将用地协议与设施建设方案报县级国土资源主管部门和农业部门备案，不符合设施农用地有关规定的不得动工建设。

县级国土资源主管部门和农业部门应依据职能及时核实备案信息。发现存在选址不合理、附属设施用地和配套设施用地超过规定面积、缺少土地复垦协议内容，以及将非农建设用地以设施农用地名义备案等问题的；项目设立不符合当地农业发展规划布局、建设内容不符合设施农业经营和规模化粮食生产要求、附属设施和配套设施建设不符合有关技术标准，以及土地承包经营权流转不符合有关规定的，分别由国土资源主管部门和农业部门在15个工作日内，告知乡镇政府、农村集体经济组织及经营者，由乡镇政府督促纠正。

对于国有农场的农业设施建设与用地，可由省级国土资源主管部门会同农业部门及有关部门根据本通知规定，制定具体实施办法。

四、加强设施农用地服务与监管

（一）主动公开设施农用地建设与管理有关政策规定。通过政府或部门网站及其他形式，国土资源主管部门主动公开设施农用地分类与用地规模标准、相关土地利用总体规划、基本农田保护、土地复垦、用地协议签订与备案等有关规定要求；农业部门主动公开行业发展政策与规划、设施类型和建设标准、农业环境保护、疫病防控等相关规定要求，以便设施农业经营者查询与了解有关政策规定。在设施农业建设过程中，国土资源主管部门和农业部门应主动服务、加强指导，及时解决出现的问题，促进设施农业健康发展。

（二）加强设施农用地监管。县级国土资源主管部门、农业部门和乡镇政府都应将设施农用地纳入日常管理，加强监督，建立制度，分工合作，形成联动工作机制。市、县国土资源主管部门要加强设施农用地的实施跟踪，监督设施农用地的土地利用和土地复垦，及时做好土地变更调查登记和台账管理工作；县级农业部门加强设施农业建设和经营行为的日常监管，做好土地流转管理和服务工作；乡镇政府负责监督经营者按照协议约定具体实施农业设施建设，落实土地复垦责任，并组织农村集体经济组织做好土地承包合同变更。

省级国土资源主管部门和农业部门应建立设施农用地信息报备制度，全面掌握本区域内设施农用地和设施农业的情况和发展趋势，及时准确地开展土地变更调查设施农用地核实工作。不定期组织开展专项检查，发现苗头性、倾向性问题，及时研究解决，将有关情况报国土资源部和农业部。

（三）严格设施农用地执法。从事设施农业和规模化粮食生产的，经营者必须按照协议约定使用土地，确保农地农用。设施农用地不得改变土地用途，禁止擅自或变相将设施农用地用于其他非农建设；不得超过用地标准，禁止擅自扩大设施用地规模或通过分次申报用地变相扩大设施用地规模；不得改变直接从事或服务于农业生产的设施性质，禁止擅自将设施用于其他经营。

县级国土资源主管部门和农业部门要依据职能加强日常执法巡查，对不符合规定要求开展设施建设和使用土地的，做到早发现、早制止、早报告、早查处。对于擅自或变相将设施农用地用于其他非农建设的，应依法依规严肃查处；擅自扩大附属设施用地规模或通过分次申报用地变相扩大设施用地规模，擅自改变农业生产设施性质用于其他经营的，应及时制止、责令限期纠正，并依法依规追究有关人员责任。

省市国土资源主管部门和农业部门要加强对基层国土资源主管部门和农业部门执法行为的监管，对有案不查、执法不严的，要坚决予以纠正。今后，设施农用地使用和管理情况纳入省级政府耕地保护责任目标内容，国土资源部、农业部每年将会同有关部门开展检查和考核。

各省（区、市）国土资源主管部门和农业部门要高度重视设施农用地管理工作，按照本通知的规定要求，进一步完善实施办法和有关规定要求，切实加强和规范设施农用地管理。本《通知》下发后，国土资源部、农业部《关于完善设施农用地管理有关问题的通知》（国土资发〔2010〕155号）停止执行。

本通知有效期为五年。

国土资源部关于启用不动产登记簿证样式（试行）的通知

（2015年2月15日　国土资发〔2015〕25号）

各省、自治区、直辖市及副省级城市国土资源主管部门（不动产登记主管部门），新疆生产建设兵团国土资源局，解放军土地管理局：

为加快建立和实施不动产统一登记制度，落实国务院关于统一登记簿册的要求，根据《不动产登记暂行条例》（以下简称《条例》）的有关规定，部制定了不动产登记簿证样式（试行），决定从2015年3月1日起正式启用试行。现将有关事项通知如下：

一、关于不动产登记簿证的使用

（一）自2015年3月1日起，全面启用统一的不动产登记簿证样式。不动产登记簿证样式包括《不动产登记簿》、《不动产权证书》、《不动产登记证明》和《不动产登记申请审批表》，具体样式、内容及使用填写说明见附件。

（二）《不动产登记簿》由不动产登记机构按照统一的登记簿样式自行制作使用。不动产登记机构可以结合地方实际，针对不同的权利登记事项，对登记簿做相应调整，但不得随意减少登记簿的内容。登记簿应当采用电子介质，暂不具备条件的，可以采用纸质介质。采用电子介质的地区，应按照登记簿的样式，对现有登记信息系统进行升级改造，采用菜单式组合、固定电子表格等方式制作登记簿。采用纸质介质的地区，应按照统一登记的模式，采用活页等方便增页和编订的方式制作登记簿。

（三）《不动产权证书》有单一版和集成版两个版本。单一版证书记载一个不动产单元上的一种权利或者互相兼容的一组权利。集成版证书记载同一权利人在同一登记辖区内享有的多个不动产单元上的不动产权利。目前主要采用单一版证书。《不动产登记证明》用于证明不动产抵押权、地役权或者预告登记、异议登记等事项。查封登记不颁发证书或证明。

（四）内蒙古、西藏、新疆等部分地方需要在《不动产权证书》和《不动产登记证明》上使用或者增加少数民族文字的，必须与统一的证书和证明样式、内容保持一致，报部备案后方可实施。

（五）各地可参照使用《不动产登记

申请审批表》样式，也可以根据实际情况，从便民利民和方便管理出发，对登记申请审批表进行适当调整，自行印制使用。不动产登记过程中所需的受理、调查、公告、登记、查询文书等书表卡册，可以按照登记簿的记载内容，结合本地实际和工作需要，自行确定和印制。

二、关于不动产登记簿证的管理

（一）纸质介质的《不动产登记簿》和《不动产权证书》、《不动产登记证明》应当加盖不动产登记机构的“不动产登记专用章”。不动产登记机构为县级以上人民政府依法确定的、统一负责不动产登记工作的部门。如：××县人民政府确定由该县国土资源局负责不动产登记工作，则县国土资源局为该县不动产登记机构，登记簿证加盖“××县国土资源局不动产登记专用章”。各级国土资源主管部门内设的、不具有独立法人资格的不动产登记局（处、科、股），不能作为不动产登记机构。国土资源主管部门直属的事业单位可以经授权办理具体的不动产登记事务，但不能作为不动产登记机构对外行使行政职能。不动产登记机构应当按规定尽快刻制并启用“不动产登记专用章”。印章为圆形，印章大小按照国家有关印章管理的规定确定。

（二）不动产登记机构启用新的不动产登记簿证后，才能停止使用原有的各类不动产登记簿、权属证书和登记证明样式。新的不动产登记簿证启用后，以前已经依法制作并记载登记内容的土地登记卡和归户卡、房屋登记簿、林权登记表册、草原登记表册、海域使用权登记表册、土地承包经营权登记簿等簿册继续有效；已经依法发放的《集体土地所有证》、《国有土地使用证》、《集体土地使用证》、《房屋所有权证》、《房地产权证》、《土地承包经营权证》、《水域滩涂养殖证》、《草原使用证》、《林权证》、《海域使用权证书》、《无居民海岛使用证》，以及《土地他项权利证明书》、《房屋他项权证》、《房屋预告登记证明》等证书、证明继续有效。不动产登记机构应当按照“不变不换”的原则，权利不变动，簿证不更换，在依法办理变更登记、转移登记等登记时，逐步更换为新的不动产登记簿证。各地不得强制要求当事人更换不动产权属证书和登记证明，不得增加企业和群众负担。

（三）不动产登记机构应将申请不动产登记需要提交的申请材料目录及有关书表卡册在办公场所和门户网站予以公示。在《条例》的具体实施细则或办法出台施行以前，可以按照《条例》的规定，结合现有的模式，要求申请人提交登记必备的申请材料。在《条例》的具体实施细则或办法施行以后，按照新的规定制作申请材料目录。各地要确保不动产权利人已经依法享有的不动产权利，不因登记机构和登记程序的改变而受到影响，确保不动产登记工作的正常有序开展。

三、关于不动产权证书和登记证明的印制

（一）《不动产权证书》和《不动产登

记证明》由国土资源部统一监制。证书和证明的样式以及印制标准由国土资源部统一规定，各地必须严格遵循。

（二）各省（区、市）国土资源主管部门（不动产登记主管部门）负责本辖区《不动产权证书》和《不动产登记证明》印制、发行的组织工作。自本通知下发之日起，应当按照有关规定，采取招标等方式，确定承印证书和证明的印刷企业。确定后的印刷企业须报部备案。

（三）各省（区、市）国土资源主管部门（不动产登记主管部门）应当加强对承印证书和证明企业的管理，确保承印企业在统一组织下，严格按照印制任务书确定的证书证明种类、数量和编号，依据证书和证明的印制标准，开展证书和证明的印制工作；确保承印企业不擅自印制、销售证书和证明，不擅自将证书和证明的印刷业务委托给其他企业。

四、关于不动产登记簿证的监管

（一）部全面加强对全国不动产登记簿证使用管理情况的监督指导。建立全国《不动产权证书》和《不动产登记证明》印制使用情况的汇总统计分析和公示制度。请各省（区、市）国土资源主管部门（不动产登记主管部门）于2015年6月底将本地区的证书和登记证明印制、发行和使用情况报部，此后按季度定期上报有关情况，并逐步建立网上动态上报机制，部将对有关情况进行公示。建立不动产登记簿证使用情况不定期监督检查制度，对登记簿的制作、保存和管理情况，以及证书和证明的印制、发行、使用等情况进行监督检查。

（二）各省（区、市）国土资源主管部门（不动产登记主管部门）要加强对不动产登记簿证使用情况的监管。采取检查、指导等多种方式监督不动产登记簿证在本区域的规范使用。对于伪造、变造证书和证明或者违法制售、使用伪造、变造证书和证明的，要会同有关部门及时依法查处；对于不按照要求使用、保存和管理不动产登记簿证的，应当限令改正。

附件：

1. 不动产登记簿样式及使用填写说明

________省（区、市）________市（区）________县（市、区）

________街道（乡、镇）________街坊（村）________组

不 动 产 登 记 簿

宗地/宗海代码：____________________

登记机构：____________________

第　页

<table>
<tr><td colspan="5">宗地基本信息</td></tr>
<tr><td colspan="5">单位：□平方米　□公顷（□亩）、万元</td></tr>
<tr><td>不动产类型</td><td colspan="4">□土地　□房屋等建筑物　□构筑物　□森林、林木　□其他</td></tr>
<tr><td colspan="2">坐　落</td><td colspan="3"></td></tr>
<tr><td rowspan="5">土地状况</td><td>宗地面积</td><td></td><td>用途</td><td></td></tr>
<tr><td>等级</td><td></td><td>价格</td><td></td></tr>
<tr><td>权利类型</td><td></td><td>权利性质</td><td></td></tr>
<tr><td>权利设定方式</td><td></td><td>容积率</td><td></td></tr>
<tr><td>建筑密度</td><td></td><td>建筑限高</td><td></td></tr>
<tr><td colspan="5">空间坐标、位置说明或者四至描述</td></tr>
<tr><td colspan="5"></td></tr>
<tr><td>登记时间</td><td colspan="2"></td><td>登簿人</td><td></td></tr>
<tr><td>附记</td><td colspan="4"></td></tr>
</table>

<table>
<tr><td rowspan="6">变化情况</td><td>变化原因</td><td>变化内容</td><td>登记时间</td><td>登簿人</td></tr>
<tr><td></td><td></td><td></td><td></td></tr>
<tr><td></td><td></td><td></td><td></td></tr>
<tr><td></td><td></td><td></td><td></td></tr>
<tr><td></td><td></td><td></td><td></td></tr>
<tr><td></td><td></td><td></td><td></td></tr>
</table>

附　图

（宗地图，可附页）

第　页

宗海基本信息						
单位：公顷、万元						
不动产类型	□海域（□无居民海岛）□房屋等建筑物 □构筑物 □森林、林木 □其他					
项目名称				项目性质		
海域状况	用海总面积			宗海面积		
	等别			占用岸线	米	
	用海类型 A			用海类型 B		
	用海位置说明					
	用海方式	面积		具体用途	使用金数额	
无居民海岛状况	海岛名称			海岛代码		
	用岛范围			用岛面积		
	海岛位置			用途		
用海、用岛坐标						
序号	北纬	东经	序号	北纬	东经	
登记时间				登簿人		
附记						

变化情况	变化原因	变化内容	登记时间	登簿人

附　图

（宗地图，可附页）

不动产权利登记目录

第　页

序号	不动产单元号	不动产类型	所在本数	备注

第　本

不动产权利及其他事项
登记信息

不动产单元号：________________________________

________________权登记在第__________页

抵押权登记在第__________页

地役权登记在第__________页

预告登记在第__________页

异议登记在第__________页

查封登记在第__________页

第 本 第 页

土地所有权登记信息

不动产单元号：　　　　　　　　单位：□平方米 □公顷（□亩）

内容＼业务号						
权利人						
证件种类						
证件号						
共有情况						
登记类型						
登记原因						
分类面积	农用地					
	其中	耕地				
		林地				
		草地				
		其他				
	建设用地					
	未利用地					
不动产权证书号						
登记时间						
登簿人						
附记						

第 本 第 页

建设用地使用权、宅基地使用权登记信息				
不动产单元号：				
业务号 内容				
权利人				
证件种类				
证件号				
共有情况				
权利人类型				
登记类型				
登记原因				
使用权面积（m^2）				
使用期限	起 止			
取得价格（万元）				
不动产权证书号				
登记时间				
登簿人				
附记				

第 本 第 页

房地产权登记信息（项目内多幢房屋）

不动产单元号：　　　　　　　　　　　　　　　　房地坐落：

业务号 内容				
房屋所有权人				
证件种类				
证件号				
房屋共有情况				
权利人类型				
登记类型				
登记原因				
土地使用权人				
独用土地面积（m^2）				
分摊土地面积（m^2）				
土地使用期限			起 止	
项目名称				
幢号				
总层数				
规划用途				
房屋结构				
建筑面积（m^2）				
竣工时间				
总套数				
房地产交易价格（万元）				
不动产权证书号				
登记时间				
登簿人				
附记				

附　图

（房地产平面图，可附页）

第　本　第　页

房地产权登记信息（独幢、层、套、间房屋）				
不动产单元号：		房地坐落：		
业务号 内容				
房屋所有权人				
证件种类				
证件号				
房屋共有情况				
权利人类型				
登记类型				
登记原因				
土地使用权人				
独用土地面积（m^2）				
分摊土地面积（m^2）				
土地使用期限	起 止			
房地产交易价格（万元）				
规划用途				
房屋性质				
房屋结构				
所在层/总层数				
建筑面积（m^2）				
专有建筑面积（m^2）				
分摊建筑面积（m^2）				
竣工时间				
不动产权证书号				
登记时间				
登簿人				
附记				

附　图

（房地产平面图，可附页）

第 本 第 页

建筑物区分所有权业主共有部分登记信息

建筑物区分所有权业主共有部分权利人							
业务号	建（构）筑物编号	建（构）筑物名称	建（构）筑物数量或者面积（m^2）	分摊土地面积（m^2）	登记时间	登簿人	附记

第 本 第 页

海域（含无居民海岛）使用权登记信息				
不动产单元号：				
业务号 内容				
权利人				
证件种类				
证件号				
共有情况				
权利人类型				
登记类型				
登记原因				
使用权面积（公顷）				
使用期限	起 止			
使用金总额（万元）				
使用金标准依据				
使用金缴纳情况				
不动产权证书号				
登记时间				
登簿人				
附记				

第 本 第 页

构（建）筑物所有权登记信息

不动产单元号：			坐落：	
业务号 内容				
构（建）筑物所有权人				
证件种类				
证件号				
构（建）筑物共有情况				
权利人类型				
登记类型				
登记原因				
土地/海域使用权人				
土地/海域使用面积（m^2）				
土地/海域使用期限	起 止			
构（建）筑物类型				
构（建）筑物规划用途				
构（建）筑物面积（m^2）				
竣工时间				
不动产权证书号				
登记时间				
登簿人				
附记				

附　图

（构（建）筑物平面图，可附页）

第 本 第 页

土地承包经营权、农用地的其他使用权登记信息（非林地）			
不动产单元号：		发包方：	
业务号 内容			
权利人			
证件种类			
证件号			
共有情况			
登记类型			
登记原因			
承包（使用权）面积（亩）			
承包（使用）期限	起 止		
土地所有权性质			
水域滩涂类型			
养殖业方式			
草原质量			
适宜载畜量			
不动产权证书号			
登记时间			
登簿人			
附记			

第 本 第 页

林权登记信息

不动产单元号： 发包方：

业务号 内容				
林地权利人				
证件种类				
证件号				
林地共有情况				
权利人类型				
登记类型				
登记原因				
使用权（承包）面积（亩）				
林地使用（承包）期限	起 止			
林地所有权性质				
森林、林木所有权人				
森林、林木使用权人				
主要树种				
株数				
林种				
起源				
造林年度				
小地名				
林班				
小班				
不动产权证书号				
登记时间				
登簿人				
附记				

第　本　第　页

<table>
<tr><th colspan="5">其他相关权利登记信息（取水权、探矿权、采矿权等）</th></tr>
<tr><td colspan="3">不动产单元号：</td><td colspan="2">权利类型：</td></tr>
<tr><td colspan="2">业务号
内容</td><td></td><td></td><td></td></tr>
<tr><td colspan="2">权利人</td><td></td><td></td><td></td></tr>
<tr><td colspan="2">证件种类</td><td></td><td></td><td></td></tr>
<tr><td colspan="2">证件号</td><td></td><td></td><td></td></tr>
<tr><td colspan="2">共有情况</td><td></td><td></td><td></td></tr>
<tr><td colspan="2">权利人类型</td><td></td><td></td><td></td></tr>
<tr><td colspan="2">登记类型</td><td></td><td></td><td></td></tr>
<tr><td colspan="2">登记原因</td><td></td><td></td><td></td></tr>
<tr><td rowspan="10">权利内容</td><td>权利期限</td><td>起
止</td><td></td><td></td></tr>
<tr><td>取水方式</td><td></td><td></td><td></td></tr>
<tr><td>水源类型</td><td></td><td></td><td></td></tr>
<tr><td>取水量</td><td></td><td></td><td></td></tr>
<tr><td>取水用途</td><td></td><td></td><td></td></tr>
<tr><td>勘查面积（平方公里）</td><td></td><td></td><td></td></tr>
<tr><td>开采矿种</td><td></td><td></td><td></td></tr>
<tr><td>开采方式</td><td></td><td></td><td></td></tr>
<tr><td>生产规模</td><td></td><td></td><td></td></tr>
<tr><td>……</td><td></td><td></td><td></td></tr>
<tr><td colspan="2">不动产权证书号</td><td></td><td></td><td></td></tr>
<tr><td colspan="2">登记时间</td><td></td><td></td><td></td></tr>
<tr><td colspan="2">登簿人</td><td></td><td></td><td></td></tr>
<tr><td colspan="2">附记</td><td></td><td></td><td></td></tr>
</table>

附　图

（取水或探矿、采矿范围图，可附页）

第　本　第　页

地役权登记信息

不动产单元号（供役地）：　　　　　　　　　　　需役地坐落：

业务号 内容				
地役权人 （需役地权利人）				
证件种类				
证件号				
供役地权利人				
证件种类				
证件号				
登记类型				
登记原因				
地役权内容				
地役权利用期限	起 止			
不动产登记证明号				
登记时间				
登簿人				
附记				

第 本 第 页

抵押权登记信息

不动产单元号：　　　　抵押不动产类型：□土地 □土地和房屋□林地和林木 □土地和在建建筑物 □海域 □海域和构筑物 □其他

业务号 内容				
抵押权人				
证件种类				
证件号码				
抵押人				
抵押方式				
登记类型				
登记原因				
在建建筑物坐落				
在建建筑物抵押范围				
被担保主债权数额（最高债权数额）（万元）				
债务履行期限（债权确定期间）	起 止			
最高债权确定事实和数额				
不动产登记证明号				
登记时间				
登簿人				
注销抵押业务号				
注销抵押原因				
注销时间				
登簿人				
附记				

第　本　第　页

预告登记信息

不动产单元号：　　　　　　　　　　　　　　　　不动产坐落：

业务号 内容				
权利人				
证件种类				
证件号				
义务人				
证件种类				
证件号				
预告登记种类				
登记类型				
登记原因				
土地使用权人				
规划用途				
房屋性质				
所在层/总层数				
建筑面积（m^2）				
取得价格/被担保主债权数额（万元）				
不动产登记证明号				
登记时间				
登簿人				
附记				

第　本　第　页

异议登记信息				
不动产单元号：				
业务号 内容				
申请人				
证件种类				
证件号				
异议事项				
不动产登记证明号				
登记时间				
登簿人				
注销异议业务号				
注销异议原因				
登记时间				
登簿人				
附记				

第　本　第　页

查封登记信息				
不动产单元号：				
业务号 内容				
查封机关				
查封类型				
查封文件				
查封文号				
查封期限	起 止			
查封范围				
登记时间				
登簿人				
解封业务号				
解封机关				
解封文件				
解封文号				
登记时间				
登簿人				
附记				

不动产登记簿使用和填写说明

一、使用说明

不动产以不动产单元为基本单位进行登记。不动产登记簿以宗地、宗海为单位编成，同一宗地、宗海范围内的所有不动产编入同一不动产登记簿。不动产登记簿依据不动产单元进行填写，具体分为宗地、宗海基本信息、不动产权利信息和抵押权登记、地役权登记、预告登记、异议登记、查封登记信息等部分。

1. 不动产权利的首次、变更、转移、注销、更正和其他登记，在登记簿上记载。但宗地、宗海的界址、面积等变化导致宗地、宗海范围变化的，须更换登记簿。房屋等定着物变化导致不动产单元变化的，根据实际情况，须更换或者增加相应登记簿页。

2. 不动产设定抵押权、地役权或者发生预告登记、异议登记、查封登记情况的，在原登记簿上加页进行记载。通过不动产单元号，与不动产权利登记信息关联。

3. 不动产登记簿采用“活页”方式，不动产权利及其他事项登记信息表格中，一般情况纵向记载不动产权利及其他事项的首次登记信息，横向记载变更登记、转移登记、注销登记、更正登记等信息。登记簿可以根据实际情况续页。纸质介质的登记簿可以单面设置，也可以双面设置。

4. 一个宗地或者宗海内，有两个以上不动产单元的，应填写不动产权利登记目录页和不动产权利及其他事项登记信息封面页。按一个宗地宗海一簿、一个不动产单元一本、一类不动产权利或事项登记信息一页，填写本数和页数。多个登记簿可归集成册。

5. “登记时间”按照“××××年××月××日”的形式记载登簿的日期，如2015年03月01日。“登簿人”一栏由不动产登记机构的登记人员签名。电子登记簿须使用登记机构的电子签章，纸质介质不动产登记簿须加盖登记机构不动产登记专用章，如××县国土资源局不动产登记专用章。

二、填写说明

（一）宗地、宗海基本信息。

【不动产类型】用勾选的方式，选择土地、海域、无居民海岛、房屋、建筑物、构筑物或者森林、林木、其他等。多个不动产一并登记的，同时勾选相应的不动产。

【坐落、项目名称】宗地填写土地所在的具体地理位置，宗海填写用海、用岛的项目名称。

【用海、用岛坐标】填写宗海和用岛范围的坐标。

【变化情况】填写宗地、宗海基本信息的变化情况，包括变化原因和变化内容。变化内容涉及宗地宗海范围改变的，需要换簿。

【附图】登记簿采用电子介质的，附电子的宗地、宗海图。登记簿采用纸质介质的，可以打印或者粘贴经登记机构审核的宗地、宗海图，可以附页。

1. 土地状况。

【宗地面积】填写审核后合法的宗地土地面积。一般以“平方米”为单位；土地所有权登记可以以“公顷”为单位，土地承包经营权登记可以以“亩”为单位。

【用途】按照《土地利用现状分类》（GB/T21010－2007）的二级类填写土地的用途。涉及林地的，可以依据《森林资源规划设计调查技术规程》（GB/T26424－2010）在附记栏记载。土地所有权可以不填写。

【等级】填写根据《城镇土地分等定级规程》、《农用地质量分等规程》、《农用地定级规程》等确定的土地等别或级别。若变化频繁可暂不填写。

【价格】填写基准地价或者标定地价等。若变化频繁可暂不填写。

【权利类型】填写具体的权利类型，包括集体土地所有权、国家土地所有权、国有建设用地使用权、宅基地使用权、集体建设用地使用权、土地承包经营权、林地使用权、草原使用权、水域滩涂养殖权等法律规定的权利。

其中，土地承包经营权包括耕地、林地、草地、水域滩涂等承包经营权。以承包之外方式取得的草原使用权、水域滩涂养殖权在农用地的其他使用权登记信息页记载。林地的承包经营权和以承包之外方式取得的林地使用权在林权登记信息页记载。

【权利性质】国有土地填写划拨、出让、作价出资（入股）、国有土地租赁、授权经营、家庭承包、其他方式承包等；集体土地填写家庭承包、其他方式承包、批准拨用、入股、联营等。土地所有权可以不填写。

【权利设定方式】填写地上、地表、地下。

【容积率、建筑密度、建筑限高】填写划拨决定书或者出让合同等文件确定的建筑容积率、建筑密度、建筑限高。容积率、建筑密度、建筑限高未在规划、合同等有关文件中进行确定或者变化过于频繁的，可以不填写。

【空间坐标、位置说明或者四至描述】填写宗地的空间坐标信息（含高程值）和位置说明，不能填写空间坐标的，填写四至描述。

【附记】填写需要对宗地基本情况进一步说明的有关信息。如同一宗地有多种用途的，记载分用途面积；如同一宗地有出让、划拨等多种权利性质的，记载分权利性质面积；承包耕地是否为基本农田，农村承包土地等各类土地的实测面积，等。

2. 海域状况。

【项目性质】根据用海、用岛项目总体情况，填写公益性或经营性。

【用海总面积】填写用海项目批准使用的全部海域面积。

【宗海面积】填写批准文件或者合同确定的宗海海域面积。

【等别】填写财政、海洋主管部门按规定确定的海域等别。

【占用岸线】填写用海项目占用的海岸线长度。

【用海类型A、用海类型B】按照《海域使用分类体系》中海域使用类型的一级类、二级类填写。

【用海位置说明】用文字描述海域的大致方位或具体位置。

【用海方式、面积、具体用途、使用金】用海方式按照《海域使用分类体系》中用海方式的二级类填写，并分别填写其对应的用海面积、用途、使用金数额。

3. 无居民海岛状况。

【海岛名称、海岛代码】按照国家发布的全国海岛名称及代码填写。

【用岛范围】填写整岛利用或者局部利用。

【用岛面积】填写批准用岛的面积。

【海岛位置】注明管辖区域，并描述海岛与周边大陆或者海岛的相对位置和距离。

【用途】填写旅游娱乐、交通运输、工业、仓储、渔业、农林牧业、可再生能源利用、城乡建设、公共服务等。能够与《土地利用现状分类》（GB/T21010－2007）衔接的，在附记栏同时记载二级类。

（二）不动产权利及其他事项登记信息。

【不动产单元号】填写按照不动产权籍调查的有关技术规定编制的不动产单元号。

【业务号】填写业务受理的收件编号。

【权利人】填写权利人的姓名或名称。权利人为自然人的，填写身份证件上的姓名；权利人为法人、其他组织的，填写身份证件上的法定名称。

【证件种类】填写权利人身份证件的种类。境内自然人一般为《居民身份证》，无《居民身份证》的，可以为《户口簿》、《军官证》；法人或其他组织一般为《组织机构代码证》，无《组织机构代码证》的，可以为《营业执照》、《事业单位法人证书》、《社会团体法人登记证书》。港澳同胞的为《港澳居民来往内地通行证》或《港澳同胞回乡证》、《居民身份证》；台湾同胞的为《台湾居民来往大陆通行证》或其他有效旅行证件，在台湾地区居住的有效身份证件或经确认的身份证件。外籍人的身份证件为《护照》和中国政府主管机关签发的居留证件。

【证件号】填写身份证件上的编号。

【共有情况】填写单独所有、按份共有或共同共有。属于按份共有的，还要填写共有的份额。

【权利人类型】填写个人、企业、事业单位、国家机关、其他。无法归类为个人、企业、事业单位、国家机关的，填写其他。

【使用期限】有明确使用期限的，填写批准文件或者合同等确定的使用起止日期。如××××年××月××日起××××年××月××日止。宗地、宗海内有多用途、多种使用期限的，可以分用途填写使用期限。土地所有权等未明确权利期限的可以不填。

【登记类型】填写登记的具体类型，如首次登记（总登记、初始登记）转移登记、变更登记、注销登记、更正登记等。

【登记原因】填写不动产权利首次登记（总登记、初始登记）、转移登记、变更登记、注销登记、更正登记等的具体原因。

申请不动产权证书补、换证的，登记原因填写补证、换证。

【不动产权证书号、不动产登记证明号】填写依法向不动产权利人或申请人颁发的不动产权证书号、不动产登记证明号。

【附记】填写需要对不动产权利及其他事项登记情况进一步说明的信息。如土地出让合同或者土地承包合同等编号，共有不动产权发一本证书时的持证人以及必要的历史登记信息等登记机构需要记载的情况。

1. 土地所有权登记信息。

【权利人】属于国家所有的，填写国家；属于集体所有的，填写××农民集体。

【登记原因】填写第一次登记、置换、征收等土地所有权登记的具体原因。

【分类面积】按照农用地、建设用地和未利用地三大类标准，填写不同用途土地的面积。其中，农用地细分耕地、林地、草地、其他面积。

2. 建设用地使用权、宅基地使用权登记信息。

【权利人】宅基地使用权人可以填写户主姓名。

【共有情况】填写单独所有、按份共有或共同共有。属于按份共有的，还要填写共有的份额。按户取得的宅基地的按照姓名（性别、年龄、与户主关系）的格式逐个填写共有人。

【登记原因】填写建设用地使用权、宅基地使用权登记的原因，如划拨、出让、作价出资（入股）、国有土地租赁、授权经营、批准拨用买卖、继承等。

【使用权面积】填写权利人在一宗地内使用的土地面积。共有宗地的为独用面积与按份额分摊的面积之和；非共有宗地的一般为宗地面积。使用权面积与宗地面积一致的，可以不填写。

【取得价格】填写有偿使用土地所支付的用地价款。

3. 房地产权登记信息。

【房地坐落】填写有关部门依法确定的房地坐落，一般包括街道名称、门牌号、幢号、楼层号、房号等。

【登记原因】填写房屋所有权登记的原因，如自建、买卖、互换，以房屋出资入股，分割、合并共有房屋，继承、受遗赠、因生效法律文书取得房屋或者房屋灭失等。

【土地使用权人】填写宗地内所有的土地使用权人，按份共有的，按照权利人（份额）填写。建筑小区的土地，土地使用权人填写“全体业主”。

【独用土地面积、分摊土地面积】填写按照不动产权籍调查的有关技术规定计算的独用土地面积、分摊土地面积。权利人在一宗地内的独用土地面积和分摊土地面积之和为该权利人的土地使用面积。

【项目名称、幢号、总层数、规划用途、房屋结构、建筑面积、竣工时间、总套数】按幢分别填写项目名称、幢号、总层数、规划用途、房屋结构、建筑面积、竣工时间、总套数。

【房地产交易价格】通过购买方式取得的，填写交易价格。通过其他方式取得的，填写权利人申报登记的价格。

【规划用途】填写建设工程规划许可文件及其所附图件上确定的房屋用途。

【房屋性质】填写商品房、房改房、经济适用住房、廉租住房、自建房等。

【房屋结构】分为钢结构、钢和钢筋混凝土结构、钢筋混凝土结构、混合结构、砖木结构、其他结构等六类。

【所在层/总层数】填写按照《房产测量规范》等技术规定计算的房屋总层数和所在层数。

【建筑面积】按照《房产测量规范》等技术规定测量的房屋建筑面积填写，区分所有建筑物的建筑面积包括专有建筑面积和分摊建筑面积。

【专有建筑面积】填写区分所有的建筑物权利人专有部分建筑面积。

【分摊建筑面积】填写区分所有的建筑物权利人分摊的共有部分建筑面积。

【建筑物区分所有权业主共有部分权利人】填写“业主共有”，不填写具体业主姓名或名称。

【建（构）筑物编号、建（构）筑物名称、数量或者建筑面积】填写竣工验收后建（构）筑物编号、建（构）筑物名称、数量或者建筑面积。

【附记】记载建筑区划内属于小区全体业主共有或者部分幢号业主共有的情况。

4. 海域（含无居民海岛）使用权登记信息。

【登记原因】填写申请审批、合同取得等海域、海岛登记的原因。

【使用权面积】填写权利人在一宗海（用岛）内使用的海域、海岛面积。使用权面积与宗海（用岛）面积一致的，可以不填写。

【使用金总额】填写项目用海、用岛的使用金总额。

【使用金标准依据】填写确定项目用海、用岛使用金的标准依据、文件名称。

【使用金缴纳情况】填写海域使用人向管理部门缴纳海域使用金的方式，包括一次性、逐年、分期等不同方式。逐年、分期缴纳的，逐年、逐期分别记载。可以另加页记载。

5. 构（建）筑物所有权登记信息。

【构（建）筑物登记原因】填写土地上构筑物及海域（含无居民海岛）上的构筑物、建筑物登记的具体原因。如自建、买卖、互换、继承、受遗赠、因生效法律文书取得构（建）筑物或者构（建）筑物灭失等。

【构筑物类型】填写构筑物的类型，包括隧道、桥梁、水塔等地上构筑物类型，透水构筑物、非透水构筑物、跨海桥梁、海底隧道等海上构筑物类型。无居民海岛上的建筑物登记可以另附页，记载编号、名称及用途、占岛面积、建筑面积、层数、高度、结构方式、建成年份等。

【构（建）筑物规划用途】填写构（建）筑物规划许可文件及其所附图件上确定的用途。

【构（建）筑物面积、竣工时间】填写构（建）筑物的测量面积和竣工验收文件确定的竣工时间。

6. 土地承包经营权、农用地的其他使用权登记信息。

【发包方】以家庭承包或其他方式取得承包经营权的，填写承包合同的发包方全称。

【权利人】填写权利人的姓名或名称。家庭承包的，填写承包方代表的姓名。

【共有情况】填写单独所有、按份共有或共同共有。属于按份共有的，还要填写共有的份额。家庭承包的按照姓名（性别、年龄、与户主关系）的格式逐个填写共有人。

【登记原因】填写家庭承包、其他方式承包、互换、转让、生效法律文书取得等登记的原因。

【承包（使用权）面积】填写权利人在一宗地内承包或者使用的土地面积。承包（使用权）面积与宗地面积一致的，可以不填写。

【土地所有权性质】填写国家所有或者集体所有。

【水域滩涂类型】填写水域滩涂的类型，包括淡水水域滩涂或其他水域滩涂。

【养殖业方式】填写批准养殖的方式，包括池塘、大水面放养、围栏、工厂化、筏吊式、滩涂底播、网箱等养殖方式。

【草原质量】填写管理部门按照草原评价体系确定的草原质量情况，包括草群盖度、建群、优势种、产草量等。

【适宜载畜量】填写管理部门按照草原的面积、牧草产量和家畜日采食量核定适宜畜养的家畜数量。

【附记】流转土地经营权的，可以记载转入的主体、期限，登簿人和时间等信息。

7. 林权登记信息。

【林地权利人】填写林地的承包经营权、林地使用权等权利人姓名或名称。

【登记原因】林地使用权登记原因填写划拨等；林地承包经营权登记原因填写家庭承包、其他方式承包、互换、转让、生效法律文书取得等林地登记的原因。

【使用权（承包）面积】填写权利人在一宗地内使用或者承包的林地面积。使用权（承包）面积与宗地面积一致的，可以不填写。

【林地所有权性质】填写国家所有或者集体所有。

【主要树种】填写森林、林木所在宗地上 1－3 种主要树木种类。

【株数】森林、林木难以用面积准确表明的，填写零星树木、四旁树木和农田林网等的株数。

【林种】填写森林种类，包括防护林、用材林、经济林、薪炭林、特种用途林等。

【起源】填写天然林或者人工林。

【造林年度】填写有关文件确定的造林年度。

【小地名】填写地形图上的标有地名，应以地形图为准，地形图上没有记载或者记载有误的，用当地群众普遍认可的地名。

【林班、小班】根据森林资源规划设计调查所区划的林班和小班数据填写。

8. 其他相关权利登记信息（取水权、探矿权、采矿权等）。

【权利类型】填写取水权、探矿权、采矿权等法律规定需要登记的其他权利。

【登记原因】填写取水权、探矿权、采矿权等法律规定需要登记的其他权利的登记原因。

【权利内容】填写其他相关不动产权利必要的权利内容。该项可根据不同的权利拓展相应内容。

【取水地点、水源类型、取水量、取水用途】按照流域管理机构或县级以上地方人民政府水行政主管部门批准的取水许可文件确定的信息填写。农村集体经济组织及其成员在本集体经济组织的水塘、水库中取水的，家庭生活和零星散养、圈养畜禽饮用等少量取水的，按照有关部门调查的结果填写。为保障矿井等地下工程施工安全和生产安全必须进行临时应急取（排）水的，为消除对公共安全或者公共利益的危害临时应急取水的，为农业抗旱和维护生态与环境必须临时应急取水的，按照省、自治区、直辖市人民政府的规定，或者县级以上地方人民政府水行政主管部门或者流域管理机构备案、同意的有关文件填写。

【勘查面积】填写探矿许可文件确定的勘查面积。

【开采矿种、开采方式、生产规模】填写采矿许可文件确定的开采矿种、开采方式、生产规模。

9. 地役权登记信息。

【地役权人】填写地役权合同中的地役权人，一般为需役地权利人。

【供役地权利人】填写地役权合同中的设立地役权的供地役权利人。

【登记原因】填写合同设立、因不动产受让取得、因生效法律文书取得，因地役权内容或期限变化进行变更登记等地役权登记的原因。

【地役权内容】填写地役权主要内容，包括地役权合同中约定的供役地利用目的和方法等。粘附地役权合同的，本栏可以略写。

【地役权利用期限】地役权合同中约定的利用期限。

10. 抵押权登记信息。

【抵押不动产类型】用勾选的方式填写土地、土地和房屋、林地和林木、土地和在建建筑物、海域、海域和构筑物、其他等。

【抵押权人】填写抵押合同中的抵押权人。

【抵押人】填写抵押合同中的抵押人。

【抵押方式】填写一般抵押或者最高额抵押。

【登记类型】填写登记的具体类型，如初始登记、转移登记、变更登记、更正登记等。

【登记原因】填写合同设立、因不动产受让取得、因生效法律文书取得，因抵押权内容变化进行变更登记等抵押权登记的原因。

【在建建筑物坐落】填写在建建筑物项目的具体坐落位置。

【在建建筑物抵押范围】填写抵押合同约定的在建建筑物抵押范围。可以附图表。

【被担保主债权数额（最高债权数额）】填写被担保的主债权金额。

【债务履行期限（债权确定期间）】填写主债权合同中约定的债务人履行债务的期限。

【最高债权确定事实和数额】填写债权确定的原因及事实，同时注明所确定的债权金额。如约定的债权确定期间届满；没有约定债权确定期间或者约定不明确，抵押权人或者抵押人自最高额抵押权设立之日起满二年后请求确定债权；新的债权不可能发生；抵押财产被查封、扣押；债务人、抵押人被宣告破产或者被撤销等。

11. 预告登记信息。

【权利人】填写不动产买卖合同中的购买人或者抵押合同中的抵押权人。

【义务人】填写不动产买卖合同中的转让人或者抵押合同中的抵押人。

【预告登记种类】填写预告登记的种类，包括预售商品房买卖预告登记、其他不动产买卖预告登记、预售商品房抵押权预告登记、其他不动产抵押权预告登记等。

【登记原因】填写买卖、设定抵押等预告登记的原因。

【不动产坐落、土地权利人、规划用途、房屋性质、所在层/总层数、建筑面积】预购的期房办理预告登记时，需要按照购房合同填写相应的不动产坐落、土地权利人、规划用途、房屋性质、所在层/总层数、建筑面积信息。

【取得价格/被担保主债权数额】填写不动产买卖合同中的转让价格或者抵押合同中的被担保主债权数额。

【附记】可以记载“预转现”等情况。

12. 异议登记信息。

【申请人】填写申请异议登记的利害关系人的姓名或名称。

【异议事项】填写利害关系人提出异议的具体内容。

【注销原因】填写异议登记注销的具体原因。

13. 查封登记信息。

【查封机关】填写依法对不动产实施查封等限制措施的国家有权机关名称，如××市中级人民法院等。

【查封类型】填写查封、轮候查封、预查封、轮候预查封等。

【查封文件】填写查封机关依法作出查封等限制措施的文件。

【查封文号】填写查封机关依法作出查封等限制措施的文件文号。

【查封期限】填写查封文件上填写的限制措施的起止日期。查封文件填写的限制措施的起始日期一般与查封时间一致。

【查封范围】填写查封文件中对不动产单元的查封范围，可附图表。

【解封机关】填写依法对不动产权利解除查封等限制措施的国家机关名称。

【解封文件】填写查封机关依法解除限制措施的文件名称。

【解封文号】填写查封机关依法解除限制措施的文件文号。

2. 单一版不动产权证书样式及使用填写说明

单一版

中华人民共和国

不动产权证书

根据《中华人民共和国物权法》等法律法规，为保护不动产权利人合法权益，对不动产权利人申请登记的本证所列不动产权利，经审查核实，准予登记，颁发此证。

登记机构（章）

年　　月　　日

中华人民共和国国土资源部监制编号 NO. D00000000000

________（　　）________不动产权第　　　　号

权利人	
共有情况	
坐　落	
不动产单元号	
权利类型	
权利性质	
用　途	
面　积	
使用期限	
权利其他状况	

附 记

附图页

单一版不动产权证书使用和填写说明

一、使用说明

单一版不动产权证书可以记载一个不动产单元上的一种权利或者互相兼容的一组权利。如集体土地所有权、国有建设用地使用权及房屋所有权、土地承包经营权及林木所有权等，可以在单一版证书记载。

不动产登记完成后，登记机构应当根据登记簿记载的内容，填写不动产权证书。登记簿记载的内容发生变化涉及证书的，不动产权利人在申请登记时应当交回不动产权证书，登记机构重新核发证书。登记簿记载的不动产权利注销的，不动产权利人应当交回证书，或者由登记机构公告废止。

二、填写说明

（一）二维码

登记机构可以在证书上生成二维码，储存不动产登记信息。二维码由登记机构按照规定自行打印。

（二）登记机构（章）及时间

盖登记机构的不动产登记专用章。登记机构为县级以上人民政府依法确定的、负责不动产登记工作的部门，如：××县人民政府确定由该县国土资源局负责不动产登记工作，则该县国土资源局为不动产登记机构，证书加盖“××县国土资源局不动产登记专用章”。

填写登簿的时间，格式为××××年××月××日，如2015年03月01日。

（三）编号

即印制证书的流水号，采用字母与数字的组合。字母“D”表示单一版证书。数字一般为11位。数字前2位为省份代码，北京11、天津12、河北13、山西14、内蒙古15、辽宁21、吉林22、黑龙江23、上海31、江苏32、浙江33、安徽34、福建35、江西36、山东37、河南41、湖北42、湖南43、广东44、广西45、海南46、重庆50、四川51、贵州52、云南53、西藏54、陕西61、甘肃62、青海63、宁夏64、新疆65。国家10，用于国务院国土资源主管部门的登记发证。数字后9位为证书印制的顺序码，码值为000000001～999999999。

（四）不动产权证书号：A（B）C不动产权第D号

“A”处填写登记机构所在省区市的简称。“B”处填写登记年度。“C”处一般填写登记机构所在市县的全称，特殊情况下，可根据实际情况使用简称，但应确保在省级范围内不出现重名；“D”处是年度发证的顺序号，一般为7位，码值为0000001～9999999。如苏（2015）徐州市不动产权第0000001号、苏（2015）睢宁县不动产权第0000001号。

国务院国土资源主管部门登记的，“A”处填写“国”。“B”处填写登记年度。“C”处填写“林”或者“海”。“D”处是年度发证的顺序号，一般为7位，码值为0000001～9999999。

（五）权利人

填写不动产权利人的姓名或名称。共有不动产，发一本证书的，权利人填写全部共有人，“权利其他状况”栏记载持证人；共有人分别持证的，权利人填写持证人，其余共有人在“权利其他状况”栏记载。

宅基地、家庭承包方式取得的承包土地等共有不动产，权利人填写户主姓名，其余权利人在“权利其他状况”栏记载。

（六）共有情况

填写单独所有、共同共有或者按份共有的比例。

涉及房屋、构筑物的，填写房屋、构筑物的共有情况。

（七）坐落

填写宗地、宗海所在地的地理位置名称。涉及地上房屋的，填写有关部门依法确定的房屋坐落，一般包括街道名称、门牌号、幢号、楼层号、房号等。

（八）不动产单元号

填写不动产单元的编号。

（九）权利类型

根据登记簿记载的内容，填写不动产权利名称。涉及两种的，用“/”分开（“/”由登记机构自行打印）。如：

集体土地所有权；2. 国家土地所有权；3. 国有建设用地使用权；4. 国有建设用地使用权/房屋（构筑物）所有权；5. 宅基地使用权；6. 宅基地使用权/房屋（构筑物）所有权；7. 集体建设用地使用权；8. 集体建设用地使用权/房屋（构筑物）所有权；9. 土地承包经营权；10. 土地承包经营权/森林、林木所有权；11. 林地使用权；12. 林地使用权/森林、林木使用权；13. 草原使用权；14. 水域滩涂养殖权；15. 海域使用权；16. 海域使用权/构（建）筑物所有权；17. 无居民海岛使用权；18. 无居民海岛使用权/构（建）筑物所有权，等。

（十）权利性质

国有土地填写划拨、出让、作价出资（入股）、国有土地租赁、授权经营等；集体土地填写家庭承包、其他方式承包、批准拨用、入股、联营等。土地所有权不填写。房屋按照商品房、房改房、经济适用住房、廉租住房、自建房等房屋性质填写。构筑物按照构筑物类型填写。森林、林木按照林种填写。海域、海岛填写审批、出让等。

涉及两种的，用“/”分开（“/”由登记机构自行打印）。

（十一）用途

土地按《土地利用现状分类》填写二级分类，海域按《海域使用分类体系》填写用海类型二级分类。房屋、构筑物填写规划用途。

涉及两种的，用“/”分开（“/”由登记机构自行打印）。

（十二）面积

填写登记簿记载的不动产单元面积。涉及宗地、宗海及房屋、构筑物的，用“/”分开（“/”由登记机构自行打印），分别填写宗地、宗海及房屋、构筑物的面积。

土地、海域共有的，填写宗地、宗海面积。共同共有人和按份共有人及其比例（共有的宗地、宗海，填写相应的使用权面积；建筑物区分所有权房屋和共有土地上建筑的房屋，填写独用土地面积与分摊土地面积加总后的土地使用面积）等共有情况在“权利其他状况”栏记载。

（十三）使用期限

填写具体不动产权利的使用起止时间，如××××年××月××日起××××年××月××日止。涉及地上房屋、构筑物的，填写土地使用权的起止日期；涉及海上构（建）筑物的，填写海域使用权的起止日期；土地承包经营权填写土地承包合同起止日期。土地所有权以及未明确权利期限的可以不填。

（十四）权利其他状况

根据不同的不动产权利类型，可以分别填写以下内容：

1. 土地所有权

按照农用地、建设用地、未利用地三大类，可以依据最新土地调查成果或者勘测结果填写对应的面积。

2. 房屋所有权

（1）房屋结构：按照钢结构、钢和钢筋混凝土结构、钢筋混凝土结构、混合结构、砖木结构、其他结构等六类填写。

（2）专有建筑面积和分摊建筑面积。

（3）房屋总层数和所在层：记载房屋所在建筑物的总层数和所在层。

（4）房屋竣工时间等。

3. 土地承包经营权

（1）发包方：填写土地承包合同的发包方全称。

（2）承包土地的实测面积。

（3）家庭承包方式的共有人情况：填写依法共同享有该证书所登记土地承包经营权的所有人员的姓名（性别、年龄、与户主关系）等情况。

4. 森林、林木所有权和使用权

记载主要树种、造林年度、小地名，以及依据《森林资源规划设计调查技术规程》（GB/T26424－2010）确定的用途。

5. 海域使用权和无居民海岛使用权

（1）项目名称、项目性质。项目性质填写公益性或经营性等。

（2）用海方式及面积。

（十五）附记

记载设定抵押权、地役权、查封等权利限制或提示事项以及其他需要登记的事项。

（十六）附图页

附反映不动产界址及四至范围的示意图形，不一定依照比例尺。附图应当打印，暂不具备条件的，可以粘贴。房地一体登记的，附图页要同时打印或粘贴宗地图和房地产平面图。

3. 集成版不动产权证书样式及使用填写说明

集成版

中华人民共和国
不动产权证书

________（　　）________不动产权第　　　　号

根据《中华人民共和国物权法》等法律法规，为保护不动产权利人合法权益，对不动产权利人申请登记的本证所列不动产权利，经审查核实，准予登记，颁发此证。

中华人民共和国国土资源部监制编号 NO. J00000000000

不动产权利（一）

<table>
<tr><td>权 利 人</td><td colspan="3"></td></tr>
<tr><td>共有情况</td><td colspan="3"></td></tr>
<tr><td>坐　落</td><td colspan="3"></td></tr>
<tr><td>权利类型</td><td colspan="3"></td></tr>
<tr><td>权利性质</td><td colspan="3"></td></tr>
<tr><td>使用期限</td><td colspan="3"></td></tr>
<tr><td>不动产单元号</td><td>用　途</td><td>面　积</td><td>备　注</td></tr>
<tr><td></td><td></td><td></td><td></td></tr>
<tr><td></td><td></td><td></td><td></td></tr>
<tr><td></td><td></td><td></td><td></td></tr>
<tr><td></td><td></td><td></td><td></td></tr>
<tr><td>权利其他状况</td><td colspan="3"></td></tr>
<tr><td>附　记</td><td colspan="3"></td></tr>
</table>

登记机构（章）

年　月　日

附图页

不动产权利（二）

<table>
<tr><td>权 利 人</td><td colspan="3"></td></tr>
<tr><td>共有情况</td><td colspan="3"></td></tr>
<tr><td>坐　落</td><td colspan="3"></td></tr>
<tr><td>权利类型</td><td colspan="3"></td></tr>
<tr><td>权利性质</td><td colspan="3"></td></tr>
<tr><td>使用期限</td><td colspan="3"></td></tr>
<tr><td>不动产单元号</td><td>用　途</td><td>面　积</td><td>备　注</td></tr>
<tr><td></td><td></td><td></td><td></td></tr>
<tr><td></td><td></td><td></td><td></td></tr>
<tr><td></td><td></td><td></td><td></td></tr>
<tr><td></td><td></td><td></td><td></td></tr>
<tr><td>权利其他状况</td><td colspan="3"></td></tr>
<tr><td>附　记</td><td colspan="3"></td></tr>
</table>

登记机构（章）

年　月　日

附图页

不动产权利（三）

<table>
<tr><td>权 利 人</td><td colspan="3"></td></tr>
<tr><td>共有情况</td><td colspan="3"></td></tr>
<tr><td>坐　落</td><td colspan="3"></td></tr>
<tr><td>权利类型</td><td colspan="3"></td></tr>
<tr><td>权利性质</td><td colspan="3"></td></tr>
<tr><td>使用期限</td><td colspan="3"></td></tr>
<tr><td>不动产单元号</td><td>用　途</td><td>面　积</td><td>备　注</td></tr>
<tr><td></td><td></td><td></td><td></td></tr>
<tr><td></td><td></td><td></td><td></td></tr>
<tr><td></td><td></td><td></td><td></td></tr>
<tr><td></td><td></td><td></td><td></td></tr>
<tr><td>权利其他状况</td><td colspan="3"></td></tr>
<tr><td>附　记</td><td colspan="3"></td></tr>
</table>

登记机构（章）

年　月　日

附图页

其他需注明事项

集成版不动产权证书使用和填写说明

一、使用说明

集成版不动产权证书目前主要适用于农村集体经济组织拥有多个建设用地使用权或一户拥有多个土地承包经营权的情况。一本证书可以记载一个权利人在同一登记辖区内享有的多个不动产单元上的不动产权利。如在某村拥有的集体建设用地使用权及房屋所有权、多块土地承包经营权、土地承包经营权及林木所有权，在一宗土地上拥有的多幢或多套房屋等，可以在集成版证书记载。

不动产登记完成后，登记机构应当根据登记簿记载的内容，填写不动产权证书。登记簿记载的内容发生变化涉及证书的，登记机构可以视情况记载有关变化内容，或者更换证书。

二、填写说明

（一）不动产权证书号：A（ B ）C 不动产权第 D 号

“A”处填写登记机构所在省区市的简称。“B”处填写登记年度。“C”处一般填写登记机构所在市县的全称，特殊情况下，可根据实际情况使用简称，但应确保在省级范围内不出现重名；“D”处是年度发证的顺序号，一般为 7 位，码值为 0000001 ~ 9999999。如苏（2015）徐州市不动产权第 0000001 号、苏（2015）睢宁县不动产权第 0000001 号

国务院国土资源主管部门登记的，“A”处填写“国”。“B”处填写登记年度。“C”处填写“林”或者“海”。“D”处是年度发证的顺序号，一般为 7 位，码值为 0000001 ~ 9999999。

证书记载多个不动产单元上的不动产权利时，使用一个证号。不动产权利变化涉及换证或者证书记载权利全部注销的，证号改变或者废止。

（二）编号

即印制证书的流水号，采用字母与数字的组合。字母“J”表示集成版证书。数字一般为 11 位。数字前 2 位为省份代码，北京 11、天津 12、河北 13、山西 14、内蒙古 15、辽宁 21、吉林 22、黑龙江 23、上海 31、江苏 32、浙江 33、安徽 34、福建 35、江西 36、山东 37、河南 41、湖北 42、湖南 43、广东 44、广西 45、海南 46、重庆 50、四川 51、贵州 52、云南 53、西藏 54、陕西 61、甘肃 62、青海 63、宁夏 64、新疆 65。国家 10，用于国务院国土资源主管部门的登记发证。数字后 9

位为证书印制的顺序码，码值为000000001～999999999。

（三）二维码

登记机构可以在证书上生成二维码，储存不动产登记信息。二维码由登记机构按照规定自行打印。

（四）权利人

填写不动产权利人的姓名或名称。共有的不动产，发一本证书的，权利人填写全部共有人，“权利其他状况”栏记载持证人；共有人分别持证的，权利人填写持证人，其余共有人在“权利其他状况”栏记载。

宅基地、家庭承包方式取得的承包土地等共有不动产，权利人填写户主姓名，其余权利人在“权利其他状况”栏记载。

（五）共有情况

填写单独所有、共同共有或者按份共有的比例。

涉及房屋、构筑物的，填写房屋、构筑物的共有情况。

（六）坐落

集成版不动产权证书在农村使用的，坐落可以填写至行政村或者村民小组的地理位置；在城市使用的，对于同一宗地内的多幢或者多套房屋，坐落可以按照宗地的地理位置填写。

（七）权利类型

根据登记簿记载的内容，填写不动产权利名称。涉及两种的，用“/”分开（“/”由登记机构自行打印）。如：

1. 集体土地所有权；2. 国家土地所有权；3. 国有建设用地使用权；4. 国有建设用地使用权/房屋（构筑物）所有权；5. 宅基地使用权；6. 宅基地使用权/房屋（构筑物）所有权；7. 集体建设用地使用权；8. 集体建设用地使用权/房屋（构筑物）所有权；9. 土地承包经营权；10. 土地承包经营权/森林、林木所有权；11. 林地使用权；12. 林地使用权/森林、林木使用权；13. 草原使用权；14. 水域滩涂养殖权；15. 海域使用权；16. 海域使用权/构（建）筑物所有权；17. 无居民海岛使用权；18. 无居民海岛使用权/构（建）筑物所有权，等。

（八）权利性质

国有土地填写划拨、出让、作价出资（入股）、国有土地租赁、授权经营等；集体土地填写家庭承包、其他方式承包、批准拨用、入股、联营等。土地所有权不填写。房屋按照商品房、房改房、经济适用住房、廉租住房、自建房等房屋性质填写。构筑物按照构筑物类型填写。森林、林木按照林种填写。海域、海岛填写审批、出让等。

涉及两种的，用“ /”分开（“ /”由登记机构自行打印）。

（九）使用期限

填写具体不动产权利的使用起止时间，如××××年××月××日起××××年××月××日止。涉及地上房屋、构筑物的，填写土地使用权的起止日期；涉及海上构（建）筑物的，填写海域使用权的起止日期；土地承包经营权填写土地承包合同起止日期。土地所有权以及未明确权利期限的可以不填。

（十）不动产单元号

填写不动产单元的编号。

（十一）用途

土地按《土地利用现状分类》填写二级分类，海域按《海域使用分类体系》填写用海类型二级分类。房屋、构筑物填写规划用途。

涉及两种的，用“ /”分开（“ /”由登记机构自行打印）。

（十二）面积

填写登记簿记载的不动产单元面积。涉及宗地、宗海及房屋、构筑物的，用“/”分开（“/”由登记机构自行打印），分别填写宗地、宗海及房屋、构筑物的面积。

土地、海域共有的，填写宗地、宗海面积。共同共有人和按份共有人及其比例（共有的宗地、宗海，填写相应的使用权面积；建筑物区分所有权房屋和共有土地上建筑的房屋，填写土地使用面积）等共有情况在“权利其他状况”栏记载。

（十三）备注

记载多块承包土地或者多幢、多套房屋的，其中某地块或者某幢、某套房屋发生转移的，可以在备注栏记载，不更换证书。可以记载承包土地等实测面积。

（十四）权利其他状况

根据不同的不动产权利类型，可以分别填写以下内容：

1. 土地所有权

按照农用地、建设用地、未利用地三大类，可以依据最新土地调查成果或者勘测结果填写对应的面积。

2. 房屋所有权

（1）房屋结构：按照钢结构、钢和钢筋混凝土结构、钢筋混凝土结构、混合结构、砖木结构、其他结构等六类填写。

（2）专有建筑面积和分摊建筑面积。

（3）房屋总层数和所在层：记载房屋所在建筑物的总层数和所在层。

（4）房屋竣工时间等。

3. 土地承包经营权

（1）发包方：填写土地承包合同的发包方全称。

（2）家庭承包方式的共有人情况：填写依法共同享有该证书所登记土地承包经营权的所有人员的姓名（性别、年龄、与户主关系）等情况。

4. 森林、林木所有权和使用权

记载主要树种、造林年度、小地名，以及依据《森林资源规划设计调查技术规程》（GB/T26424－2010）确定的用途。

5. 海域使用权和无居民海岛使用权

（1）项目名称、项目性质。项目性质填写公益性或经营性等。

（2）用海方式及面积。

（十五）附记

记载设定抵押权、地役权、查封等权利限制或提示事项以及其他需要登记的事项。

（十六）登记机构（章）及时间

盖登记机构的不动产登记专用章。登记机构为县级以上人民政府依法确定的、负责不动产登记工作的部门，如：××县人民政府确定由该县国土资源局负责不动产登记工作，则该县国土资源局为不动产登记机构，证书加盖“××县国土资源局不动产登记专用章”。

填写登簿的时间，格式为××××年××月××日，如2015年03月01日。

（十七）附图页

附反映不动产界址及四至范围的示意图形，不一定依照比例尺。附图可以打印，也可以粘贴。房地一体登记的，附图页要同时打印或粘贴宗地图和房地产平面图。承包地可以一个地块一个图，也可以多个地块一个图。

4. 不动产登记证明样式及使用填写说明

不动产登记证明

根据《中华人民共和国物权法》等法律法规，为保护申请人合法权益，对申请人申请登记的本证明所列不动产权利或登记事项，经审查核实，准予登记，颁发此证明。

登记机构（章）

年　　月　　日

中华人民共和国国土资源部监制

编号 NO. 00000000000

________（　　）________不动产证明第　　　　号

证明权利或事项	
权利人（申请人）	
义 务 人	
坐　　落	
不动产单元号	
其　　他	
附　　记	

不动产登记证明使用和填写说明

一、使用说明

不动产登记证明用于证明不动产抵押权、地役权或者预告登记、异议登记等事项。不动产登记申请人申请登记的事项记载于登记簿后，登记机构应根据登记簿的记载内容，填写本登记证明。

因本证明对应的不动产登记簿记载内容发生变更的，不动产登记证明的权利人或者申请人应当交回不动产登记证明，登记机构重新核发新的证明。因本证明对应的不动产登记簿记载的内容注销的，不动产登记证明的权利人或者申请人应当交回该证明，或者由登记机构公告废止。

二、填写说明

（一）登记机构（章）及时间

盖登记机构的不动产登记专用章。登记机构为县级以上人民政府依法确定的、负责不动产登记工作的部门，如：××县人民政府确定由该县国土资源局负责不动产登记工作，则该县国土资源局为不动产登记机构，证明加盖“××县国土资源局不动产登记专用章”。

填写登簿的时间，格式为××××年××月××日，如2015年03月01日。

（二）编号

即印制证明的流水号，一般为11位。前2位为省份代码，北京11、天津12、河北13、山西14、内蒙古15、辽宁21、吉林22、黑龙江23、上海31、江苏32、浙江33、安徽34、福建35、江西36、山东37、河南41、湖北42、湖南43、广东44、广西45、海南46、重庆50、四川51、贵州52、云南53、西藏54、陕西61、甘肃62、青海63、宁夏64、新疆65。国家10，用于国务院国土资源主管部门的登记发证。后9位为证明印制的顺序码，码值为000000001～999999999。

（三）不动产登记证明号：A（B）C不动产证明第D号

“A”处填写登记机构所在省区市的简称。“B”处填写登记年度。“C”处一般填写登记机构所在市县的全称，特殊情况下，可根据实际情况使用简称，但应确保在省级范围内不出现重名；“D”处是年度发证的顺序号，一般为7位，码值为0000001～9999999。如苏（2015）徐州市不动产证明第0000001号、苏（2015）睢宁县不动产证明第0000001号

国务院国土资源主管部门登记的，“A”处填写“国”。“B”处填写登记年度。“C”处填写“林”或者“海”。“D”处是年度发证的顺序号，一般为7位，码值为0000001～9999999。

（四）二维码

登记机构可以在证明上生成二维码，储存不动产登记信息。二维码由登记机构按照规定自行打印。

（五）证明权利或事项

填写抵押权、地役权或者预告登记、异议登记等事项。

（六）权利人（申请人）

抵押权、地役权或者预告登记，填写权利人姓名或名称。异议登记，填写申请人姓名或名称。

（七）义务人

填写抵押人、供役地权利人或者预告登记的义务人的姓名或名称。异议登记的，可以不填写。

（八）坐落

填写不动产单元所在宗地、宗海的地理位置名称。涉及地上房屋的，填写有关部门依法确定的房屋坐落，一般包括街道名称、门牌号、幢号、楼层号、房号等。

（九）不动产单元号

填写不动产单元的编号。

（十）其他

根据不同的不动产登记事项，分别填写以下内容：

1. 抵押权

（1）不动产权证书号；

（2）抵押的方式；

（3）担保债权的数额。

2. 地役权

（1）供役地的不动产权证书号；

（2）需役地的坐落；

（3）地役权的内容。

3. 预告登记

（1）已有的不动产权证书号；

（2）预告登记的种类。

4. 异议登记

异议登记的内容。

（十一）附记

记载其他需要填写的事项。

5. 不动产登记申请审批表样式及使用填写说明

不动产登记申请审批表

<table>
<tr><td rowspan="2">收件</td><td>编号</td><td></td><td rowspan="2">收件人</td><td rowspan="2"></td></tr>
<tr><td>日期</td><td></td></tr>
</table>

单位：□平方米 □公顷（□亩）、万元

<table>
<tr><td rowspan="2">申请登记事由</td><td colspan="5">□土地所有权 □国有建设用地使用权 □宅基地使用权 □集体建设用地使用权
□土地承包经营权 □林地使用权 □海域使用权 □无居民海岛使用权
□房屋所有权 □构筑物所有权 □森林、林木所有权 □森林、林木使用权
□抵押权 □地役权 □其他</td></tr>
<tr><td colspan="5">□首次登记（□总登记 □初始登记）□转移登记 □变更登记 □注销登记
□更正登记 □异议登记 □预告登记 □查封登记 □其他__________</td></tr>
<tr><td rowspan="14">申请人情况</td><td colspan="5">登 记 申 请 人</td></tr>
<tr><td>权利人姓名（名称）</td><td colspan="4"></td></tr>
<tr><td>身份证件种类</td><td></td><td>证件号</td><td colspan="2"></td></tr>
<tr><td>通讯地址</td><td colspan="2"></td><td>邮 编</td><td></td></tr>
<tr><td>法定代表人或负责人</td><td></td><td>联系电话</td><td colspan="2"></td></tr>
<tr><td>代理人姓名</td><td></td><td>联系电话</td><td colspan="2"></td></tr>
<tr><td>代理机构名称</td><td colspan="4"></td></tr>
<tr><td colspan="5">登 记 申 请 人</td></tr>
<tr><td>义务人姓名（名称）</td><td colspan="4"></td></tr>
<tr><td>身份证件种类</td><td></td><td>证件号</td><td colspan="2"></td></tr>
<tr><td>通讯地址</td><td colspan="2"></td><td>邮 编</td><td></td></tr>
<tr><td>法定代表人或负责人</td><td></td><td>联系电话</td><td colspan="2"></td></tr>
<tr><td>代理人姓名</td><td></td><td>联系电话</td><td colspan="2"></td></tr>
<tr><td>代理机构名称</td><td colspan="4"></td></tr>
</table>

<table>
<tr><td rowspan="5">不动产情况</td><td colspan="2">坐 落</td><td></td><td></td><td colspan="2"></td></tr>
<tr><td colspan="2">不动产单元号</td><td></td><td>不动产类型</td><td colspan="2"></td></tr>
<tr><td colspan="2">面 积</td><td></td><td>用 途</td><td colspan="2"></td></tr>
<tr><td colspan="2">原不动产权证书号</td><td></td><td>用海类型</td><td colspan="2"></td></tr>
<tr><td colspan="2">构筑物类型</td><td></td><td>林 种</td><td colspan="2"></td></tr>
<tr><td rowspan="2">抵押情况</td><td colspan="2">被担保债权数额
（最高债权数额）</td><td></td><td>债务履行期限
（债权确定期间）</td><td colspan="2"></td></tr>
<tr><td colspan="2">在建建筑物抵押范围</td><td colspan="4"></td></tr>
<tr><td rowspan="2">地役权情况</td><td colspan="2">需役地坐落</td><td colspan="4"></td></tr>
<tr><td colspan="2">需役地不动产单元号</td><td colspan="4"></td></tr>
<tr><td rowspan="7">登记原因及证明</td><td colspan="2">登记原因</td><td colspan="4"></td></tr>
<tr><td colspan="2" rowspan="6">登记原因证明文件</td><td colspan="4">1.</td></tr>
<tr><td colspan="4">2.</td></tr>
<tr><td colspan="4">3.</td></tr>
<tr><td colspan="4">4.</td></tr>
<tr><td colspan="4">5.</td></tr>
<tr><td colspan="4">6.</td></tr>
<tr><td colspan="2">申请证书版式</td><td colspan="2">□单一版　□集成版</td><td>申请分别持证</td><td>□是　□否</td></tr>
<tr><td>备注</td><td colspan="6"></td></tr>
<tr><td colspan="7">本申请人对填写的上述内容及提交的申请材料的真实性负责。如有不实，申请人愿承担法律责任。

申请人（签章）：　　　　申请人（签章）：
代理人（签章）：　　　　代理人（签章）：
年　月　日　　　　年　月　日</td></tr>
<tr><td rowspan="2">不动产登记审批情况（申请人请勿填写）</td><td colspan="2">初审</td><td colspan="2">复审</td><td colspan="2">核定</td></tr>
<tr><td colspan="2">审查人：　（签章）
年　月　日</td><td colspan="2">审查人：　（签章）
年　月　日</td><td colspan="2">负责人：　（公章）
年　月　日</td></tr>
<tr><td>备 注</td><td colspan="6"></td></tr>
</table>

不动产登记申请审批表使用和填写说明

一、使用说明

不动产登记申请审批表主要内容包括登记收件情况、申请登记事由、申请人情况、不动产情况、抵押情况、地役权情况、登记原因及其证明情况、申请的证书版式及持证情况、不动产登记审批情况。

不动产登记申请审批表将登记申请表和登记审批表合并，并非将申请程序和审批程序合并。不动产登记申请审批表为示范表格，各地可参照使用，也可以根据实际情况，从便民利民和方便管理出发，进行适当调整。

二、填写说明

【收件编号、时间】填写登记收件的编号和时间。

【收件人】填写登记收件人的姓名。

【登记申请事由】用勾选的方式，选择申请登记的权利或事项及登记的类型。

【权利人、义务人姓名（名称）】填写权利人和义务人身份证件上的姓名或名称。

【身份证件种类、证件号】填写申请人身份证件的种类及编号。境内自然人一般为《居民身份证》，无《居民身份证》的，可以为《户口簿》、《军官证》；法人或其他组织一般为《组织机构代码证》，无《组织机构代码证》的，可以为《营业执照》、《事业单位法人证书》、《社会团体法人登记证书》。港澳同胞的为《港澳居民来往内地通行证》或《港澳同胞回乡证》、《居民身份证》；台湾同胞的为《台湾居民来往大陆通行证》或其他有效旅行证件，在台湾地区居住的有效身份证件或经确认的身份证件。外籍人的身份证件为《护照》和中国政府主管机关签发的居留证件。

【通讯地址、邮编】填写规范的通讯地址、邮政编码。

【法定代表人或负责人】申请人为法人单位的，填写法定代表人姓名；为非法人单位的，填写负责人姓名。

【代理人姓名】填写代权利人申请登记的代理人姓名。

【代理机构名称】代理人为专业登记代理机构的，填写其所属的代理机构名称，否则不填。

【联系电话】填写登记申请人或者登记代理人的联系电话。

【坐落】填写宗地、宗海所在地的地理位置名称。涉及地上房屋的，填写有关部门依法确定的房屋坐落，一般包括街道名称、门牌号、幢号、楼层号、房号等。

【不动产单元号】填写不动产单元的编号。

【不动产类型】填写土地、海域、无居民海岛、房屋、建筑物、构筑物或者森林、林木等。

【面积】填写不动产单元的面积。涉及宗地、宗海及房屋、构筑物的，分别填写宗地、宗海及房屋、构筑物的面积。

【用途】填写不动产单元的用途。涉及宗地、宗海及房屋、构筑物的，分别填写宗地、宗海及房屋、构筑物的用途。

【原不动产权证书号】填写原来的不动产权属证书或者登记证明的编号。

【用海类型】填写《海域使用分类体系》用海类型的二级分类。

【构筑物类型】填写构筑物的类型，包括隧道、桥梁、水塔等地上构筑物类型，透水构筑物、非透水构筑物、跨海桥梁、海底隧道等海上构筑物类型。

【林种】填写森林种类，包括防护林、用材林、经济林、薪炭林、特种用途林等。

【被担保债权数额（最高债权数额）】填写被担保的主债权金额。

【债务履行期限（债权确定期间）】填写主债权合同中约定的债务人履行债务的期限。

【在建建筑物抵押范围】填写抵押合同约定的在建建筑物抵押范围。

【需役地坐落、不动产单元号】填写需役地所在的坐落及其不动产单元号。

【登记原因】填写不动产权利首次登记（总登记、初始登记）、转移登记、变更登记、注销登记、更正登记等的具体原因。

【登记原因证明文件】填写申请登记提交的登记原因证明文件。

【申请证书版式】用勾选的方式选择单一版或者集成版。

【申请分别持证】用勾选的方式选择是或者否。

【初审、复审、核定】不动产登记的审批可以分为审核和核定程序。登记审核可以是初审、复审两审制，也可以是一审制。具体由专业的登记人员根据《不动产登记暂行条例》等规定填写审核意见，并签章。核定是登记机构有关负责人对登记结果的核查审定。不动产登记的具体审批程序可以由地方根据实际情况自行确定。

【备注】可以填写登记申请人在申请中或者登记机构在审批中认为需要说明的其他事项。

2015 年 2 月 15 日

国土资源部、中央编办关于地方不动产登记职责整合的指导意见

（2015 年 4 月 13 日　国土资发〔2015〕50 号）

各省、自治区、直辖市及副省级城市国土资源主管部门（不动产登记主管部门）、编办，新疆生产建设兵团国土资源局、编办，各派驻地方的国家土地督察局：

为贯彻落实党的十八大，十八届二中、三中、四中全会精神和《国务院机构改革和职能转变方案》，加快建立和实施不动产统一登记制度，尽快实现不动产登记机构、登记簿册、登记依据和信息平台“四统一”，确保不动产统一登记工作上下协调联动、积极稳妥实施，现就扎实推进各级不动产登记职责整合工作提出如下意见。

一、充分认识不动产登记职责整合的重要性和紧迫性

建立和实施不动产统一登记制度是一项重大的改革任务和系统工程，党中央、国务院高度重视，全社会广泛关注。不动产登记职责整合是建立和实施不动产统一登记制度的组织保障，是确保《不动产登记暂行条例》顺利实施的基本前提。各地要充分认识不动产登记职责整合的重要性和紧迫性，认真落实《物权法》的规定，以整合不动产登记职责和机构为重点，加快形成权界清晰、分工合理、权责一致、运转高效、法治保障、方便企业和群众的不动产登记体系，保障不动产交易安全，有效保护不动产权利人的合法财产权，夯实社会主义市场经济基础，为建立健全社会诚信体系和国家自然资源资产管理体制创造条件，为提高国家治理体系和治理能力现代化提供基础支撑。

二、加快推进不动产登记职责整合

（一）整合不动产登记职责。省级国土资源主管部门和机构编制部门应在本级人民政府组织领导下，按照中央统一要求，会同有关部门制定不动产登记职责整合工作方案或实施意见，支持市县级人民政府结合本地区实际，充分利用现有资源，将土地登记、房屋登记、林地登记、草原登记、海域登记等职责整合由一个部门承担，尽快印发职责整合文件，切实将不动产登记的职责整合工作落到实处。农村土地承包经营权的登记在过渡期内，按照国家有关规定执行。不动产登记职责整合后，各部门之间可通过数据交换接口、数据抄送等方式，实现土地、房屋、草原、林地、水域滩涂、海域海岛等审批、交易和登记信息实时互通共享，优化工作流程，提高工作效率。

（二）确定不动产登记机构。按照《不动产登记暂行条例》的有关规定，县级以上地方人民政府应当确定一个部门为本地区的不动产登记机构，负责不动产登记工作，并接受上级不动产登记主管部门的指导、监督。各地应进一步摸清现有各类不动产登记机构、人员、业务开展等情

况，厘清登记、交易、审批管理的职责边界，将原来分散在各部门的登记机构进行整合归并，尽快实现不动产统一登记机构的有机重组和工作流程再造。

（三）统筹不动产登记相关资源。不动产登记机构确定后，按照人随事走、编随人走的原则，相关部门应划转相应的不动产登记人员、编制、设备和相关经费，具体数量由地方人民政府确定。各地应充分考虑原有各类不动产登记工作的专业性和连续性，科学统筹调配本地区相关资源，确保不动产登记机构有足够力量和资源有效开展不动产统一登记工作。对于现有各类登记机构中人员编制身份不同的地方，应本着依法依规、统筹推进的原则，按照现有政策法规的相关规定，采取切实有效的办法，妥善做好不同身份人员的统筹安排，逐步健全和完善人员队伍，形成合力，确保不动产登记职责整合落实到位。

三、确保不动产登记职责整合工作有序推进

（一）加强组织领导，落实工作责任。整合不动产登记职责和机构是地方各级人民政府的重要职责，各地应加强组织协调，强化保障措施，落实经费保障，认真组织实施好各项工作，确保今年内整合完成各级不动产登记职责和机构工作。各级不动产登记主管部门和机构编制部门要加强工作指导，相关部门要各司其职，各负其责，在政府的统一组织领导下，做好职责划分、人员编制划转、资料移交等工作，确保各项登记工作不断档、原来从事各类登记工作人员转入到统一的不动产登记机构，保证相关工作有序衔接、积极稳妥推进。

（二）明确时间要求，细化任务安排。各地要以《不动产登记暂行条例》实施为契机，细化各项工作安排，切实加快本地区不动产登记职责整合工作进度，统筹做好不动产统一登记业务流程梳理、登记资料移交、数据信息对接、登记系统融合、信息平台建设，以及设置统一窗口、颁发统一证书等各项工作，明确时间要求，尽快全面完成各级不动产登记职责整合和机构建设，做到职责明确、机构健全、运转正常。

（三）严肃工作纪律，强化业务指导。在不动产登记职责整合过程中，各地要将与不动产登记的申请、受理、审核、登簿、发证等属于不动产登记完整的职责统一到一个部门，严禁随意拆分不动产登记职责，确保不动产登记职责的完整性。同时，要严格按照国家有关规定，不得超编进人、超职数配备领导干部，严防国有资产流失。对违反相关规定的，要追究有关人员的责任。国土资源部、中央编办将及时掌握和研究解决地方不动产登记职责整合过程中出现的新情况、新问题，加强协调指导、督促检查，加大支持力度，为地方不动产登记职责整合工作创造良好条件。

国土资源部关于采矿权人为他人债务提供担保的采矿权抵押备案有关问题的通知

（2015 年 4 月 29 日　国土资发〔2015〕56 号）

各省、自治区、直辖市国土资源主管部门：

为落实《国土资源部关于停止执行〈关于印发〈矿业权出让转让管理暂行规定〉的通知〉第五十五条规定的通知》（国土资发〔2014〕89 号）精神，采矿权人以其拥有的采矿权为抵押物，为他人贷款债务提供担保而申请抵押备案的，应提交的申请资料、具备的条件、备案通知及抵押解除等相关要求，按照《国土资源部关于进一步完善采矿权登记管理有关问题的通知》（国土资发〔2011〕14 号）第二十八条至三十一条规定执行，其中，抵押备案申请书需抵押人、抵押权人及债务人三方分别签字盖章。

本通知自印发之日起施行，有效期五年。

国土资源部关于贯彻实施《中华人民共和国行政诉讼法》的通知

（2015 年 5 月 4 日　国土资发〔2015〕59 号）

各省、自治区、直辖市及副省级城市国土资源主管部门，新疆生产建设兵团国土资源局，国家海洋局、国家测绘地理信息局，中国地质调查局及部其他直属单位，各派驻地方的国家土地督察局，部机关各司局：

修改后的《中华人民共和国行政诉讼法》（以下简称《行政诉讼法》）经十二届全国人大常委会第十一次会议审议通过，将于 2015 年 5 月 1 日起实施。为做好《行政诉讼法》的贯彻实施工作，现将有关事项通知如下：

一、深刻认识《行政诉讼法》贯彻实施的重要意义

（一）贯彻实施《行政诉讼法》是推进依法治国，建设法治国土的重要组成部分

行政诉讼是人民法院监督行政机关依法行使职权、解决行政争议、维护社会公平正义、促进行政机关提升依法行政能力和水平的重要法律制度。修改后的《行政诉讼法》，着力解决行政诉讼立案难、审理难、执行难等法律实施问题，扩大了受案范围，畅通了诉讼渠道，完善了诉讼程序，

进一步体现了司法权对行政权的监督制约和对群众合法权益的保护，是加强法治政府建设的重大举措，对加快推进法治国土建设提出了更高标准。各级国土资源主管部门要切实增强政治意识、法治意识，从全面推进依法治国、建设法治国土的高度，充分认识学习贯彻实施《行政诉讼法》的重大意义，深刻领会其立法精神和掌握其主要内容，推进国土资源管理法治化的全面提升。

（二）贯彻实施《行政诉讼法》是维护群众权益，构建和谐有序国土资源管理秩序的重要途径

随着我国工业化、城镇化的步伐加快，公民权利意识、法律意识的不断增强，土地、矿产等国土资源的资产、资本属性不断凸显，国土资源纠纷高发、多发，如征地补偿安置、矿业权和土地产权处置等纠纷都大量存在。有效解决行政争议，关系人民群众切身利益，关系社会和谐稳定。各级国土资源主管部门要依法履行好“尽职尽责保护国土资源、节约集约利用国土资源、尽心尽力维护群众权益”的法定职责，必须不断加强和改进国土资源管理工作，依据法定权限和程序履行职责，引导和支持公民法人通过行政诉讼依法维权，强化法律在维护群众权益、化解社会矛盾中的权威，构建和谐有序的国土资源管理秩序。

（三）贯彻实施《行政诉讼法》是规范行政权力，提升国土资源依法行政能力和水平的重要抓手

强化对行政权力的制约和监督是深入推进依法行政、加快建设法治政府的必然要求。行政诉讼是监督机制，通过对行政行为的监督，保障行政机关依法行使权力和履行职责；行政诉讼是纠错机制，通过纠正违法和不当行政行为，维护社会公平正义；行政诉讼是发现机制，通过发现行政管理中的制度性普遍性问题、薄弱环节和潜在风险，促进行政机关完善制度和规范管理。当前，国土资源工作正处于改革内容逐步深化、管理方式发生重大变化的关键时期，通过行政诉讼的监督、纠错和发现功能，能够有效促进国土资源管理制度化、科学化、合理化，不断提升国土资源依法行政能力和水平。

二、严格落实《行政诉讼法》对国土资源管理工作提出的新要求

（一）深刻理解《行政诉讼法》立法目的，牢固树立有权必有责、用权受监督的意识

修改后的《行政诉讼法》在立法目的方面，突出了解决行政争议、监督行政机关依法行使职权的内容，并在合法性审查的基础上，进一步强化了对明显不合理行政行为的审查，对于重大且明显违法的行政行为，人民法院应当宣告无效。各级国土资源主管部门要牢固树立有权必有责、用权受监督的基本法治理念，要把国土资源主管部门依法享有的行政许可、行政处罚、行政确认、行政裁决等各项行政权力纳入法治化管理，严格遵守法定职责必须为，法无授权不可为。要注重权利保护，

将尽心尽力维护群众权益作为国土资源管理工作的出发点和落脚点，自觉维护社会公平正义。要注重程序建设，程序既是法治的重要组成部分，也是保证实体法律规范实施正当性和有效性的重要保障，要严格依据法律规定程序行使国土资源管理职权。

（二）准确把握《行政诉讼法》受案范围，严格规范履行管理职责

修改后的《行政诉讼法》将确认土地、矿藏、滩涂、海域等自然资源的所有权、使用权的决定以及征收、征用决定及其补偿决定等纳入受案范围；同时，规定了规范性文件附带审查制度等，首次明确人民法院可以一并审查据以作出行政行为的规范性文件的合法性，从而赋予了人民法院就行政机关规范性文件是否合法的司法裁判权。各级国土资源主管部门要在现有确权、权属争议调查处理规定的基础上，进一步完善程序，依法裁决，妥善解决纠纷，保护合法权利。要从保障农民权益出发，切实规范征地程序，全面推进国土资源政务公开，确保被征地农民的知情权、参与权、表达权和监督权，完善对被征地农民合理、规范、多元保障机制。要严格执行规范性文件合法性审查制度和定期清理制度，严禁规范性文件创设行政许可、行政处罚、行政强制、行政收费和违法限制、剥夺公民、法人或者其他组织权利或者增加其义务。

（三）积极应对复议机关共同被告新要求，充分发挥行政复议制度内部监督和纠错功能

为解决目前行政复议维持率高、纠错率低的问题，修改后的《行政诉讼法》确定了复议机关共同被告制度，规定复议机关维持原行政行为的，作出原行政行为的行政机关和复议机关是共同被告。各级国土资源主管部门要以此为契机，全面规范和完善行政复议工作，纠正对行政复议工作认识上的偏差，切实解决机构不健全、领导重视程度不够、案件审理干扰多、纠错难、执行难的问题。要督促被申请人按照法定时限履行答复义务，逾期答复的，应当依法撤销；要严格依法作出行政复议决定，该撤销的坚决撤销，该确认违法的坚决确认违法。要合理划分应诉职责，共同被告案件中，原行政行为作出机关的相关业务机构负责对行政行为进行答辩和应诉，复议机关的复议机构负责对复议决定进行答辩和应诉；复议机关决定改变行政行为引起诉讼的，复议机构负责对复议决定进行答辩和应诉，相关业务机构协助办理；直接对行政行为提起行政诉讼的，相关业务机构负责答辩和应诉，复议机构协助办理。

（四）高度重视法院生效裁判执行新规定，依法履行执行义务

修改后的《行政诉讼法》加大了行政机关不执行人民法院生效裁判的法律责任，增加了三项规定，一是将行政机关拒绝履行情况予以公告，二是将原法处罚行政机关修改为处罚行政机关负责人，三是对拒不履行社会影响恶劣的，对直接负责的主管人员和其他直接责任人员予以拘留，构

成犯罪的依法追究刑事责任。各级国土资源主管部门要自觉接受人民法院的司法监督，严格执行人民法院作出的生效判决、裁定和调解书。对在履行人民法院生效裁判中遇到的法律法规规定不明确、履行可能对国家利益、公共利益或者他人合法权益造成不可弥补损失等情形，应当及时与人民法院沟通。要认真对待人民法院提出的司法建议，深入分析查找原因，纠正相关行政违法行为或者做好善后工作，并按照司法建议书的要求反馈人民法院。

（五）全面实施国土资源主管部门负责人出庭应诉制度

修改后的《行政诉讼法》规定，被诉行政机关负责人应当出庭应诉，确立了在行政诉讼案件中，被诉行政机关负责人应当出庭应诉的基本原则。各级国土资源主管部门要认真执行《行政诉讼法》，抓紧建立国土资源主管部门负责人出庭应诉制度，明确、细化负责人应当出庭的情形、程序等。从2015年5月1日起，部机关率先建立并实施国土资源部负责人或者司局负责人出庭应诉制度。当前，下列两类案件，国土资源主管部门负责人应当出庭应诉：一是人民法院一审判决国土资源主管部门败诉，二审开庭审理的行政诉讼案件；二是法制机构认为负责人出庭应诉更有利于化解争议的行政诉讼案件。

三、加强组织领导，保障《行政诉讼法》顺利实施

（一）高度重视，加强领导

各级国土资源主管部门要将贯彻实施《行政诉讼法》列入重要议事日程，牢固树立权责一致的观念。各级国土资源主管部门负责人要着力解决对行政诉讼重视不够、行政应诉力量不足、分工不明、职责不清、权责不对等的问题，保障《行政诉讼法》顺利实施。要高度重视被人民法院判决撤销、变更或者确认违法的案件，分析问题根源，健全管理制度。要将行政应诉相关情况特别是行政机关负责人出庭应诉情况纳入年度依法行政指标考核体系和绩效考核体系。

（二）抓好学习，开展培训

各级国土资源主管部门要将学习《行政诉讼法》作为学习党的十八届四中全会精神的重要内容，切实提高领导干部运用法治思维和法治方式解决问题的能力和水平。要将宣传《行政诉讼法》纳入普法的重要内容，引导公民法人通过法定途径表达诉求、解决争议，营造“办事依法、遇事找法、解决问题用法”的法治氛围。要建立行政诉讼案件旁听制度，切实增强领导干部和国土资源工作人员的责任意识、程序意识和证据意识。

（三）充实人员，提升能力

随着《行政诉讼法》的实施，国土资源行政诉讼案件数量将呈逐年上升的态势，各级国土资源主管部门应当根据行政诉讼案件数量和工作需要，充实、配备行政应诉人员，保证行政应诉能力与工作任务相适应。定期对行政应诉人员进行法律和业务知识培训，保证行政应诉人员应诉能力与案件审理相适应。要全面建立法律顾问制度，聘请律师、法学专家作为法律顾问，代理出庭应诉和指导、协助办理行政复议案件，对于重大、疑难、涉及重大利益调整和涉外的案件，应当由法律顾问进行研究和论证。

《行政诉讼法》的贯彻实施，关系维护人民群众合法权益，关系促进行政机关依法行政，关系法治国土建设。各地要认真组织学习，严格贯彻实施，将其作为尊法学法守法用法的重要内容。各级国土资源主管部门要立足实际，以贯彻《行政诉讼法》为契机，推进依法行政工作向更深层次、更高水平迈进。上级国土资源主管部门要加强对下级国土资源主管部门的指导和监督，各地贯彻实施情况和实施过程中遇到的新情况、新问题，请及时报部。

国土资源部关于修改《国土资源部关于进一步完善采矿权登记管理有关问题的通知》第十三条规定的通知

（2015年5月5日　国土资发〔2015〕65号）

各省、自治区、直辖市国土资源主管部门，新疆生产建设兵团国土资源局：

为贯彻落实《国务院办公厅关于加快推进落实注册资本登记制度改革有关事项的通知》（国办函〔2015〕14号）有关要求，切实放宽市场准入条件，进一步激发市场活力和发展动力，现将《国土资源部关于进一步完善采矿权登记管理有关问题的通知》（国土资发〔2011〕14号）第十三条修改为“申请采矿权应具有独立企业法人资格，外商投资企业申请限制类矿种采矿权的，应出具有关部门的项目核准文件。”

国土资源部　住房城乡建设部关于做好不动产统一登记与房屋交易管理衔接的指导意见

（2015年7月10日　国土资发〔2015〕90号）

各省、自治区、直辖市国土资源主管部门、住房城乡建设厅（建委、房地局）：

为贯彻落实《国务院机构改革和职能转变方案》、《中央编办关于整合不动产登记职责的通知》（中央编办发〔2013〕134号，以下简称《通知》）和《国土资源部中央编办关于地方不动产登记职责整合的指导意见》（国土资发〔2015〕50号），促进房地产市场平稳健康发展，确保不动产统一登记工作平稳推进，现就做好不动产统一登记与房屋交易管理有序衔接，提出以下指导意见。

一、充分认识不动产统一登记与房屋交易管理有序衔接的重要意义

整合不动产登记职责机构是建立和实施不动产统一登记制度的组织保障，是确保《不动产登记暂行条例》（以下简称

《条例》）顺利实施的前提。根据中央要求，房屋登记等不动产登记职责将统一整合到不动产登记机构，房屋交易管理职责继续由房产管理部门承担。不动产统一登记与房屋交易管理关联性强，做好相关工作衔接，有利于保障房屋交易安全，维护房地产权利人合法权益；有利于稳定住房消费，促进房地产市场平稳健康发展；有利于方便群众办事，提升政府治理效率和水平。

各级不动产登记机构、房产管理部门要高度重视，在工作中要加强配合，相互兼顾，统筹协调，按照方便群众办事、保障交易安全、提升管理效率的原则，确保房地产交易市场规范有序，不动产统一登记平稳推进，年底前完成不动产登记职责机构整合。

二、加强房屋交易管理与不动产统一登记

（一）加强房屋交易管理。房屋交易管理是房地产市场监管的基础和核心。各级房产管理部门要强化房屋转让、抵押、租赁、面积管理、房屋交易档案、房屋中介、个人住房信息系统建设等工作，特别是要做好商品房预售许可、房屋买卖合同网签备案、房屋交易资金监管、楼盘表的建立、购房资格审核、房源验核、存量房与政策性住房上市交易管理，以及房屋抵押政策制定及监督执行等交易监管具体工作，实现关联业务有序衔接。

（二）加快不动产统一登记。各省级国土资源主管部门、住房城乡建设主管部门要认真贯彻落实《条例》和《通知》，指导各地充分利用现有资源，将房屋登记的申请、受理、审核、登簿、发证等房屋登记职责统一到不动产登记机构，不得随意拆分房屋登记职责。不动产登记机构要切实做好涉及房屋的所有权、用益物权、担保物权的首次登记、变更登记、转移登记、注销登记、更正登记、异议登记、预告登记、查封登记等工作。

三、做好不动产统一登记与房屋交易管理有序衔接

各地在加强房屋交易管理、推进不动产统一登记工作中，既要梳理再造登记流程，保证不动产统一登记有序推进，又要加强房屋交易管理，保证交易与登记安全便民。对于房屋交易管理部门与不动产机构分设的，要切实做好交易与登记有关工作衔接。

（一）确保业务衔接流畅。房产管理部门要对新建商品房、二手房，以及保障性等政策性住房的交易活动进行监管，实时将依法办理的房屋转让，抵押等相关交易信息提供给不动产登记机构，不动产登记机构应当依据相关交易信息进行登记。在完成房屋登记后，不动产登记机构也要实时将各类信息提供给房产管理部门，有效防范一房多卖、已抵押房屋违规出售等行为的发生，确保交易安全。

（二）实现信息互通互享。不动产登记信息管理基础平台与房屋交易管理信息平台要相互对接，通过交换接口、数据抄送等形式，实现实时互通共享，消除“信息孤岛”，确保相关业务办理的连续、安全、便捷。现阶段尚未建成不动产登记信息管理基础平台的，应当按照职责分工，加快推进不动产登记信息整理、入库和不动产登记信息系统建设。

（三）做好资料移交与共用。不动产登记机构与房屋交易管理部门应当建立房屋登记档案和房屋交易档案查询互用制度，保证房屋登记和交易管理的正常运行。按照《物权法》、《条例》和《通知》的有关规定，房屋登记簿等房屋登记资料由不动产登记机构管理。房屋交易资料由房屋交易管理部门管理。

（四）加强服务窗口建设。各地要按照便民利民的原则，切实做好房屋交易、不动产登记窗口服务。房屋交易和登记业务办理尽量在一个服务大厅，进一步优化服务流程，提升服务水平，实现一个窗口受理，“一站式”、规范化服务。对于房屋交易与不动产登记服务大厅分设的，不动产登记机构和房产管理部门要加强沟通协调，可以互设服务窗口，受理相关业务。为方便群众办事，对于能够通过实时互通共享取得的信息，不得要求群众重复提交。

各地要按照本指导意见要求，认真抓好落实。在执行中遇到的有关情况可向国土资源部、住房城乡建设部反映。

国土资源部关于做好矿业权设置方案审批或备案核准取消后相关工作的通知

（2015年8月18日　国土资规〔2015〕2号）

各省、自治区、直辖市国土资源主管部门，中国地质调查局及部其他直属单位，部机关各司局：

为贯彻落实《国务院关于取消非行政许可审批事项的决定》（国发〔2015〕27号）文件精神，深化矿产资源管理改革，减少审批事项，突出和加强矿产资源规划的宏观管控能力，进一步推进矿产资源勘查开发布局优化调整，现就取消矿业权设置方案审批或备案核准后的有关事项通知如下：

一、取消矿业权设置方案审批或备案核准制度

严格执行《国务院关于取消非行政许可审批事项的决定》（国发〔2015〕27号），部、省两级停止矿业权设置方案的审批或备案核准，与之对应的地方各级国土资源主管部门承担的初审、复审、审核等一并取消。

二、矿业权设置方案相关内容纳入矿产资源规划统一管理

将矿业权设置方案与矿产资源规划中的勘查开采规划区块有机融合，统一为

"矿业权设置区划"，作为规划的重要组成部分，在总体规划或专项规划中设"矿业权设置区划"专门篇章，对矿产资源勘查开发布局进行细化安排，编制实施管理按照《矿产资源规划编制实施办法》（部令第55号）的规定执行。已上图入库的矿业权设置方案继续有效，直接纳入第二轮矿产资源规划。在第三轮矿产资源规划审批发布之前，确需增加或调整矿业权设置区划的，依据《国土资源部办公厅关于贯彻落实〈矿产资源规划编制实施办法〉严格规划管理的通知》（国土资厅发〔2013〕24号），按照勘查开采规划区块调整的要求对第二轮矿产资源规划进行调整。其中涉及到国家规划矿区、对国民经济具有重要价值矿区（以下简称"两矿区"）的，由省级国土资源主管部门提出调整意见报部，经报备系统数据检查通过后直接上图入库；"两矿区"以外的，由省级国土资源主管部门提出意见，或由相关地市级、县级国土资源主管部门提出调整意见、报省级国土资源主管部门同意后，由省级国土资源主管部门统一通过报备系统上图入库。本《通知》下发之日前，已上报部、省待审批或备案的矿业权设置方案，经报备系统数据检查通过后直接上图入库。

三、进一步深化和完善矿业权设置区划工作

第三轮矿产资源规划要充分利用和吸纳矿业权设置方案已有成果，切实做好矿业权设置区划工作，进一步细化勘查开采的空间布局安排。对于《关于进一步规范矿业权出让管理的通知》（国土资发〔2006〕12号）中"矿产勘查开采分类目录"规定的第一类矿产，以及按规定调整为第一类的矿产，应依据勘查工作程度进行矿业权设置区划，原则上不要求划定勘查规划区块，达到详查以上（含详查）勘查程度的，应划定开采规划区块。对于第二类矿产，以及按规定调整为第二类的矿产，要依据资源赋存状况、地质构造条件和勘查程度等，划定勘查、开采规划区块。其中，地热、矿泉水等流体矿产开采规划区块划分勘查程度要求，由各省（区、市）根据实际情况确定。对于第三类矿产，以及按规定调整为第三类的矿产，可直接划定集中区、备选区等，明确区内矿业权投放总量控制、最低开采规模、矿山地质环境保护与恢复治理措施等准入要求；对确需进行详细安排的市县，可根据实际情况和管理需要，在规划中划定开采规划区块。勘查风险分类调整，由省级国土资源主管部门结合本地实际，综合考虑矿床类型、勘查深度和地质工作程度等因素，经专家论证、集体决策、社会公示后予以实施，调整内容上传至矿业权统一配号系统，纳入信息化监管。

矿业权设置区划工作由省级国土资源主管部门统一部署和组织开展，其中"两矿区"规划矿种的矿业权设置区划由省级国土资源主管部门负责划定，在省级矿产资源总体规划中落实。其他矿业权设置区划，由省级国土资源主管部门组织推进，根据实际情况在市级或县级规划中落实具体的矿业权设置区划内容。各地在矿业权设置区划工作中，应优先保证国家紧缺矿产和重要矿产勘查开采。有关编制要求参照《省级矿产资源规划编制技术规程》和《市县级矿产资源总体规划编制指导意见》（国土资厅发〔2015〕9号）。

四、规范矿产资源勘查开发项目的规划审核

有关国土资源主管部门应依据矿产资源规划，切实做好矿产资源勘查开发项目的规划审核。重点审核是否符合禁止、限制等规划分区管理要求，是否与规划矿种方向一致（砂石粘土类矿产只需矿种大类符合即可），是否符合矿业权设置区划要求。矿业权设置区划中明确划定勘查开采规划区块的，原则上一个区块一个主体。砂石粘土类矿产开采，不得位于规划划定的禁止开采区范围内，且需符合本地区矿业权总量控制、最低开采规模和矿山地质环境保护等准入条件要求。此外，以下几种情形视同符合矿业权设置区划要求：

（一）财政全额出资勘查的探矿权；

（二）已设探矿权转采矿权，且拟设采矿权矿区范围未超出已设探矿权勘查范围的项目；

（三）扩大勘查开采面积不超过原面积25%的矿业权；

（四）已设采矿权深部勘查需设置探矿权且为同一主体的；

（五）经省级人民政府批准的矿产资源开发整合项目。

第三轮矿产资源规划发布实施前，以第二轮矿产资源规划和已上图入库的矿业权设置区划为依据进行审核。

五、强化矿业权设置区划编制实施的监督检查

各省（区、市）要高度重视和加强矿业权设置区划编制实施工作，确保矿产资源勘查开发布局合理。部将强化对勘查开发项目规划审核情况的信息化监管，重点监管是否按要求编制矿产资源规划，拟配号项目是否符合规划审核要求，并对相关审核记录存查，作为后续监管工作依据。部将定期组织省级国土资源主管部门开展矿产资源规划中矿业权设置区划实施情况的检查，确保应编尽编、科学编制、编批一致，并将有关情况进行通报。

本通知自发布之日起，废止《关于印发〈煤炭国家规划矿区矿业权设置方案编制要求〉的通知》（国土资厅发〔2006〕26号）、《关于煤炭国家规划矿区矿业权设置方案修编有关规定的通知》（国土资厅发〔2010〕42号）、《国土资源部关于进一步完善矿业权管理促进整装勘查的通知》（国土资发〔2011〕55号），本通知印发实施前印发的文件中管理要求与本通知不一致的，以本通知为准。各省（区、市）国土资源主管部门要按照本通知规定，对相关文件进行全面清理。

国土资源部关于严格控制和规范矿业权协议出让管理有关问题的通知

（2015 年 8 月 24 日 国土资规〔2015〕3 号）

各省、自治区、直辖市国土资源主管部门，中国地质调查局，武警黄金指挥部，部其他直属单位：

为深入贯彻落实中央关于开展工程建设领域突出问题专项治理工作精神，坚决遏制矿业领域腐败现象易发多发势头，各级国土资源主管部门必须坚持依法依规采取招标拍卖挂牌等市场竞争方式公开出让矿业权的原则，从严控制协议出让范围，严格执行矿业权协议出让的审批权限和程序，逐步减少协议出让数量，积极推进矿业权市场建设。为此，部于 2012 年 5 月 15 日印发了《国土资源部关于严格控制和规范矿业权协议出让管理有关问题的通知》（国土资发〔2012〕80 号，以下简称 80 号文）。

现按照《国务院关于取消非行政许可审批事项的决定》（国发〔2015〕27 号）关于取消“探矿权、采矿权协议出让申请审批”的相关要求，对 80 号文进行修改。本通知印发后 80 号文废止。

一、从严控制协议出让

（一）勘查、开采项目出资人已经确定，并经矿业权登记管理机关集体会审、属于下列五种情形之一的，准许以协议方式出让探矿权、采矿权：

1. 国务院批准的重点矿产资源开发项目和为国务院批准的重点建设项目提供配套资源的矿产地；

2. 省级人民政府批准的储量规模为大中型的矿产资源开发项目；

3. 为列入国家专项的老矿山（危机矿山）寻找接替资源的找矿项目；

4. 已设采矿权需要整合或利用原有生产系统扩大勘查开采范围的毗邻区域；

5. 已设探矿权需要整合或因整体勘查扩大勘查范围涉及周边零星资源的。

（二）协议出让探矿权、采矿权，应当符合矿产资源规划及国家相关产业政策。符合协议出让条件的，按照探矿权、采矿权审批登记权限，由登记管理机关审批登记颁发勘查许可证、采矿许可证，不再单独进行协议出让申请审批。

（三）申请以协议方式出让探矿权，原则上应提交普查以上（含普查）矿产勘查程度的资源储量报告，并按相关规定处置价款。属于下列情形之一，可先依法申请办理勘查许可证，达到普查以上（含普查）程度后再按规定进行价款处置：

1. 国家已出资勘查但未形成矿产地的区块，矿产勘查未达到普查以上（含普查）工作程度的；

2. 属低风险类矿种的探矿权人申请扩大勘查范围或者采矿权人申请在其深部、毗邻区域进行勘查，矿产勘查未达到普查以上（含普查）工作程度的。

二、严格规范协议出让

（四）符合下列两种协议出让情形的，申请人需向登记管理机关提供以下相关材料。

1. 国务院批准的重点矿产资源开发项目和为国务院批准的重点建设项目提供配套资源的矿产地，由项目出资人或者采矿权人持有关批准文件提出申请；

2. 为列入国家专项的老矿山（危机矿山）寻找接替资源的找矿项目，由采矿权人凭财政部下达的项目预算通知或者国土资源部下达的项目计划通知提出申请；

异地实施危机矿山接替资源找矿项目的，采矿权人还应提交项目所在地省级人民政府出具的批准文件或者书面意见。

（五）省级人民政府批准的储量规模为大中型的矿产资源开发项目，属国土资源部发证权限的，由申请人持省级人民政府向国土资源部提出协议出让申请的文件，向国土资源部提出申请；不属于国土资源部发证权限的，由申请人持省级人民政府同意协议出让的书面意见或相关批准文件，向登记管理机关提出申请。省级人民政府行文、同意协议出让的书面意见或相关批准文件中应明确：拟协议出让矿业权的勘查开采项目名称、受让主体、拟设勘查区块或者开采区的范围、坐标、面积、勘查程度、资源储量、开发利用情况，是否符合矿产资源规划等。

（六）已设采矿权需要整合或利用原有生产系统扩大勘查开采范围的毗邻区域，属国土资源部发证权限的，由采矿权人持省级国土资源主管部门出具的书面意见，向国土资源部提出申请；不属于国土资源部发证权限的，由采矿权人按照审批权限向登记管理机关提出申请。

（七）已设探矿权需要整合或因整体勘查扩大勘查范围涉及周边零星资源的，若所扩范围超过现有勘查区块面积25%以上（含），需经省级国土资源主管部门组织专家论证不宜单独另设探矿权后，由探矿权人向登记管理机关提出扩大变更申请；所扩范围不足现有勘查区块面积25%的，由探矿权人直接向登记管理机关提出扩大变更申请。

三、其他规定

（八）石油、天然气、煤成（层）气、页岩气和放射性矿产的探矿权、采矿权协议出让管理办法由国土资源部另行制定。

（九）《关于进一步规范矿业权出让管理的通知》（国土资发〔2006〕12号）中关于矿业权协议出让的管理规定与本通知不符的，以本通知为准。

本通知自印发之日起施行，有效期五年。

国土资源部、发展改革委、科技部、工业和信息化部、住房城乡建设部、商务部关于支持新产业新业态发展促进大众创业万众创新用地的意见

（2015 年 9 月 18 日　国土资规〔2015〕5 号）

各省、自治区、直辖市和新疆生产建设兵团国土资源、发展改革、科技、工业和信息化（通信管理）、住房和城乡建设、商务主管部门：

为贯彻落实党中央、国务院关于加快实施创新驱动发展战略、大力推进大众创业万众创新重大决策部署，增强战略性新兴产业支撑作用，推进“互联网+”行动，发展电子商务，构建众创空间等创业服务平台，支持培育发展新产业、新业态，依据国家相关法律法规政策，提出以下用地意见：

一、加大新供用地保障力度

（一）优先安排新产业发展用地。依据国家《战略性新兴产业重点产品和相关服务指导目录》、《中国制造 2025》、“互联网+”等国家鼓励发展的新产业、新业态政策要求，各地可结合地方实际，确定当地重点发展的新产业，以“先存量、后增量”的原则，优先安排用地供应。对新产业发展快、用地集约且需求大的地区，可适度增加年度新增建设用地指标。

（二）明确新产业、新业态用地类型。国家支持发展的新产业、新业态建设项目，属于产品加工制造、高端装备修理的项目，可按工业用途落实用地；属于研发设计、勘察、检验检测、技术推广、环境评估与监测的项目，可按科教用途落实用地；属于水资源循环利用与节水、新能源发电运营维护、环境保护及污染治理中的排水、供电及污水、废物收集、贮存、利用、处理以及通信设施的项目，可按公用设施用途落实用地；属于下一代信息网络产业（通信设施除外）、新型信息技术服务、电子商务服务等经营服务项目，可按商服用途落实用地。新业态项目土地用途不明确的，可经县级以上城乡规划部门会同国土资源等相关部门论证，在现有国家城市用地分类的基础上制定地方标准予以明确，向社会公开后实施。

（三）运用多种方式供应新产业用地。新产业项目用地符合《划拨用地目录》的，可以划拨供应。鼓励以租赁等多种方式向中小企业供应土地。积极推行先租后让、租让结合供应方式。出让土地依法需以招标拍卖挂牌方式供应的，在公平、公正、不排除多个市场主体竞争的前提下，可将投资和产业主管部门提出的产业类型、生产技术、产业标准、产品品质要求作为土地供应前置条件；以先租后让等方式供应土地涉及招标拍卖挂牌的，招标拍卖挂牌程序也可在租赁供应时实施，租赁期满符合条件的可转为出让土地。

（四）采取差别化用地政策支持新业

态发展。光伏、风力发电等项目使用戈壁、荒漠、荒草地等未利用土地的，对不占压土地、不改变地表形态的用地部分，可按原地类认定，不改变土地用途，在年度土地变更调查时作出标注，用地允许以租赁等方式取得，双方签订好补偿协议，用地报当地县级国土资源部门备案；对项目永久性建筑用地部分，应依法按建设用地办理手续。对建设占用农用地的，所有用地部分均应按建设用地管理。新能源汽车充电设施、移动通信基站等用地面积小、需多点分布的新产业配套基础设施，可采取配建方式供地。在供应其他相关建设项目用地时，将配建要求纳入土地使用条件，土地供应后，由相关权利人依法明确配套设施用地产权关系；鼓励新产业小型配套设施依法取得地役权进行建设。

二、鼓励盘活利用现有用地

（五）促进制造业迈向中高端。传统工业企业转为先进制造业企业，以及利用存量房产进行制造业与文化创意、科技服务业融合发展的，可实行继续按原用途和土地权利类型使用土地的过渡期政策。在符合控制性详细规划的前提下，现有制造业企业通过提高工业用地容积率、调整用地结构增加服务型制造业务设施和经营场所，其建筑面积比例不超过原总建筑面积15%的，可继续按原用途使用土地，但不得分割转让。

（六）支持生产性、科技及高技术服务业发展。原制造业企业和科研机构整体或部分转型、转制成立独立法人实体，从事研发设计、勘察、科技成果转化转移、信息技术服务和软件研发及知识产权、综合科技、节能环保等经营服务的，可实行继续按原用途和土地权利类型使用土地的过渡期政策。

（七）鼓励建设创业创新平台。依托国家实验室、重点实验室、工程实验室、工程（技术）研究中心构建的开放共享互动创新网络平台，利用现有建设用地建设的产学研结合中试基地、共性技术研发平台、产业创新中心，可继续保持土地原用途和权利类型不变。按照国家加快构建众创空间的要求，对国家自主创新示范区、开发区、新型工业化产业示范基地、科技企业孵化器、国家大学科技园、小企业创业基地、高校、科技院所等机构，利用存量房产兴办创客空间、创业咖啡、创新工场等众创空间的，可实行继续按原用途和土地权利类型使用土地的过渡期政策。

（八）支持“互联网＋”行动计划实施。在不改变用地主体、规划条件的前提下，开发互联网信息资源，利用存量房产、土地资源发展新业态、创新商业模式、开展线上线下融合业务的，可实行继续按原用途和土地权利类型使用土地的过渡期政策。过渡期满，可根据企业发展业态和控制性详细规划，确定是否另行办理用地手续事宜。

（九）促进科研院所企业化转制改革。科研机构转制为产业技术研发企业，其使用的原划拨科研用地、生产性建设用地，可按国有企业改制政策进行土地资产处置，对省级以上人民政府批准改制为国有独资公司、国有资本控股公司的，可采取作价出资（入股）、授权经营方式配置土地。

三、引导新产业集聚发展

（十）促进产业集聚集群发展。着力推进战略性新兴产业等新产业在现有开发区、产业集聚区集中布局，高新区、经开区、新型工业化产业示范基地要发挥新产业集聚集群发展的引领作用。支持以产业链为纽带，集中布局相关产业生产、研发、供应、上下游产品服务项目及公共服务项目。引导生产性服务业在中心城市、制造业集中区域集聚发展。国家在重大产业关键共性技术、装备和标准研发攻关及技术改造基建专项、工业转型升级等资金安排上，对各类开发区、产业集聚区中的重点企业予以支持。

（十一）有效保障中小企业发展空间。鼓励开发区、产业集聚区规划建设多层工业厂房、国家大学科技园、科技企业孵化器，供中小企业进行生产、研发、设计、经营多功能复合利用。标准厂房用地按工业用途管理，国家大学科技园、科技企业孵化器实行只租不售、租金管制、租户审核、转让限制的，其用地可按科教用途管理。创办三年内租用经营场所的小型微型企业，投资项目属于新产业、新业态的，可给予一定比例的租金补贴。鼓励地方出台支持政策，在规划许可的前提下，积极盘活商业用房、工业厂房、企业库房、物流设施和家庭住所、租赁房等资源，为创业者提供低成本办公场所和居住条件。

（十二）引导土地用途兼容复合利用。城乡规划主管部门在符合控制性详细规划的前提下，按照用途相近、功能兼容、互无干扰、基础设施共享的原则，会同发展改革、国土资源主管部门，根据当地实际，研究制定有助于新产业、新业态发展的兼容性地类和相关控制指标。经市、县国土资源会同城乡规划等部门充分论证，新产业工业项目用地，生产服务、行政办公、生活服务设施建筑面积占项目总建筑面积比例不超过15%的，可仍按工业用途管理。科教用地可兼容研发与中试、科技服务设施与项目及生活性服务设施，兼容设施建筑面积比例不得超过项目总建筑面积的15%，兼容用途的土地、房产不得分割转让。出让兼容用途的土地，按主用途确定供应方式，在现有建设用地上增加兼容的，可以协议方式办理用地手续。

（十三）推动功能混合和产城融合。单一生产功能的开发区、产业集聚区，可按照统一配套、依法供应、统筹管理的原则，在符合城乡规划的前提下，适当安排建设用地用于商品零售、住宿餐饮、商务金融、城镇住宅等建设，推动相关区域从单一生产功能向城市综合功能转型。

四、完善新产业用地监管制度

（十四）建立政策实施部门联动机制。市、县国土资源主管部门编制国有建设用地供应计划前，应征询相关部门意见。发展改革应会同工业和信息化、科技、商务等部门及开发区管理机构，研究提出新产业和新业态项目的用地需求；城乡规划主管部门会同国土部门提出用地布局、协调土地供应和建设时序意见。国有建设用地供应计划报市、县人民政府批准后组织实施。现有建设用地过渡期支持政策以5年为限，5年期满及涉及转让需办理相关用地手续的，可按新用途、新权利类型、市场价，以协议方式办理。对需享受政策的市场主体，投资或相关行业主管部门应向国土资源主管部门提供项目符合条件证明文件，国土资源主管部门登记备案后执行。加强过渡期满政策执行监管，防止以任何名目改变政策适用期。

（十五）建立共同监管机制。对于投资和产业主管等部门提出产业类型、生产技术、产业标准、产品品质要求作为土地供应条件的，在土地供应成交后，提出关联条件部门应当要求土地使用权取得人提交项目用地产业发展承诺书，作为国土资源主管部门签订土地供应合同的前提条件。提出关联条件部门应对承诺书的履行进行监督，并适时通报国土资源主管部门。项目竣工投产达不到约定要求的，各相关部门应按职能分工依法依约进行处置。对利用现有建设用地兴办的新产业、新业态项目提出证明文件部门，应对项目经营方向进行监管。在工业、科教用地上建设或兼容的研发场所，允许转让、出租的，受让方、承租方投资项目所属产业应符合研发场所允许布局产业要求，不符合的，应按商服用途办理补缴土地出让价款手续及相关变更手续。

（十六）建立定期核验评估制度。签订、接收项目用地产业发展承诺书、土地供应合同、划拨决定书及提供项目符合用地支持政策要求证明文件的政府相关责任部门，应按法律文书约定、规定的事项，定期进行核验评估。对不符合用地支持扶持政策的，应及时终止政策执行；对需承担违约责任的，应依法依约追究责任。对符合相关规定、约定且需办理后续用地手续的，应及时办理。

本文件自下发之日起执行，有效期八年。

国土资源部关于规范稀土矿钨矿探矿权采矿权审批管理的通知

（2015年11月17日　国土资规〔2015〕9号）

各省、自治区、直辖市国土资源主管部门：

稀土矿、钨矿是国务院规定实行保护性开采的特定矿种。自实施开采总量控制以来，稀土矿、钨矿资源得到了有效保护和合理利用。为进一步规范和加强勘查、开采审批管理，根据矿产资源法律法规及国务院有关规定，现就有关事项通知如下：

一、继续暂停受理新的稀土矿勘查、稀土矿和钨矿开采登记（含扩大矿区范围）申请。下列情形除外：

（一）全额使用中央地质勘查基金或省级财政专项资金开展的稀土矿预查、普查或必要的详查项目，凭下达预算文件向国土资源部提出申请，项目结束应办理查明登记后注销探矿权，按国家出资勘查已探明矿产地进行管理。

（二）具有国家确定的大型稀土企业集团主体资格，为采储平衡需要而申请设立的稀土矿勘查项目。

（三）申请新设稀土矿和钨矿采矿权，应符合开采总量控制、产能平衡要求，具有开采总量控制指标且不突破指标设置。其中，稀土矿采矿权申请人应具有国家确定的大型稀土企业集团主体资格。

二、稀土矿探矿权采矿权申请办理转让登记，转让受让人应具有国家确定的大型稀土企业集团主体资格。

三、稀土矿、钨矿采矿权申请办理延续登记，应符合开采总量控制要求。

四、凡涉及共伴生资源开采的，应将稀土矿、钨矿的开采纳入总量控制指标管理，超指标开采的应进行储备，不得销售。不具备储备条件或储备能力不足的，不得办理扩大矿区范围、扩大生产能力。

五、属离子型稀土矿床类型的，按《关于进一步规范矿业权出让管理的通知》（国土资发〔2006〕12号）第二类矿产的有关规定进行管理。

六、稀土矿、钨矿探矿权因受政策限制不能实现探矿权转采矿权的，在完成普查或必要的详查后应办理查明登记，可按规定申请办理探矿权保留。

七、实施工程建设项目回收利用稀土资源的，应制定管理办法，继续由省（区）国土资源主管部门组织回收利用或储备，纳入开采总量控制指标并严格规范管理和监督。

本通知自发布之日起执行，有效期3年。《国土资源部关于下达2014年度稀土矿钨矿开采总量控制指标的通知》（国土资发〔2014〕65号）停止执行。

关于支持旅游业发展用地政策的意见

（2015年11月25日　国土资规〔2015〕10号）

各省、自治区、直辖市和新疆生产建设兵团国土资源、住房和城乡建设、旅游主管部门：

为贯彻党的十八届五中全会精神，落实《国务院关于促进旅游业改革发展的若干意见》（国发〔2014〕31号）、《国务院办公厅关于进一步促进旅游投资和消费的若干意见》（国办发〔2015〕62号）相关部署，促进稳增长、调结构、扩就业，提高旅游业用地市场化配置和节约集约利用水平，现就相关用地问题提出以下意见。

一、积极保障旅游业发展用地供应

（一）有效落实旅游重点项目新增建设用地。按照资源和生态保护、文物安全、节约集约用地原则，在与土地利用总体规划、城乡规划、风景名胜区规划、环境保护规划等相关规划衔接的基础上，加快编制旅游发展规划。对符合相关规划的旅游项目，各地应按照项目建设时序，及时安排新增建设用地计划指标，依法办理土地转用、征收或收回手续，积极组织实施土地供应。加大旅游扶贫用地保障。

（二）支持使用未利用地、废弃地、边远海岛等土地建设旅游项目。在符合生态环境保护要求和相关规划的前提下，对使用荒山、荒地、荒滩及石漠化、边远海岛土地建设的旅游项目，优先安排新增建设用地计划指标，出让底价可按不低于土地取得成本、土地前期开发成本和按规定应收取相关费用之和的原则确定。对复垦利用垃圾场、废弃矿山等历史遗留损毁土地建设的旅游项目，各地可按照“谁投资、谁受益”的原则，制定支持政策，吸引社会投资，鼓励土地权利人自行复垦。政府收回和征收的历史遗留损毁土地用于旅游项目建设的，可合并开展确定复垦投资主体和土地供应工作，但应通过招标拍卖挂牌方式进行。

（三）依法实行用地分类管理制度。旅游项目中，属于永久性设施建设用地的，依法按建设用地管理；属于自然景观用地及农牧渔业种植、养殖用地的，不征收（收回）、不转用，按现用途管理，由景区管理机构和经营主体与土地权利人依法协调种植、养殖、管护与旅游经营关系。

（四）多方式供应建设用地。旅游相关建设项目用地中，用途单一且符合法定划拨范围的，可以划拨方式供应；用途混合且包括经营性用途的，应当采取招标拍卖挂牌方式供应，其中影视城、仿古城等人造景观用地按《城市用地分类与规划建设用地标准》的“娱乐康体用地”办理规划手续，土地供应方式、价格、使用年限依法按旅游用地确定。景区内建设亭、台、栈道、厕所、步道、索道缆车等设施用地，可按《城市用地分类与规划建设用地标准》“其他建设用地”办理规划手续，参照公园用途办理土地供应手续。风景名胜区的规划、建设和管理，应当遵守有关法律、行政法规和国务院规定。鼓励以长期租赁、先租后让、租让结合方式供应旅游项目建设用地。

（五）加大旅游厕所用地保障力度。要高度重视旅游厕所在旅游业发展中的文明窗口地位和基本公共服务作用。新建、改建旅游厕所及相关粪便无害化处理设施需使用新增建设用地的，可在2018年前由旅游厕所建设单位集中申请，按照法定报批程序集中统一办理用地手续，各地专项安排新增建设用地计划指标。符合《划拨用地目录》的粪便处理设施，可以划拨方式供应。支持在其他项目中配套建设旅游厕所，可在供应其他项目建设用地时，将配建要求纳入土地使用条件，土地供应后，由相关权利人依法明确旅游厕所产权关系。

二、明确旅游新业态用地政策

（六）引导乡村旅游规范发展。在符合土地利用总体规划、县域乡村建设规划、乡和村庄规划、风景名胜区规划等相关规划的前提下，农村集体经济组织可以依法使用建设用地自办或以土地使用权入股、联营等方式与其他单位和个人共同举办住宿、餐饮、停车场等旅游接待服务企业。依据各省、自治区、直辖市制定的管理办法，城镇和乡村居民可以利用自有住宅或者其他条件依法从事旅游经营。农村集体经济组织以外的单位和个人，可依法通过承包经营流转的方式，使用农民集体所有的农用地、未利用地，从事与旅游相关的种植业、林业、畜牧业和渔业生产。支持通过开展城乡建设用地增减挂钩试点，优化农村建设用地布局，建设旅游设施。

（七）促进自驾车、房车营地旅游有序发展。按照“市场导向、科学布局、合理开发、绿色运营”原则，加快制定自驾车房车营地建设规划和建设标准。新建自驾车房车营地项目用地，应当满足符合相关规划、垃圾污水处理设施完备、建筑材料环保、建筑风格色彩与当地自然人文环境协调等条件。自驾车房车营地项目土地用途按旅馆用地管理，按旅游用地确定供应底价、供应方式和使用年限。

（八）支持邮轮、游艇旅游优化发展。新建邮轮、游艇码头用地实行有偿使用。有偿使用的邮轮、游艇码头用地可采取协议方式供应。现有码头增设邮轮、游艇停泊功能的，可保持现有土地权利类型不变；利用现有码头设施用地、房产增设住宿、餐饮、娱乐等商业服务设施的，经批准可以协议方式办理用地手续。

（九）促进文化、研学旅游发展。利用现有文化遗产、大型公共设施、知名院校、科研机构、工矿企业、大型农场开展文化、研学旅游活动，在符合规划、不改变土地用途的前提下，上述机构土地权利人利用现有房产兴办住宿、餐饮等旅游接待设施的，可保持原土地用途、权利类型不变；土地权利人申请办理用地手续的，经批准可以协议方式办理。历史文化街区建设控制地带内的新建建筑物、构筑物，应当符合保护规划确定的建设控制要求。

三、加强旅游业用地服务监管

（十）做好确权登记服务。各地要依据《不动产登记暂行条例》等法律法规规定，按照不动产统一登记制度体系要求，不断增强服务意识，坚持方便企业、方便群众，减少办证环节，提高办事效率，改进服务质量，积极做好旅游业发展用地等不动产登记发证工作，依法明晰产权、保护权益，为旅游业发展提供必要的产权保障和融资条件。

（十一）建立部门共同监管机制。风景名胜区、自然保护区、国家公园等旅游资源开发，建设项目用地供应和使用管理应同时符合土地利用总体规划、城乡规划、风景名胜区规划及其他相关区域保护发展建设等规划，不符合的，不得批准用地和供地。新供旅游项目用地，将环保设施建设、建筑材料使用、建筑风格协调等要求纳入土地供应前置条件的，提出条件的政府部门应与土地使用权取得者签订相关建设活动协议书，并依法履行监管职责。要及时总结旅游产业用地利用实践情况，积极开展旅游产业用地重大问题研究和探索创新。

（十二）严格旅游业用地供应和利用监管。严格旅游相关农用地、未利用地用途管制，未经依法批准，擅自改为建设用地的，依法追究责任。严禁以任何名义和方式出让或变相出让风景名胜区资源及其景区土地。规范土地供应行为，以协议方式供应土地的，出让金不得低于按国家规定所确定的最低价。严格旅游项目配套商品住宅管理，因旅游项目配套安排商品住宅要求修改土地利用总体规划、城乡规划的，不得批准。严格相关旅游设施用地改变用途管理，土地供应合同中应明确约定，整宗或部分改变用途，用于商品住宅等其他经营项目的，应由政府收回，重新依法供应。

本文件自下发之日起执行，有效期五年。

国土资源部办公厅关于做好国有未利用地开发审批权下放和后续监管有关事项的通知

（2015 年 2 月 15 日 国土资厅发〔2015〕3 号）

各省、自治区、直辖市国土资源主管部门，新疆生产建设兵团国土资源局，各派驻地方的国家土地督察局：

按照转变职能、简政放权的要求，国务院先后下发《关于取消和下放一批行政审批项目的决定》（国发〔2014〕5 号）和《关于修改部分行政法规的决定》（国务院令第 653 号），将一次性开发 600 公顷以上未确定土地使用权的国有荒山、荒地、荒滩从事种植业、林业、畜牧业、渔业生产用地的审查事项下放至省级人民政府土地行政主管部门，同步修改了《中华人民共和国土地管理法实施条例》（以下简称《条例》）有关条款的规定。为做好下放行政审批事项落实和衔接工作，现就有关事项通知如下：

一、切实落实国务院下放审批事项的决定

修订后的《条例》规定，开发未确定土地使用权的国有荒山、荒地、荒滩从事种植业、林业、畜牧业、渔业生产的，应当向土地所在地的县级以上地方人民政府土地行政主管部门提出申请，按照省、自治区、直辖市规定的权限，由县级以上地方人民政府批准。

根据修订后的《条例》，国务院不再受理和审批一次性开发 600 公顷以上未确定土地使用权的国有荒山、荒地、荒滩申请事项，国土资源部不再承办此类申请事项的审查报批工作。省级国土资源主管部门要承接好此类事项的审查责任，切实履行保护和合理利用国土资源的职责，规范审查、严格把关，为政府科学决策提供保障。部将加强宏观政策研究，加强工作指导和监督检查，促进地方提高管理科学化、规范化水平。

二、依法依规，因地制宜开展土地开发活动

开发未确定土地使用权的国有荒山、荒地、荒滩，必须符合土地利用总体规划，开发范围必须在土地利用总体规划确定的土地开发重点区域。对不符合土地利用总体规划的，一律不得通过审查，不得进行土地开发活动。禁止毁坏森林、草原开垦耕地，禁止围湖造田和侵占江河滩地。

要以保护和改善生态环境、防止水土流失和土地荒漠化为前提，坚持在保护中开发、在开发中保护的原则，严格依据有关法律法规和相关规划，有计划、有步骤地开展土地开发活动。要依据土地利用总体规划和土地整治规划，在综合研究资源环境承载能力的基础上，按照因地制宜的原则，编制土地开发规划和设计方案，宜耕则耕、宜林则林、宜牧则牧、宜渔则渔，科学合理利用国土资源，提高资源开发利用效率和综合效益。

三、健全制度，严把土地开发用地审查关

各省、自治区、直辖市国土资源主管部门要按照简政放权、权责一致、提高效能的要求，抓紧修改完善本省（区、市）未确定土地使用权的国有荒山、荒地、荒滩开发审查有关规定，将一次性开发600公顷以上未确定土地使用权的国有荒山、荒地、荒滩审查事项纳入制度规定。要进一步明确审查原则、依据、重点和审查标准，规定调查评价和评估论证要求，规范审查报批程序，保证审批过程公开、公平、公正。要明确省、市、县三级国土资源主管部门在审查、实施、监督等方面的责任，相应建立责任追究制度，为科学、合理、有序开展工作提供制度保障。

土地开发事项经依法批准后，要向社会公开审批信息，主动接受社会监督。各省（区、市）修改完善后的有关制度规定和政策性文件应及时报部备案。

四、加强对土地开发活动的监督检查

地方各级国土资源主管部门要加强日常巡查检查，加强土地开发用地的事中、事后监管，及时发现、制止、查处违法违规土地开发行为，积极协调处理好实施过程中出现的问题，促进土地开发规范有序进行。要按照国土资源“一张图”和综合监管平台管理要求，通过农村土地整治监测监管系统，将土地开发项目相关信息及时报备，上图入库，落实集中统一、全面全程监管的要求。

各派驻地方的国家土地督察局要把土地开发管理等情况纳入土地督察的工作内容，结合其他督察工作，加强监督检查。部将结合年度土地变更调查、耕地保护责任目标考核和执法检查等工作，运用现代技术手段，加强对各地土地开发工作的监督检查。对发现违法违规开发土地的，要按照有关法律法规和规定严肃查处。

本文件有效期为5年。

五、司法解释

最高人民法院关于适用《中华人民共和国物权法》若干问题的解释（一）

（2016年2月22日　法释〔2016〕5号）

为正确审理物权纠纷案件，根据《中华人民共和国物权法》的相关规定，结合民事审判实践，制定本解释。

第一条　因不动产物权的归属，以及作为不动产物权登记基础的买卖、赠与、抵押等产生争议，当事人提起民事诉讼的，应当依法受理。当事人已经在行政诉讼中申请一并解决上述民事争议，且人民法院一并审理的除外。

第二条　当事人有证据证明不动产登记簿的记载与真实权利状态不符、其为该不动产物权的真实权利人，请求确认其享有物权的，应予支持。

第三条　异议登记因物权法第十九条第二款规定的事由失效后，当事人提起民事诉讼，请求确认物权归属的，应当依法受理。异议登记失效不影响人民法院对案件的实体审理。

第四条　未经预告登记的权利人同意，转移不动产所有权，或者设定建设用地使用权、地役权、抵押权等其他物权的，应当依照物权法第二十条第一款的规定，认定其不发生物权效力。

第五条　买卖不动产物权的协议被认定无效、被撤销、被解除，或者预告登记的权利人放弃债权的，应当认定为物权法第二十条第二款所称的“债权消灭”。

第六条　转让人转移船舶、航空器和机动车等所有权，受让人已经支付对价并取得占有，虽未经登记，但转让人的债权人主张其为物权法第二十四条所称的“善意第三人”的，不予支持，法律另有规定的除外。

第七条　人民法院、仲裁委员会在分割共有不动产或者动产等案件中作出并依法生效的改变原有物权关系的判决书、裁决书、调解书，以及人民法院在执行程序中作出的拍卖成交裁定书、以物抵债裁定书，应当认定为物权法第二十八条所称导致物权设立、变更、转让或者消灭的人民法院、仲裁委员会的法律文书。

第八条 依照物权法第二十八条至第三十条规定享有物权，但尚未完成动产交付或者不动产登记的物权人，根据物权法第三十四条至第三十七条的规定，请求保护其物权的，应予支持。

第九条 共有份额的权利主体因继承、遗赠等原因发生变化时，其他按份共有人主张优先购买的，不予支持，但按份共有人之间另有约定的除外。

第十条 物权法第一百零一条所称的“同等条件”，应当综合共有份额的转让价格、价款履行方式及期限等因素确定。

第十一条 优先购买权的行使期间，按份共有人之间有约定的，按照约定处理；没有约定或者约定不明的，按照下列情形确定：

（一）转让人向其他按份共有人发出的包含同等条件内容的通知中载明行使期间的，以该期间为准；

（二）通知中未载明行使期间，或者载明的期间短于通知送达之日起十五日的，为十五日；

（三）转让人未通知的，为其他按份共有人知道或者应当知道最终确定的同等条件之日起十五日；

（四）转让人未通知，且无法确定其他按份共有人知道或者应当知道最终确定的同等条件的，为共有份额权属转移之日起六个月。

第十二条 按份共有人向共有人之外的人转让其份额，其他按份共有人根据法律、司法解释规定，请求按照同等条件购买该共有份额的，应予支持。

其他按份共有人的请求具有下列情形之一的，不予支持：

（一）未在本解释第十一条规定的期间内主张优先购买，或者虽主张优先购买，但提出减少转让价款、增加转让人负担等实质性变更要求；

（二）以其优先购买权受到侵害为由，仅请求撤销共有份额转让合同或者认定该合同无效。

第十三条 按份共有人之间转让共有份额，其他按份共有人主张根据物权法第一百零一条规定优先购买的，不予支持，但按份共有人之间另有约定的除外。

第十四条 两个以上按份共有人主张优先购买且协商不成时，请求按照转让时各自份额比例行使优先购买权的，应予支持。

第十五条 受让人受让不动产或者动产时，不知道转让人无处分权，且无重大过失的，应当认定受让人为善意。

真实权利人主张受让人不构成善意的，应当承担举证证明责任。

第十六条 具有下列情形之一的，应当认定不动产受让人知道转让人无处分权：

（一）登记簿上存在有效的异议登记；

（二）预告登记有效期内，未经预告登记的权利人同意；

（三）登记簿上已经记载司法机关或

者行政机关依法裁定、决定查封或者以其他形式限制不动产权利的有关事项；

（四）受让人知道登记簿上记载的权利主体错误；

（五）受让人知道他人已经依法享有不动产物权。

真实权利人有证据证明不动产受让人应当知道转让人无处分权的，应当认定受让人具有重大过失。

第十七条 受让人受让动产时，交易的对象、场所或者时机等不符合交易习惯的，应当认定受让人具有重大过失。

第十八条 物权法第一百零六条第一款第一项所称的“受让人受让该不动产或者动产时”，是指依法完成不动产物权转移登记或者动产交付之时。

当事人以物权法第二十五条规定的方式交付动产的，转让动产法律行为生效时为动产交付之时；当事人以物权法第二十六条规定的方式交付动产的，转让人与受让人之间有关转让返还原物请求权的协议生效时为动产交付之时。

法律对不动产、动产物权的设立另有规定的，应当按照法律规定的时间认定权利人是否为善意。

第十九条 物权法第一百零六条第一款第二项所称“合理的价格”，应当根据转让标的物的性质、数量以及付款方式等具体情况，参考转让时交易地市场价格以及交易习惯等因素综合认定。

第二十条 转让人将物权法第二十四条规定的船舶、航空器和机动车等交付给受让人的，应当认定符合物权法第一百零六条第一款第三项规定的善意取得的条件。

第二十一条 具有下列情形之一，受让人主张根据物权法第一百零六条规定取得所有权的，不予支持：

（一）转让合同因违反合同法第五十二条规定被认定无效；

（二）转让合同因受让人存在欺诈、胁迫或者乘人之危等法定事由被撤销。

第二十二条 本解释自2016年3月1日起施行。

本解释施行后人民法院新受理的一审案件，适用本解释。

本解释施行前人民法院已经受理、施行后尚未审结的一审、二审案件，以及本解释施行前已经终审、施行后当事人申请再审或者按照审判监督程序决定再审的案件，不适用本解释。

后　　记

为贯彻落实党的十八届四中全会精神，全面推进法治国土建设，2015 年 6 月，中共国土资源部党组发布了《关于全面推进法治国土建设的意见》，提出了国土资源法治体系建设总体目标。法治国土建设需要各级各部门通力合作，需要每一位国土法律人倾力付出。“中国土地矿产法律事务中心”更名为“国土资源部不动产登记中心（国土资源部法律事务中心）”后，将继续沿着“建设中国特色社会主义法治体系，建设社会主义法治国家”的路线，把“尽职尽责保护国土资源，节约集约利用国土资源，尽心尽力维护群众权益”的工作定位贯彻到法治国土建设全过程，为全面推进法治国土建设尽一份力。

“十年磨一剑”，从 2006 年开始的《土地矿产争议典型案例与处理依据》到 2012 年改版的《土地矿产典型案例评析与法律实务操作指南》，再到今天的《土地矿产法律实务操作指南》，我们和广大读者共同走过了十年。十年来，变的是书名，不变的是弘扬最新国土资源立法精神、推动国土资源法治实施的沉甸甸的责任感；十年来，变的是一茬接一茬的作者，不变的是长期支持我们的一批热爱国土资源法治事业的热心读者；十年来，变的是每年层出不穷的政策法规，不变的是全心全意为社会各界服务的宗旨，即为国土资源主管部门解决实际工作中常见的疑惑提供思路和方法，为各级政府、法院等依法、及时、有效地调处土地矿产争议或处理实务问题提供参考和帮助，为研究机构、高校、法律服务机构、不动产登记机构以及致力于研究土地矿产问题的人士提供工具书和教学参考资料，为土地矿产权利人了解和掌握有关制度和政策、维护自身合法权益提供学习资料。十年来，我们一起努力，共同成长。

本书包括三部分内容，第一部分重点围绕当前社会关注、群众关心的热点问题，就不动产登记、土地利用、矿产资源管理、执法监察所涉及的 51 个典型问题进行深入评析；第二部分针对国土资源管理新出台的政策进行解读；第三部分是附录，收录了 2014 年、2015 年国家最新出台的相关法规、文件以及司法解释。可以说，本书内容覆盖全面，评析解答有理有据，注重相关业务知识的串联，达到举一反三的效果，具有很强的针对性和指导性。

在本书编写过程中，得到了许多领导、同仁、专家学者的大力支持和无私帮助，从实务问题的收集整理到评析与解答，无不凝聚着每一位编写者的智慧和力量，无不倾注着每一位参与者的心血和汗水。王丽艳、王梅、叶红玲、田磊、白晓冬、师安宁、吕广挥、刘丽、刘锐、李红娟、李昊、李洋、李娥、吴永高、张倩、张毅、陈文勤、陈孝劲、陈敦、孟磊、赵健、胡林强、姜雪莲、高松、郭志京、唐辰、梁明哲、程跃、滕恩荣、戴蕊、鞠正山等专家对书稿的修改完善提出了宝贵意见。在此，谨向为本书提供支持和帮助的各位领导和同志们致以诚挚的谢意！

“徒善不足以为政，徒法不能以自行”，我们将继续以创新的理念、务实的精神、不懈的努力，为国土资源法治实施，为建设法治中国而贡献绵薄之力！

本书的观点仅为作者个人观点，并不代表官方。此外，受各方面条件的限制，书中难免存在疏漏和不足，欢迎读者批评指正。

本书编写组

2016 年 3 月

图书在版编目（CIP）数据

土地矿产法律实务操作指南．第8辑/中国土地矿产法律事务中心编著．—北京：中国法制出版社，2016.5

ISBN 978-7-5093-7567-9

Ⅰ.①土… Ⅱ.①中… Ⅲ.①土地法-案例-中国②矿产资源法-案例-中国 Ⅳ.①D922.305②D922.625

中国版本图书馆CIP数据核字（2016）第114135号

责任编辑：戴　蕊（dora6322@sina.com）　　封面设计：周黎明

土地矿产法律实务操作指南（第八辑）

TUDI KUANGCHAN FALÜ SHIWU CAOZUO ZHINAN（DIBAJI）

编著/中国土地矿产法律事务中心

经销/新华书店

印刷/三河市紫恒印装有限公司

开本/710毫米×1000毫米　16　　印张/21.75　字数/276千

版次/2016年6月第1版　　2016年6月第1次印刷

中国法制出版社出版

书号 ISBN 978-7-5093-7567-9　　定价：58.00元

北京西单横二条2号　　值班电话：010-66026508

邮政编码100031　　传真：010-66031119

网址：http：//www.zgfzs.com　　**编辑部电话：010-66065921**

市场营销部电话：010-66033393　　**邮购部电话：010-66033288**

（如有印装质量问题，请与本社编务印务管理部联系调换。电话：010-66032926）